CHAIR D'AMÉRIQUE
*est le cent soixante-troisième livre
publié par Les éditions JCL inc.*

Données de catalogage avant publication (Canada)

Porée-Kurrer, Philippe, 1954 -
    Chair d'Amérique
    (Collection Roman-Vérité)
    ISBN 2-89431-163-X
    1. Porée-Kurrer Philippe, 1954 - Enfance et jeunesse - Romans.
I. Titre. II. Collection.

PS8581.O743C42 1997   C843'.54   C97-940733-8
PS9581.O743C42 1997
PQ3919.2.P67C42 1997

© **Les éditions JCL inc.**, 1997
Édition originale: août 1997

    Tous droits de traduction et d'adaptation, en totalité ou en partie, réservés pour tous les pays. La reproduction d'un extrait quelconque de cet ouvrage, par quelque procédé que ce soit, tant électronique que mécanique, en particulier par photocopie ou par microfilm, est interdite sans l'autorisation écrite des Éditions JCL inc.

Chair d'Amérique

ROMAN

DU MÊME AUTEUR:

Le retour de l'orchidée, (roman), Chicoutimi, Éd. JCL, 1990, 683 p.
La promise du lac, (roman), Chicoutimi, Éd. JCL, 1992, 512 p.
La quête de Nathan Barker, (roman), Chicoutimi, Éd. JCL, 1994, 535 p.
Shalôm, (roman), Blenheim, Éd. Sivori, 1996, 218 p.

© **Les éditions JCL inc., 1997**
930, rue Jacques-Cartier Est, CHICOUTIMI (Québec) G7H 7K9 Canada
Tél.: (418) 696-0536 – Téléc.: (418) 696-3132 – C. élec.: jcl@saglac.qc.ca
ISBN 2-89431-163-X

PHILIPPE PORÉE-KURRER

Chair d'Amérique

LES ÉDITIONS JCL

*Notre maison d'édition bénéficie du soutien
du ministère du Patrimoine canadien,
du Conseil des Arts du Canada
et de la Sodec.*

*À tous les miens,
qui m'ont donné un royaume et son trône.*

Ceux que tu attends, tu le sais bien, ils sont au fond de toi, perdus. Perdus dans la forêt du sang. Allume un feu pour qu'ils y voient, pour qu'ils retrouvent leur route, la route qui mène des enfers au plein jour.

Christian Bobin, *Isabelle Bruges*

1

Mon rêve!

Mon rêve était dans une autre réalité. Une réalité virtuelle forgée par mille lectures, mille films, mille visages. Autant d'évasions.

Pour vivre, il me fallait renaître dans cette réalité qui n'est pas la réalité. Autrement dit, il me fallait vivre ma fiction et y croire jusqu'à ce qu'elle soit tangible.

Ceux qui ont peur appellent ça la folie.

Crépuscules abricot. Grèves d'or et rumeur langoureuse des vagues. Un refrain de Ray Charles. Une brise océane sur le Pacifique bleu-violet, le bleu-violet des yeux de la fille! Et puis une Cadillac blanche sous les étoiles du désert. Les millions de facettes d'un continent.

Mon rêve tenait dans ce continent immense. Pour moi il devait s'incarner en une fille. Une fille qui serait toutes les filles. Une fille qui serait la chair de l'Amérique.

De quelle source originelle a-t-il jailli, ce rêve?

Je dois le savoir avant que l'avion ne se pose. Sinon...

Je crois que tout était en place pour que le «coup de foudre» ait lieu le 31 mai 1961.

Ce fut le jour de mes douze ans et, pour l'occasion, Mamie, ma grand-mère paternelle, avait projeté de m'offrir une journée de prince, elle a toujours aimé ce qui a trait à la noblesse et à la royauté. Et tel fut ce jour, sinon qu'en son déclin j'étais devenu un prince exilé.

Mais je vais trop vite, avant de poursuivre je dois reculer beaucoup plus loin dans le passé.

Pourquoi pas le 31 mai 1949, alors que vers les trois heures du matin j'y allai de mon cri primal dans la maternité endormie d'une petite ville de province. Ville qui, encore à l'époque, était un important port de pêche morutier: Fécamp, «capitale des Terre-neuvas».

«Fécamp, ville de la mer qui veut le rester et le reste.» Ceci, de Charles de Gaulle un dimanche matin ensoleillé sur la grande place, pour situer.

Donc le monde devait être froid et dur et je poussai mon premier braillement. Maman était soulagée car, pour des motifs qui me sont toujours inconnus, il n'était pas certain que je survive à cette phase délicate, et il se pouvait également, toujours pour les mêmes motifs, que je ne sois pas normal (des années ont passé et tout semble à peu près correct), mais voilà que j'étais là, bien vivant, beau bébé avec tous ses doigts, pas un de plus, un pénis, des cheveux châtain clair, des yeux bleus qui auraient pu le rester, quelques bourrelets; bref, pour une mère, de quoi se réjouir en attendant la suite. C'est vrai dans le fond! j'arrivais exactement un an après le voyage de noces (je peux les imaginer aujourd'hui, jeunes mariés follement amoureux, parcourant sans souci les routes alpestres de la Suisse de l'été 1948!) et j'étais un garçon, tel que mes parents souhaitaient que fût leur aîné.

Fiancée, Maman avait envisagé de vivre seule avec mon père durant quelque temps. Oh! elle voulait des enfants, mais plus tard, après avoir un peu profité de son mari et de sa jeunesse. Ce qui est très compréhensible, mais, heureusement pour moi, n'était pas dans les plans de Papa qui, lui, désirait fonder une «vraie famille» le plus rapidement possible. Du reste, j'ai su que cela avait été le sujet de leur première discorde. Cela s'est passé un soir à Paris, en sortant du cinéma. J'ignore le titre du film, par contre ce devait être un film américain car Gary Cooper y tenait le rôle principal. Sans doute un de ces films hollywoodiens du genre où les hommes finissaient toujours par avoir le dernier mot, car mon père remporta cette manche et la fabrication d'un héritier fut prise en considération.

À retenir qu'il n'est pas impossible que ce soit grâce à un film américain.

Mais cela ne suffit pas, loin de là, à expliquer mon rêve. Quoi d'autre? Les origines? Peuvent-elles expliquer quelque chose?

Maman, Grâce, naquit rue de Charonne à Paris où Grand-père, un réfugié russe (qui n'était russe qu'à moitié puisque sa mère, comtesse native de Vérone, était italienne), exerçait cette profession que les aristocrates exilés de la sainte Russie semblaient alors avoir monopolisée: le taxi. Pendant ce temps, bonne Normande et femme d'affaires avant l'heure, Grand-mère avait loué plusieurs places dans les marchés de Paname où, d'une voix claire et persuasive, elle vantait les saucissons, jambons et rillettes que, durant la nuit, Grand-père allait chercher aux Halles. On comprend qu'ils étaient occupés. Peut-être est-ce pour cette raison qu'ils n'eurent qu'une fille. Cependant, et je ne crois pas prétendre cela parce qu'il s'agit de ma mère, s'ils avaient lésiné sur la quantité, la qualité n'a pas fait défaut. Maman fut certainement gâtée, toutefois, surtout en considérant qu'elle reçut son éducation dans un milieu où l'absinthe coulait à flots avec tout ce que cela présuppose de déchéance et où l'argot n'était le plus souvent que le terreau initial de termes plus orduriers, jamais je ne lui ai entendu une vulgarité. Donc, presque comme dans un roman de Delly, elle reçut une éducation affirmant que la générosité était la vertu première. Jamais, au grand jamais, je ne lui ai entendu une parole médisante envers qui que ce soit. Sa gentillesse cependant ne doit rien à son éducation; avant elle son père a donné tout ce qu'il possédait. Non par faiblesse, comme certains se voulant «forts» ont pu le prétendre, mais simplement parce qu'il aime donner. Un clochard dans la rue, «tiens voilà un jambon», un matou avec une patte cassée ou la queue coupée par des galopins, aussitôt le garage se transforme en infirmerie vétérinaire, des amis de passage, des simples connaissances se voient proposer des «restez manger! restez dormir! partez pas sans un bon saucisson, et ces rillettes-là, vous m'en direz des nouvelles!». Pour l'anniversaire de sa femme: vite un diamant, et le plus beau possible. Maman aussi est comme ça. Inutile d'insister sur la peine qu'ils ont eue, elle et son père, lorsque peu de temps après la communion solennelle de sa fille, Grand-mère fut emportée par une de ces maladies qu'aujourd'hui un banal traitement de pénicilline suffit à vaincre. À «cinq plombes du mat», dans les brumes de l'aube et les senteurs de saucissons, il ne fait pas chaud sur les marchés l'hiver. Comme dans la mort aussi Grand-père voulait ce qu'il pouvait y avoir de mieux pour son «unique Grand Amour», il acheta une concession au Père-Lachaise et l'y enterra avec la plupart de ses bijoux, non loin de Balzac et autres grands noms des arts et des lettres. Encore là, certains ont cru nécessaire de mentionner son extravagance, moi je dis: bravo, Grand-père!

Comme il fallait bien vivre et que finalement les marchés étaient plus rémunérateurs que le taxi, Grand-père prit la suite de sa femme tandis que Maman se transformait en petite maîtresse de maison, préparant les repas, s'occupant du ménage et de la lessive, sans oublier le lycée à travers tout ça. Pour elle, ce fut une époque plutôt triste, d'une part, bien entendu, parce qu'elle venait de perdre sa mère, d'autre part, et c'est curieux à dire, du fait que la guerre était terminée. Grâce avait vécu l'occupation comme l'enfant qu'elle était: le marché noir, les alertes, cette espèce de tension latente sur la ville; tout cela prenait à ses yeux valeur d'événement. Pendant cinq ans, sans voir les dangers ou le mal d'une guerre au cours de laquelle elle n'a finalement vu aucune victime, le quotidien avait pris le caractère de l'éphémère; il était devenu passionnant.

Son époque triste prit fin lorsqu'elle rencontra son seul et unique amour: mon père.

Papa. Je ne peux prétendre que la réincarnation existe, certains croient pouvoir l'affirmer, d'autres le nier, pour ma part, un peu Thomas, ne faisant surtout confiance qu'à ce que je peux éprouver, comprendre ou tolérer, je m'en tiens plus volontiers à mes propres expériences. L'une d'elles, étrange, consista, un jour que je feuilletais un livre sur les États-Unis, à tomber en arrêt sur une photo du Nouveau-Mexique. Des montagnes rouges sous un ciel cobalt; j'avais très nettement l'impression d'avoir vécu à cet endroit. Non seulement il me semblait reconnaître un lieu familier, mais aussi une quantité de sensations que j'y aurais éprouvées m'affluaient en mémoire. Comment expliquer cela autrement que par Papa?

Par son père, le mien descend des Pueblos et plus particulièrement des Zuñis (encore une fois à moitié en vérité puisque son père – mon arrière-grand-père – était un Écossais dont la famille était établie depuis plusieurs générations sur les côtes d'Irlande). Donc un demi-Zuñi venu «libérer» la France en 1918 et qui y était resté pour l'amour d'une Normande (une autre) qui aime les châteaux et les cathédrales. Ils s'installèrent à Bayeux, tout près des tapisseries de la Reine Mathilde dont l'époux a joué un rôle à Fécamp, et dans mon existence par voie de conséquence, ouvrirent un petit restaurant que Mamie nomma pompeusement *Le Versailles*, eurent mon père et vécurent parfaitement heureux jusqu'à ce que les Allemands reviennent et décident que, vu son teint très peu aryen, mon grand-père devait être juif sinon tzigane. La petite histoire chuchote que nombreux furent les mâles de cette ville à se réjouir de cette «méprise» car il semblerait que, sans qu'il n'y eût été pour rien autrement que par son physique «exotique», nombreuses aussi étaient les femmes qui sans le faire exprès tombaient amoureuses de lui. Mon père, lui, évita Dachau par filiation en ayant eu, peu auparavant, la généreuse idée d'aller fleurir la fosse où reposait définitivement un parachutiste anglais abattu par la *Schutztaffel* avant d'atteindre le sol. Ce faisant, Papa avait été surpris par des Germains, ce qui l'avait obligé à sauter par-dessus le mur du cimetière, à prendre le maquis et par la suite, ironie du hasard, l'avait amené à rejoindre l'Angleterre d'où, après le Débarquement, dont il faisait militairement partie, il ramena une collection de 78 tours de jazz à faire pâlir un Hugues Panassié. Ces «V-disk» ont certainement joué un rôle non négligeable dans l'incubation de cette terrible passion qu'il s'agit d'analyser.

Papa rencontra Maman quelque part sur une départementale. Lui se rendait à Nice en moto pour entendre Louis Armstrong qui se produisait pour la première fois en Europe; elle était en route pour la Dordogne afin, comme l'avait décidé son père, de se refaire des joues rouges chez une tante éloignée dont elle ne parvenait jamais à retenir le lien qui en faisait un membre de sa famille. À l'intersection d'un croisement, la moto vint heurter l'ancien taxi de Grand-père. Curieusement, Papa et sa moto s'en tirèrent plutôt bien, ce qui fut moins le cas pour l'ex-taxi qui perdit son radiateur dans la rencontre. Philosophe et immensément soulagé de «s'en sortir aussi bien», Grand-père remercia le ciel de ne pas avoir rencontré un camion et, comme pour l'instant ils ne pouvaient aller plus loin, il invita mon père à prendre un verre à la terrasse d'un café miraculeusement planté au milieu des champs, certainement une ancienne auberge postale. En voyant Maman, Papa oublia Louis Armstrong – et ce n'est pas peu dire! En voyant Papa, Maman laissa tomber la moue qu'elle affichait depuis Paris à l'idée de passer un «été barbant» à la campagne, et pour la première fois depuis des lustres son père vit ses yeux briller et ses lèvres s'étirer sur un sourire éclatant, comme le soleil de cet été-là. Le merveilleux sourire de Maman. Vodka pour Grand-père, whisky pour Papa et citron pressé pour Maman, ils parlèrent, parlèrent et parlèrent encore, de Louis Armstrong, de Blaise Pascal – dont les *Pensées* ont toujours trouvé place sur la table de nuit de Grand-père –, de Kid Ory, de Staline, et puis de la tante de Dordogne, dont ils s'aperçurent avec stupéfaction qu'elle leur était parente aussi bien à Maman qu'à Papa. Eh oui! il se trouvait que cette brave femme était la sœur du père de la mère de Papa, mais aussi une cousine germaine de la grand-mère de Maman! Évidemment ils oublièrent aussitôt toutes ces ramifications familiales labyrinthiques pour n'en retenir que le point essentiel: ils étaient «un peu cousins» et très, très heureux de se trouver un point commun pouvant autoriser d'ultérieures rencontres, qui aboutiraient à mon apparition sur la scène des vivants.

2

Ma mémoire consciente est incapable de remonter au-delà de cette nuit où pour la première fois le monde grava son empreinte dans les circonvolutions de ma chair. Avais-je six mois, un an? je l'ignore. Gréé de blanc telle une caravelle ibérique, mon berceau devait se trouver au centre de la grande chambre nue emplie d'ombres bleues irisées par la lune. Par la fenêtre ouverte à l'espagnolette, en parfums et en douceur, à la fois capiteuse et éthérée, s'engouffrait une brise atlantique. Aujourd'hui encore, je peux témoigner de ce souffle étonnamment tiède sur mes pieds nus, mes mains et mes joues, de cette brise violant mes narines d'une infinie palette de senteurs glanées à tous les tropiques et m'enivrant au point que mes grands yeux de bébé découvraient dans les mouvances marines au plafond le kaléidoscope des images colorées du monde; jusqu'à réaliser d'une certaine façon que le néant était vaincu, que, solidaire de tous les vivants, j'étais, et que, pour mon plus grand bonheur se manifestant par des effusions de rire solitaire dans la nuit, l'Aventure ne faisait que commencer.

Et depuis j'ai parfois l'intuition que tout ce qui me fait vibrer dans un poème, un tableau ou une symphonie n'est rien d'autre qu'un rappel furtif de ces instants.

Cependant, outre çà et là le flash nostalgique d'un instant particulier, mes vrais souvenirs articulés ne remontent guère avant mes cinq ans.

Suivant l'exemple de ma grand-mère, mes parents avaient ouvert un restaurant. Baptisé *Aux Ducs Richards*, il se trouvait à l'ombre des murs de l'abbatiale en laquelle Guillaume le Conquérant fit imposer le voile à sa fille Cécile. Qui dit restauration parle d'une somme énorme de travail; adieu dimanches et jours de fête, adieu soirées en famille ou simplement en compagnie d'un livre sous le lampadaire au salon. Depuis l'aube blême jusqu'au cœur froid de la nuit, un seul objectif: satisfaire les clients, tous les clients quels qu'ils soient. Aussi, lorsque ma sœur arriva au monde, et que dans son berceau je lui enduisis les cheveux d'un masque de beauté à Maman tellement masque qu'il fallut raser ses petites boucles blondes, il s'avéra que la surveillance de deux jeunes enfants était difficilement conciliable avec la bonne tenue d'un restaurant à l'affût des étoiles du *Michelin*. Il fut donc convenu que j'irais quelque temps chez Mamie qui, en compagnie d'un nouvel époux, tenait toujours *Le Versailles* à Bayeux. Mais il est de notoriété familiale que j'avais déjà «des idées comme personne», dès que j'entrevoyais une brèche dans la surveillance, j'en profitais pour me charger de pâtés, viandes froides ou pâtisseries afin de les distribuer aux «petits mendiants» de la rue qui ne tardèrent pas à ébruiter cette bonne aubaine. Là encore, impossible de voir au restaurant et à l'enfant que j'étais; on me trouva une nourrice prénommée Adèle, une grande et forte femme aux joues striées de veinules violacées, vêtue jour après jour d'un tablier bleu à fleurs, et mère d'une fille d'un an mon aînée, Guenevièvre.

Sinon qu'il y flottait en permanence l'odeur de la soupe aux poireaux que Pierre son mari avalait chaque matin sur le coup de six heures, je me rappelle peu la maison d'Adèle, par contre je peux fort bien évoquer le jardin en arrière ainsi que la cour en avant. C'est dans cette cour que s'est déroulée la première scène articulée dont je puisse me souvenir.

Entourée de murs de ciment, cette cour était minuscule et il fallait vraiment s'y tordre le cou pour voir la couleur du ciel. C'était là, dans un grand baquet de bois noirci, qu'Adèle faisait sa lessive. Ce matin-là, tandis qu'elle plongeait ses mains rougies dans l'eau que le gros cube de savon de Marseille avait rendue laiteuse, je m'étonnais de la vapeur de lessive sortant d'une grille d'évacuation au milieu de la cour.

«D'où ça vient cette fumée-là? demandai-je à Adèle.
— C'est la fumée des flammes de l'enfer.
— Le vrai enfer?
— Oui, le vrai enfer.
— Il est si près que ça?

— Eh oui.
— Comment tu le sais?
— Je le sais, c'est tout.
— Alors le Diable est là, pas loin?
— Ben oui puisque c'est l'enfer.»

Inutile de préciser que je n'en menais pas large. Je me tordais le cou pour apercevoir le ciel bleu très haut au-dessus de la cour. Je voulais aller au ciel, pas en enfer; surtout pas dans cet enfer dont les émanations sortaient là, presque sous mes pieds.

«Qu'est-ce qu'il faut faire pour ne pas aller en enfer?
— Il ne faut pas faire de péchés.
— Mais est-ce qu'il y a des péchés qu'on peut faire sans savoir que c'est des péchés?
— Si on ne le sait vraiment pas, c'est pas des péchés, ça compte pas.»

Cela me rassurait car à l'époque, sinon peut-être un peu de gourmandise, je ne me voyais pas de péchés et me sentais encore moins le goût d'en faire. Toutefois un affreux soupçon me vint:

«Est-ce que ça peut arriver qu'on tombe dans l'enfer sans le faire exprès, que la grille casse?
— Oh oui! et il y a même des démons qui sortent par cette grille-là et qui vont attraper les gens.»

Je reculai contre le mur de la maison.

«T'en as vu, toi?
— C'est arrivé...
— Ils sont comment?
— Comme tous les démons, petits, rouges, avec des cornes et une grande fourche.»

Il me semblait les distinguer dans les volutes de vapeur. J'étais à la fois terrifié et curieux. Je ne comprenais pas pourquoi ma nourrice restait là, si près de la grille, et je ne cessais de regarder ses grandes jambes rougies par l'air du matin, m'attendant à ce que des mains aux doigts crochus sortent par la grille pour agripper ses chevilles.

«Est-ce qu'ils peuvent rentrer dans la maison?
— Non, mais la nuit, si on sort dehors...
— Ça dure long en enfer, hein?

— Ça n'a pas de fin.
— C'est dur à comprendre...
— Imagine qu'un escargot fasse autant de fois le tour de la terre qu'il y a de grains de sable dans le monde entier, eh bien, tout ce temps-là, c'est même pas un tout petit bout d'éternité.
— C'est vraiment long alors!»

Tout à coup l'éternité m'apparaissait autrement redoutable que tout le reste; peu importaient les tourments et les diables, ce n'était rien en comparaison du temps infini.

En opposition à la cour, qui désormais avait quelque chose de méphitique, il y avait le jardin. Un gros marronnier mystérieux, un tilleul qui devenait intéressant lorsqu'il perdait ses «hélicoptères», un vieux cèdre dans lequel je pouvais grimper, un massif de roses odorantes, une haie de groseilliers pour la confiture, le potager pour la soupe, c'était pour moi un univers qui avait un on ne sait quoi l'assimilant au paradis. Je m'empressai de quitter Adèle et la cour pour aller m'y réfugier.

Guenevièvre était en train de nourrir les lapins. L'ayant rejointe, je lui demandai si elle savait qu'il y avait des démons qui pouvaient sortir par la grille de la cour. Elle se tourna vers moi et, debout, les bras le long du corps, toujours vêtue d'un chemisier blanc et de son éternelle jupe plissée vert bouteille s'arrêtant juste au-dessus de ses rotules fortes et rouges, son visage ovale encadré par des cheveux châtain clair, elle me dévisagea d'un regard renfrogné.

«Qui t'a dit ça?
— Ta mère.
— Des démons, des vrais démons?
— Bah oui, des démons de l'enfer.»

Elle se retourna vers les cages sans rien ajouter, tendit pensivement une feuille de chou à un lapin puis s'accroupit comme pour mieux le regarder. Je sentais qu'elle était impressionnée. Je m'approchai d'elle et m'installai dans la même position.

«Ça te fait peur, hein?
— Un peu...»

Tout à coup ce fut merveilleux, à croire qu'un ange avait

allumé des lucioles dorées partout dans les branches des arbres et sur les brins d'herbe puis avait demandé aux plantes d'embaumer le jardin comme après la pluie. Il faisait beau et ça sentait bon. La peur que je sentais chez Guenevièvre avait annihilé la mienne, mieux, elle me faisait sentir fort et protecteur. J'adorais cette sensation. Je posai ma main sur son épaule.

«T'en fais pas, je suis là, croyais-je la rassurer.
— Et qu'est-ce que tu peux faire contre des démons, toi?
— Moi?...»

Bien évidemment je n'avais aucune réponse. Ternissant la luminosité ambiante, un nuage glissa dans le ciel.

3

Au fil des jours, le cortège funèbre de l'automne s'avança, inéluctable, et avec lui le virus de la scarlatine. Sans doute pour satisfaire ma curiosité coutumière, je m'empressai de l'attraper au passage.

Adèle m'installa dans le grand lit de sa chambre qui était la plus chaude. Ça sentait la cire, le thym et aussi la soupe aux poireaux. Je fus très malade, Mamie me l'a raconté. Le docteur, un homme grand, sec et gris, avec un chapeau et une mallette de cuir, passait deux fois par jour avec des piqûres. (Il paraît qu'il m'a sauvé, merci!) Ma température avait monté au point que j'ai déliré pendant plusieurs jours. Craignant pour ma vie, on plaça sur la table de nuit une statuette de la Vierge bénie à Lourdes. Dans mon délire je la renversai d'un revers de bras et elle alla se briser sur le plancher. Pas assez cependant pour que l'on ne puisse la recoller. Je lui fais toujours confiance, je l'aime et gare à celui qui réagirait à cela de son rire niais! Toutefois, lorsque ma convalescence fut en assez bonne voie pour que je réintègre la chambre que je partageais avec Guenevièvre, j'appris que durant mes nuits de délire, loin d'invoquer Marie, je n'arrêtais pas de prononcer le prénom de ma sœur de lait. Celle-ci avait dû apprécier cette marque d'intérêt car désormais, chaque soir avant le sommeil, elle venait se glisser dans mon lit et nous nous racontions de longues histoires destinées à nous faire peur mutuellement; ce qui nous donnait une bonne raison pour se serrer l'un contre l'autre.

Afin que je reprenne des forces, Mamie avait acheté une presse à viande; deux fois par jour une énorme tranche de rumsteck était saisie à la poêle et pressée aussitôt pour en tirer une timbale de sang chaud. Ce sang et la chaleur de Guenevièvre eurent tôt fait de me remettre sur pied.

Juste en face, de l'autre côté de la cour, il y avait une

école primaire où Adèle préparait la cuisine pour la cantine. Sitôt rétabli, je l'y accompagnais, passant mon temps à errer entre la cuisine et le réfectoire, dévorant de grandes tartines à la confiture ou au chocolat noir, et cela jusqu'au jour où je rencontrai mon premier Noir. Ma stupéfaction fut totale. Encore à l'époque, il n'y avait ni télévision ni immigration africaine en Normandie, aussi, les seuls Noirs que j'avais pu voir l'avaient été en photo (Bechet ou Armstrong sur les disques de Papa). Je me souviens encore fort bien de ma réflexion en l'apercevant, assis sur les marches de ciment de la cour (position qu'aucun adulte blanc ne se serait permise): «Pourquoi est-ce que tu t'es mis du cirage sur la figure?» Je ne voyais pas d'autre explication à cette étrangeté. Je n'ai pas retenu sa réponse, mais le rire qu'il a eu reste en moi: un immense rire tonitruant peuplé de dents étincelantes. Un rire extraordinaire. Est-ce à cause de cette réaction, malgré son étrangeté, j'aimais d'emblée cet homme-là. Et je crois que ce fut réciproque car il m'invita dans sa classe où, insistant par la suite pour y aller à plein temps (puisque ce n'était pas encore obligatoire!), j'ai pu apprendre à lire deux ans avant les autres de 49.

Les livres! En fanfare et en bousculade, ils firent leur entrée dans ma vie. En un rien de temps elle y gagna des dimensions insoupçonnées. Tous les livres d'enfants de la bibliothèque scolaire y passaient, je m'en gavais. On aurait pu me reprendre à la maison à ce moment, je me tenais tranquille.

L'autre jour, redécouvrant les livres de cette époque, quelle surprise de constater que pour la majorité ils ont été traduits de l'américain, et que les nounours, chatons, clowns et garnements illustrés y évoluent dans des décors sensiblement différents de ceux qui m'entouraient. Bien sûr je ne m'en rendais pas compte, mais j'imagine à présent que tous ces lieux représentant foyers et quartiers de petites villes américaines sont restés dans ma mémoire, la meublant d'un pays enchanté qui n'est pas celui où je suis né.

Guenevièvre n'avait pas encore appris à lire et notre relation s'en trouvait perturbée. Je la trouvais un peu stupide, je ne comprenais pas que l'on puisse passer toute une journée sans lire une seule petite histoire. Je ne comprenais pas qu'elle ne suive pas mon exemple. Mais j'oubliais cela le soir lorsque venait le temps de lui conter des aventures, car l'échange mutuel du début était devenu à sens unique. Cela m'était égal et même je crois que j'aimais mieux conter qu'écouter.

Outre les livres et la classe, il y avait les dimanches, ces dimanches où, pour se rendre à la cathédrale pour la grand-messe, il fallait cirer ses souliers, mettre le petit blazer bleu marine et la culotte de flanelle grise qui, beau temps, mauvais temps, allait rester courte pour encore quelques années. Je me plaisais énormément dans l'édifice. Tout d'abord pour l'excellente raison que c'est à Jésus que je posais toutes les grandes questions et que c'est le seul qui me répondait, ensuite parce que l'édifice m'émerveillait, et enfin car, pour moi, la messe était dévolue à la rêverie. Des rêves dans lesquels j'étais un brave, un héros qui, pour de nébuleuses circonstances, devait sauver un pauvre bougre en mauvaise posture au plafond. Pour l'atteindre, il me fallait escalader le long des piliers et des arches, trouver les corniches ou rebords où, lestement, je pouvais prendre appui. Je n'avais jamais trop d'une messe pour trouver un chemin pouvant me conduire vers le naufragé des voûtes.

Après la messe, nous repassions par *Le Versailles* où je restais jusqu'au soir avec mes grands-parents afin de dîner avec eux. L'un de ces dimanches vit naître en moi une certaine réserve vis-à-vis de Guenevièvre.

C'était une lumineuse matinée printanière, une de ces matinées où l'air lui-même semble scintiller. Papi avait abandonné un instant ses fourneaux et Mamie la mise en place de la salle à manger, nous nous étions tous joints aux curieux et badauds qui, sur les trottoirs de la rue Saint-Martin, attendaient le défilé dominical de la lyre bayeusaine. Plusieurs bâtiments de la VIe Flotte venaient de relâcher dans le port de Cherbourg et des «boys de la Navy» devaient être du défilé. Ce fut le choc.

Suivant notre fanfare habituelle peuplée de nez cirrhosés, de petits gros, de petits maigres, de mines revêches, d'yeux larmoyants, de visages couperosés, de coqs à la chevelure aussi éparse que huileuse, tous dans l'uniforme marine invariablement trop lâche ou trop étriqué selon le cas, suivant les nôtres donc, venait, immaculé, le trait homogène de trois marins coude à coude, portant, chacun bien à la verticale, la hampe de la bannière étoilée, superbe et fière dans le ciel bleu du printemps. Derrière eux, tout aussi immaculés et homogènes, dégageant une impression d'unité et de force inconnue en terre de France, accompagnés d'une musique légère et cristalline qui portait cependant en elle la puissance des victoires, la vigueur de ce qui n'a jamais connu la défaite, tous, comme un seul homme, avançaient d'un pas méthodique, nouveau pour moi. Comme dans un ralenti cinématographique, chacun faisait corps avec sa carabine dont la crosse de bois foncé se détachait sur la main gantée de blanc. Quelle différence avec les Bajocasses! Le sentiment qui dominait chez moi était la honte. Ceci d'autant plus que je sentais fort bien chez la plupart de mes compatriotes non pas la honte, mais la jalousie; une jalousie hargneuse qui se révélait çà et là par des quolibets goguenards. Et la honte fit place à la colère lorsque Pierre – le mari d'Adèle – prononça:

«V'là les clowns! Non mais..., regardez-les, pour qui ils se prennent!»

Je n'en veux plus du tout à Guenevièvre d'avoir été la fille de son père en cela qu'elle a approuvé et renchéri ses propos par un: «T'as raison, Papa!» avant d'ajouter, comme d'autres ne s'en privaient pas: «Dehors, les Ricains! Dehors!» mais sur le coup, je lui répliquai par le très peu convenable:

«Pauvre conne!»

Évidemment l'on me gronda pour avoir aussi vertement insulté ma sœur de lait.

«On ne dit jamais des mots comme ça! surtout à une jeune fille! me blâma Papi.

— Tu en dis bien, toi, des mots comme ça! lui retournai-je, sûr de mon fait.

— C'est différent...»

Sans vouloir l'admettre je connaissais la différence, ce qui ne m'empêcha pas de me buter à la suite de cette petite remontrance que je considérais injuste. N'avais-je pas défendu le beau et le grand en regard de la vulgarité, de la bassesse? Durant tout le repas avec mes grands-parents je ne dis pas un seul mot. Ce n'est qu'après le dessert que Papi m'expliqua son point de vue:

«Il y a souvent des faits que l'on n'accepte pas, mais il faut savoir rester calme et maître de soi. Ce n'est pas en insultant les gens qu'on peut les amener à la raison, si raison il y a, au contraire!»

Je comprenais qu'il avait raison, il a tout le temps raison. Sans qu'il n'en donne l'impression de prime abord, je pense aujourd'hui que Papi est un sage, même si parfois il a des colères redoutables. Se faisant serviteur de tous sans qu'on le lui demande, il a toujours su se faire l'avocat de chacun. Quoi qu'il en soit, ce jour-là j'hésitais encore à me départir de la mine outragée dont je m'étais affublé. Gâté, il me fallait quelque chose de tangible pour que je daigne sourire. C'est encore Papi qui fit les premiers pas, comme si de rien n'était:

«Et puis, Éric, aimerais-tu aller voir les bateaux américains cet après-midi?»

J'oubliai tout le reste, acquiesçai vivement et, dans la lancée, réclamai une autre portion de Saint-Honoré.

Profilés, imposants, gris comme un ciel normand, dominant le quai de leurs superstructures compliquées, les navires m'apparurent effrayants. Mais c'était une frayeur ensorcelante. Surgissant dans le quotidien banal de mon existence, ils apportaient l'aventure, la magie d'horizons inconnus, le goût salé d'une vie directement mêlée à l'Histoire. Mais cela était-il trop pour moi à ce moment? Comme Papi et moi venions de franchir la passerelle d'un destroyer ouvert aux visiteurs, alors que je me retrouvais sur un pont, pratiquement submergé par l'ombre inquiétante d'un canon démesurément long, retentit l'appel hurlant des sirènes, sans doute donné en l'honneur des visiteurs. Dans l'instant, sinon la très nette et très angoissante vision de toute la liberté fracassante qui m'attendait dans l'avenir, j'ignore toujours ce qui s'est réellement produit en moi; ce déchirement de l'air me fit paniquer et, perdant tout contrôle, n'ayant plus d'autre idée que de rejoindre le refuge de la terre ferme, je m'arrachai à la main de Papi et tentai de refranchir la passerelle. Ce faisant, je glissai sur les lattes de bois humide, n'eus pas le temps de me rattraper à la rampe de cordage et me sentis partir inexorablement entre le quai de pierre et la coque du destroyer, aspiré tout en bas par l'étroite bande d'eau verte et huileuse. Tout ceci se passa en un éclair, mais cette fraction de temps dut se dilater, car j'eus celui de comprendre ce qui m'arrivait, de prévoir l'étreinte froide et nauséabonde de l'eau du port, de me demander pourquoi j'allais mourir et de regretter que tout finisse si vite. Plongé dans le vide, j'ai levé un bras vers le ciel, des doigts solides se sont refermés sur mon poignet et je me suis retrouvé retenu à la vie par la main d'un marin qui, tout en me ramenant sur la passerelle, me douchait de mots que je ne comprenais pas.

Ne sachant comment remercier mon sauveteur, Papi l'invita à venir séjourner à Bayeux le temps de son escale. C'est ainsi que j'appris que l'homme qui m'avait sauvé la vie (un tout jeune homme, je m'en rends compte aujourd'hui) venait de l'Ohio où son père élevait des vaches (quoique à l'époque – puisque c'était en Amérique – je disais: «possède un ranch», ce qui me paraissait nettement mieux).

D'une certaine façon, je dois à Gary Cooper d'être au monde, et j'ai pu y rester grâce à un marin de l'Ohio.

Nous parlions chacun exclusivement notre langue, mais le lendemain, je redécouvrais Bayeux avec lui. Je décrivais en français le peu que je connaissais, lui acquiesçait avec ses mots. Je lui fis les honneurs de la cathédrale et des tapisseries de Mathilde qui m'ennuyaient prodigieusement, lui me montra la photo de sa fiancée (ou était-ce sa sœur?), celle de sa mère, à côté de laquelle on voyait sa voiture. Une voiture splendide! J'ai cru comprendre que son rêve était d'avoir un garage. L'idée d'avoir un garage à Bayeux ou Fécamp ne m'enthousiasmait guère, par contre à Toledo ou Cincinnati...

Ma grand-mère nous accompagnant, nous le reconduisîmes à son bateau. En route nous nous arrêtâmes à Montebourg pour visiter l'ancienne abbaye où Mamie avait été pensionnaire durant une grande partie de sa jeunesse. Si à l'époque j'avais su que cet endroit préfigurait ce que j'allais connaître à mon tour, peut-être me serais-je dissimulé dans les cales d'un navire en partance pour n'importe où. Les lieux étaient sinistres, ils sentaient la soupe, la sciure, la discipline et la rigueur. En visitant ces locaux, j'imaginais des religieuses revêches et sans pitié, des sévices incapables d'éveiller la pitié du fait qu'ils ne laissent pas de trace apparente. Il y avait de grandes tables trop longues, de nombreuses rangées de petits lits blancs, du silence, un silence affligeant, et d'interminables corridors certainement conçus dans le dessein d'inspirer la mélancolie. Heureusement, à l'extérieur il y avait un grand étang, avec des roseaux, des nénuphars, et, çà et là sur les berges de l'onde émeraude au calme mystérieux, quelques saules pleureurs dont les frondaisons anciennes devaient constituer un refuge dans les pires moments. Plus tard, Mamie m'avouera avoir souvent pleuré en ces lieux, mais je l'avais déjà deviné lors de cette visite. Je revois encore l'attitude mi-incrédule, mi-scandalisée du marin. Là-bas, en Amérique, ce genre d'endroit ne devait pas exister. En tout cas je voulais le croire.

À Cherbourg, après m'avoir fait promettre que je n'essaierais plus de franchir la passerelle comme un fou, même si la panique devait me reprendre en entendant les sirènes, j'eus, comme j'en mourais d'envie, la permission de remonter à bord du destroyer pour visiter le poste de mon sauveur. Des entrailles du navire, je retiens des cloisons de métal aussi immaculées que la tenue de parade des matelots, une forte odeur de cambouis et d'acier, une autre inconnue que j'identifierai plus tard comme étant celle de la moutarde au curcuma, le martèlement énergique des pas dans les coursives, ma première écoute de ce que je jurerais être *Chattanooga Choo-Choo*, le brouhaha grisant d'un autre monde et, lors de l'ouverture d'un casier dans le poste du marin de l'Ohio, l'image trop furtive de ma première fille aux seins nus. Lorsque je remontai sur le pont, le soir tombait. J'avais l'impression d'avoir mis un pied sur le chemin de l'Aventure. Quelque chose était nouveau dans l'air vif et violet du crépuscule; une certaine légèreté.

4

Puis vint le jour où il a fallu rentrer obligatoirement à l'école et je quittai Bayeux pour ma ville natale. Je le fis sans savoir que je n'aurais plus l'occasion de rencontrer Guenevièvre, non pas à ma connaissance qu'il lui soit arrivé quelque chose, non, simplement l'existence nous a séparés et, pour être franc, peut-être parce qu'elle avait hué les Américains, je n'ai jamais vraiment repensé avant aujourd'hui à celle que je réclamais dans mon délire scarlatinesque.

Nonobstant le fait que je savais déjà lire, il m'a fallu reprendre à la case départ. Inutile de préciser combien je m'ennuyais en classe. Aussi, devançant le physique de quelques semaines, mes pensées commencèrent à s'évader. D'abord, ce fut quasiment sur le mode voyage astral, comme prétendaient le pratiquer des voisins de mes parents, ensuite avec les aventures de Bicot ou de Bibi Fricotin, que durant la classe je dissimulais derrière les livres officiels. Puis, comme malgré ces libertés mes résultats me plaçaient toujours bon premier, je crus pouvoir commencer un stage intensif d'école buissonnière.

Au départ l'escapade favorite était un grand magasin, *La Ménagère*, dont tout le premier étage offrait à nos rêves de quoi s'alimenter durant des lustres. Il y avait des panoplies d'Indiens et de cow-boys, des «Winchester 22 long rifle à amorce», des «tentes d'Indiens», des «jumelles View Master» à travers lesquelles nous vivions les péripéties de Roy Rogers, enfin et surtout, occupant près du quart de l'étage durant la période de Noël, le propriétaire – qui devait être un poète – avait installé un extraordinaire décor représentant les Rocheuses, la Prairie, Fort Laramie, une cavalerie de plomb chargeant des Apaches en plastique, des hors-la-loi, des bisons et des chevaux. Il y avait aussi des forêts de sapins, des pics enneigés et, du plus beau bleu qui soit, une rivière qui serpentait. Et ce panorama était traversé par un train miniature à vapeur qui faisait tchou-tchou en empruntant ponts de bois et tunnels. C'était autre chose que l'école! D'autant plus que nous pouvions rester le temps qu'il nous plaisait, jamais on ne nous a dit de déguerpir. Celui-là avait compris à qui s'adressent les jouets.

Nous, c'était moi, Hugues et Cédric. Trois des cinq garçons de la classe. Parce que cette année-là il n'y avait plus de place à l'école des gars, je m'étais retrouvé inscrit à l'école des filles. Le seul problème à cela était que l'institutrice, plus habituée aux petites demoiselles, se trouvait totalement déroutée face à la psychologie des petits gars. Les autres difficultés, comme les remarques désobligeantes de ceux qui n'allaient pas à la même école que nous, ces tracas-là avaient été réglés sous forme de bagarres de ruelles qui nous avaient valu, à Hugues et à moi, le titre envié de voyou.

Comme tout allait bien, je pensais que cette vie-là était pour durer indéfiniment, mais deux catastrophes survinrent au cours de l'année suivante. La première fut que je perdis une part de ma suprématie habituelle au rang des élèves. Une dénommée Karine Lemoy s'appropriait l'autre moitié de ma première place. Premier ex aequo! Presque partout j'avais de meilleures notes, mais en discipline un beau zéro brillait comme un soleil couchant sur mon carnet. La seconde catastrophe fut, pour Hugues et moi, la découverte du cinéma l'après-midi. De ces deux catastrophes résulta une tragédie à l'échelle de mes sept ans. À cause de la première, comme si la résignation était une revanche, je me vautrais définitivement dans la seconde, fuyant presque quotidiennement l'école pour *La Chaumière* où l'Ouest Sauvage était encore plus palpitant qu'à *La Ménagère*. Seulement, ayant en fin de compte définitivement cédé ma première place à Karine Lemoy, je me devais de réagir en lui portant une telle estime (comment faire autrement puisqu'elle me dépassait!) que je la retrouvai bientôt au niveau des pensées du cœur. J'imagine que si ma scarlatine avait repris à ce moment, j'aurais demandé Karine toute la nuit. En fait je mûrissais secrètement des projets de chevalier servant. Je rêvais de situations où je devais mettre ma vie en jeu pour la sauver (j'en étais encore à grimper le long des piliers d'église).

Ce n'est pas du tout ce qui arriva car, pour comble de déshonneur, afin d'assouvir ma soif de westerns, et donc d'argent pour payer l'entrée, j'étais prêt à tout.

Lors d'une récréation du matin, Hugues et moi étions sous le préau, comme d'habitude au centre d'une galaxie de filles (tout comme la terre était au centre de l'univers entre Aristarque et Copernic). Après deux ou trois rondes à chanter des «bêtises de filles» du genre: «Entre les deux mon cœur balance», suivit une conversation qui dévia dangereusement au-dessous de la ceinture:

«Moi, demanda Anne Babant, la plus effrontée de la cour, je voudrais bien savoir comment c'est une quéquette de garçon...

— Facile, lui répondis-je, tu me donnes un franc et j't'e montre.

— T'aimerais pas mieux voir mon machin à la place d'avoir un franc?»

Comme, à l'époque, j'aimais mieux les westerns et que de toute façon j'avais vu bien innocemment le «machin» de Guenevièvre, je refusai cette offre. Par curiosité statistique je le regrette aujourd'hui; il ne serait pas inintéressant de savoir combien des futures mesdames de Fécamp auraient préféré montrer leur «machin» plutôt que de sortir un franc.

Quoi qu'il en soit, c'est ainsi que contre une rémunération qui m'autorisa des films comme *Le Trésor du lac d'argent*, *Le Convoi des braves*, *La Flèche brisée* ou l'effrayant *La Nuit du chasseur*, jour après jour, je dévoilais cette partie enrichissante de mon anatomie à presque tout ce que cette école primaire comptait de filles privées d'une connaissance essentielle; à tel point qu'elles devaient payer de leurs précieuses économies pour savoir.

Arriva ce qui devait arriver. Certainement le fait d'une «pimbêche» qui n'avait pas payé parce qu'elle avait dû satisfaire sa curiosité ailleurs, mon commerce fut rapporté à ces gens qui parfois apparaissaient dans nos vies pour tout chambouler: les parents. Immédiatement informée, la directrice mena son enquête et – sans payer – me surprit «quéquette» à la main. Inutile de préciser combien il est embarrassant d'être ainsi surpris par une adulte. «Quelle honte! Veux-tu cacher ça tout de suite!» s'écria-t-elle d'une voix anormalement aiguë. Combien il est angoissant de rentrer à la maison lorsque vous savez que vos parents ont été informés que leur fils se livrait à «la débauche» dans la cour de l'école des filles.

En rentrant ce soir-là, comme tous les autres jours après la classe, je traversai la salle à manger du restaurant, très sombre durant les heures creuses, guettant de biais s'il n'y avait pas moyen d'esquiver d'abord Maman et ensuite Papa. Mais, dans le silence un peu triste d'une fin d'après-midi, en train de passer les couverts au blanc d'Espagne debout devant une console, Maman ne pouvait me manquer. Elle se tourna vers moi, presque compatissante malgré une attitude sévère.

«Je crois que ton père a à te parler, me dit-elle. Il est aux cuisines.»

Pas moyen d'y échapper, et rien, dans tous mes derniers westerns, qui ne m'apprenne comment éviter l'inévitable. Pire, mon père n'était pas seul, l'école finissait en même temps que la coupure d'après-midi et les apprentis étaient au travail. De l'autre côté du fourneau, Papa releva la tête en même temps qu'il reposait un couvercle sur une marmite fumante et m'aperçut.

«Ah te voilà, toi!...»

Stupide, je tentai de jouer l'innocent.

«'Soir p'pa...

— Tu n'as rien à dire?

— À dire?...

— Tu sais très bien de quoi je veux parler.

— Ah! ça...

— Ouais, ça, comme tu dis.

— Bien... (J'essayai une excuse qui autrefois avait fonctionné avec ma grand-mère et même l'avait fait rire:) Ma conscience m'a rien dit contre.

— Ta conscience! Je vois...»

Il n'ajouta rien, alla jusqu'à l'étagère où était posé le phono puis, comme si tout avait été dit, plaça sur le plateau un disque qu'il venait de sortir d'une pochette jaune. Il s'agissait d'une compilation 33 tours des enregistrements de Louis Armstrong à Chicago en 1927. Ce disque-là et le *Hot-Fives* dans la pochette rouge, je les ai tellement entendus que je pourrais les fredonner par cœur.

Mon père approcha son visage du bras pour souffler le petit amas de poussière sur le «saphir», posa celui-ci sur le premier sillon puis, tandis que s'élevaient les premières notes de *Willie the Weeper*, resta stoïque quelques instants, comme en extase.

«Écoutez ça! fit-il en s'adressant autant à moi qu'aux apprentis, écoutez, Johnny Dodds à la clarinette... Extra!»

Et, de retour au fourneau, il se mit à swinguer du pied. C'était clair, il avait posé son jugement sur mes actions et il me laissait le loisir d'en faire autant par moi-même. Plus qu'avec une vaste remontrance suivie d'un châtiment, je compris que je n'avais pas été à la hauteur de ce qu'il attendait de moi. C'était la pire des punitions. Honteux et navré je m'en allai dans ma chambre.

Là, alors que dans la lumière déclinante je regardais à la fenêtre le trottoir luisant sous le sempiternel crachin cauchois, j'aperçus Karine Lemoy, passant dans la rue avec une plus vieille que je connaissais pour être sa sœur. En me voyant à la vitre, Karine tendit le doigt vers moi, le regard de sa sœur suivit la direction indiquée et toutes deux se mirent à rire joyeusement. Pour la première fois, l'espace d'une seconde, je voulus mourir. J'eus envie d'aller trouver Maman, mais je savais qu'elle avait du travail. Seule, venant du rez-de-chaussée, la voix de Lil Armstrong me susurrait qu'ailleurs il devait bien y avoir autre chose que cette tristesse qui alourdissait la pénombre brune de ma chambre. Revenant à ce que j'avais dit à mon père pour ma défense, je me demandais ce qu'était la conscience. Pourquoi, outre le souci de ne pas être dérangé par les adultes, n'avais-je jamais eu l'impression de mal faire alors que, d'après ce que mon père venait de me laisser comprendre, je m'étais mal comporté? En avais-je, moi, une conscience? Pourquoi montrer sa «quéquette» était-il grave? J'avais toujours cru qu'il fallait qu'un acte soit diablement agréable pour que ça devienne un péché. Montrer son pénis pour un franc n'avait vraiment rien de folichon, je pouvais fort bien m'en passer, je ne le faisais que pour le cinéma. Ça, par contre, ce devait être un péché!

Vers la fin du second trimestre, notre institutrice quitta l'école pour accoucher. Elle fut remplacée par une espèce de bonne femme, madame Beaudry, qui, une fois pour toutes, me conforta dans l'idée que mieux valait aller au cinéma qu'à l'école.

À la fin de sa première journée, elle me demanda de rester après la classe. Lorsque tous les autres furent partis et que je me fus approché de son bureau, grimaçant une moue dédaigneuse de ses lèvres fardées d'un rouge vif, elle me fixa longuement. Ses lunettes à monture d'acier faisaient paraître ses yeux minuscules, de plus je les trouvais méchants.

«J'ai appris ce que tu as fait dans la cour de récréation, persifla-t-elle.

— Qu'est-ce que j'ai fait, madame?

— Tu le sais très bien! N'est-ce pas toi l'impudent qui montre son zizi à tout le monde?

— Bah...

— Est-ce que tu te rends bien compte de ce que tu es?

— Oui... (Non, je ne me rendais pas bien compte.)

— Oui! Bien je crois que tu le feras encore mieux lorsque je vais te dire ce qu'il va t'en coûter pour qu'à l'avenir tu te rappelles qu'un garçon digne de ce nom ne montre pas son zizi comme une vulgaire... (Je ne comprenais pas pourquoi elle employait le féminin, d'après ce que je savais les unes ne possédaient pas de «zizi».) Pour ta peine, tous les soirs après la classe, tu resteras ici pour nettoyer le tableau et cirer mon bureau. Je veux que tu le fasses reluire tous les jours. Ah oui! autre chose encore dont j'ai entendu parler, si jamais tu manques la classe sans un très bon motif, je te jure que tu vas t'en repentir.»

Je suis de ces âmes sensibles qui ont horreur de faire ou de voir faire souffrir, par contre, dès que la colère me gagne (ce qui est le cas dès que je renifle un relent d'iniquité), j'ai tendance à devenir violent. Cette fois-là je regardais la longue règle de bois accrochée à côté du tableau et j'avais une furieuse envie d'en frapper «la mère Beaudry». Évidemment, comme pour escalader les piliers de cathédrale ou sauver Karine Lemoy des griffes du péril, ça n'était que dans ma tête. Par contre j'y allai quand même d'une petite violence verbale:

«Comment?

— Comment quoi?

— Comment je vais m'en repentir?»

C'est elle qui fut violente; une gifle cinglante m'envoya au plancher.

«Comme ça!» ajouta-t-elle.

Le lendemain, devant tous les autres, elle recommença.

Elle avait amené un grand drapeau tricolore et nous expliquait pourquoi le bleu, le blanc et le rouge. Nous en étions à cette dernière couleur lorsque Hugues, qui était assis un rang derrière moi, sûrement pour se distraire de la patriotique explication, me tira les cheveux. Surpris, je lâchai un «Aïe!» incompatible avec le symbole républicain.

— Qui a crié? voulut savoir l'institutrice.

— C'est moi, madame», répondis-je en m'estimant dans mon juste droit.

S'approchant, elle ne posa aucune question, ne chercha pas à savoir la raison de mon cri, elle se contenta de m'envoyer une gifle digne d'un lutteur de foire (dont elle avait, sinon la carrure, tout au moins le poids). C'était trop pour ce que j'étais capable d'accepter. Ne me contrôlant plus, alors qu'elle rejoignait l'estrade et le drapeau, je me levai, m'élançai vers elle et la bousculai dans le dos. Ce n'est pas que j'étais un costaud, loin de là, mais, sous la surprise plus que sous le choc, elle s'affala, entraînant dans sa chute le drapeau qui un instant la recouvrit comme un linceul. Je lui criai qu'elle était injuste puis, sans demander mon reste, quittai la classe, bien déterminé à n'y jamais remettre les pieds. Au passage, j'emportai le regard impressionné de Karine Lemoy comme un cadeau d'adieu.

Le lendemain (Hugues avait réussi à substituer quelques billets d'entracte qui nous permettaient d'entrer sans payer juste avant le grand film), fasciné, j'assistai à la représentation en matinée de *L'Homme de la plaine*. De quoi puiser assez de force et d'optimisme pour ce qui allait suivre.

Car quelques jours plus tard, suivant les conseils pédagogiques de «la mère Beaudry», mes parents me conduisaient en pension dans la ville la plus triste et la plus constipée que je connaisse: Rouen. À côté de «JB» où j'allais rester sept ans, l'abbaye de Montebourg faisait figure de carte postale.

5

Rouen. La ville est au creux d'une cuvette au-dessus de laquelle s'attardent en quasi permanence de vilains nuages sales. Des toits gris, d'autres rouille, beaucoup de clochers aussi, comme des appels au secours. Le centre veut parler d'un passé prestigieux, pour moi il n'est marqué que par les fumées du bûcher de Jeanne d'Arc. Il n'y avait qu'à Rouen qu'on pouvait songer à la brûler! Quelle autre ville? En périphérie du centre néo-cossu rongé d'une humidité catarrhale, ce ne sont que pavillons souillés de suie et clapiers de béton prémoulé façon pays de l'Est. Rien n'y bouge, que les larves de la tristesse bourgeoise et celles des préjugés mesquins. À l'image de ses murs, la population est encalminée dans le pot au noir du temps. Rouen ne vaut que par le spectacle émouvant de sa cathédrale; là – et seulement là! – l'esprit a poli la pierre, et le temple fait penser à la fleur arrachant sa substance à l'humus putride.

Au milieu de cette ville, au cœur d'une de ses rues les plus grises, des murs trop hauts: Saint-Jean-Baptiste-de-la-Salle. Quelqu'un a-t-il jamais pensé que des pénitenciers aussi sinistres soulèveraient un tollé immédiat de protestation? Pourtant c'est dans ces établissements que se fabriquent les générations. Prenez un enfant qui par essence n'aspire qu'aux jeux colorés de l'imaginaire, plongez-le dans un aquarium de ciment, laissez-y-le macérer quelques années dans une décoction d'interdits inhibiteurs et – sauf malchance – vous en retirerez un individu capable de construire d'autres Rouen.

J'y fus plongé alors que l'année scolaire était déjà bien avancée. Pour les autres, les anciens, c'était une aubaine que d'avoir ainsi un bleu à se mettre sous la main.

J'étais arrivé un peu avant l'heure du souper, le frère-directeur avait fait visiter à mes parents un des dortoirs de quatre-vingt-dix lits ainsi que le réfectoire de deux cents places de ma division. Tout en se frottant les mains, tel le pastiche d'un banquier levantin, il leur avait fait des courbettes nippones et des sourires de connivence. «Il aimera vite ça!» assura-t-il. J'étais convaincu du contraire en voyant, à travers un voile brouillé, se refermer la lourde porte de bois sur le sourire contrit de Maman. Encore plus lorsque, seul au milieu de la cour, à l'aboutissement d'un concert de sonneries, j'y vis déferler mille têtes inconnues, mille corps de toutes tailles vêtus du même long tablier gris dont j'avais un exemplaire dans ma valise. Mille paires d'yeux me dévisageant comme si j'étais au menu du souper. Je ne m'étais jamais senti aussi seul. Ma pomme d'Adam pesait une tonne, je devais offrir la physionomie faciale d'un supplicié; les autres s'en délectaient. «Regardez le bleu, il s'ennuie de sa môman!» «Pleure pas, tu la reverras, ta mère.» Un frère vint me trouver, m'informa que je devrais m'adresser à ceux de son espèce en les appelant «cher frère», que désormais je serais le numéro 170, que lorsque la cloche du souper sonnerait je devrais me placer, en respectant l'ordre de taille, dans le rang de la Première Division. Pour le reste, je n'aurais qu'à faire comme les autres.

Je fis comme ordonné lorsque la cloche sonna, mais, parce que les autres étaient déjà habitués à avoir Untel et Untel autour d'eux, j'eus un peu de mal à me faire accepter à la place qui convenait à ma taille. Ce n'est que lorsque le frère de division hurla: «Je ne veux voir qu'une seule tête!» que je pus rentrer dans le rang. Je sais que ce devait être un lundi car pour ce premier repas il y avait de la langue à la sauce piquante; et ça, c'était le plat du lundi soir. Devrais-je vivre cent ans, je saurai toujours que, par exemple, le mercredi midi c'était du steak-frites (le repas préféré de tous) ou le jeudi soir des lentilles (dont le surplus était servi en vinaigrette le lendemain). Mais ce soir-là c'était de la langue de bœuf, et pour moi il s'agissait d'une première. Inquiet, je dus demander ce qu'était cet étrange morceau de viande baignant dans une sauce orangée où flottaient quelques rondelles de cornichons; une bonne âme a dû m'en informer, toujours est-il que j'ai su et qu'aussitôt j'ai grimacé, ce qui n'est pas demeuré inaperçu du frère qui, dominant le réfectoire, prenait ses repas sur une estrade centrale.

«Serait-ce une grimace que je viens d'apercevoir sur le visage du nouveau?»

Roulement de rires en bruit de fond.

Je savais être le nouveau, toutefois je ne répondis pas.

«Alors? s'irrita le frère.

— C'est la première fois que je vois ça, monsieur, bredouillai-je en me demandant comment j'allais faire pour ne pas pleurer devant les autres.»

Éclat de rires intempestifs. Tolérant à ceux-ci, le frère affichait une fausse indignation vis-à-vis de ma réponse.

«C'est à moi que tu dis monsieur?

— J'ai oublié...

— Oublié CHER FRÈRE!... Et c'est cette superbe langue de bœuf que tu désignes par un *ça* que j'oserais qualifier de dubitatif?»

J'étais incapable de répondre. Tout ce que je désirais était de quitter ce cauchemar et retrouver la maison.

«Bah...»

Narquois, le frère me regarda en plissant les lèvres jusqu'à ce qu'elles ne soient qu'un trait dur sur son visage écarlate. Entre ses paupières, je ne distinguais qu'un infime éclat blanc électrique.

«Ce *bah* n'est-il pas une interjection marquant le doute?» persifla-t-il.

Je ne comprenais pas le sens de sa question, mais lorsque je le vis faire un signe à celui qui était le chef de table, et que ce dernier se leva pour vider les deux dernières langues du plat dans mon assiette, je sus qu'il avait entrepris de me tourmenter. J'aurais voulu être dans un western, avoir deux colts à la ceinture et ne lui laisser d'autre choix qu'un duel réparateur. Mais j'en étais très loin. Pas assez cependant, car je croyais avoir d'autres alternatives que d'obtempérer:

«J'les mangerai pas! lançai-je

— Ah non?»

Le dernier rire s'éteignit, le silence se fit lourd et je crus savoir pourquoi lorsqu'il se leva, attrapa contre sa table une longue baguette de bambou, descendit calmement de son estrade et, impassible, se dirigea vers moi. Je croyais qu'il bluffait, que tout ceci n'était qu'une mise en scène destinée à me faire peur. Mais non! Alors que je ne m'attendais à rien d'autre qu'à des mots menaçants, la baguette s'éleva, cingla l'air et vint s'abattre sur mon postérieur.

«Alors tu ne les mangeras pas?»

Les yeux irrémédiablement noyés, je ne comprenais pas pourquoi mes parents m'avaient laissé là. Qu'avais-je fait? Ô oui! franchement, même si j'ai élargi la question à tous mes camarades, à tous les enfants qui de gré ou de force doivent plier au prétexte de quelques années d'expérience, encore aujourd'hui, je me demande pourquoi.

«Non!»

Je compris tout de suite qu'il ne s'attendait pas à un refus. Il ouvrit la bouche, la referma puis de nouveau fit jouer sa trique. Cette fois, je le voyais à son attitude, il était certain que j'allais obtempérer. Je ne voulais surtout pas lui donner ce plaisir. Sans réfléchir aux conséquences, apercevant au passage le regard ahuri des autres, je pris mon assiette à deux mains et la projetai sur le carrelage où elle éclata en centaines de petits morceaux. C'est en voyant des taches de sauce piquante au bas de la soutane du frère que je mesurai plus précisément mon geste. D'écarlate, le chef de division était devenu blanc.

«Je vois, dit-il froidement, une forte tête...»

Sur ces mots, il me prit une oreille entre le pouce et l'index, me força à m'asseoir sur le banc, prit l'assiette de mon voisin, commença à la remplir des restes de toutes les assiettes de la table, posa le tout devant moi puis, me maintenant par une poignée de cheveux, m'ordonna de manger. Comme j'hésitais, il imprima un mouvement de torsion à son poignet. J'avais le choix entre la douleur et les haut-le-cœur. Je pris ma fourchette et, m'attendant à tout restituer à chaque bouchée, je mangeai. Il ne m'abandonna que lorsque j'eus fini toute l'assiettée.

«Maintenant, m'ordonna-t-il, tu vas aller chercher ce qu'il faut aux cuisines et tu vas nettoyer le gâchis que tu as fait.»

J'acquiesçai d'un: «Oui, cher frère».

Je savais déjà que, de front, je n'aurais pas le dessus avec lui.

Après cela il y eut la récréation du soir au cours de

laquelle quelques plus vieux me demandèrent mon nom, d'où je venais et ce que faisait mon père. Un autre, sur le ton des conseillers, me prévint amicalement de ne pas essayer d'avoir raison avec «Joseph», prénom du frère de division. J'ignorais que mes démêlés avec ce dernier m'avaient évité la cérémonie du bizutage pour ce soir-là (instinctivement le groupe sait lorsqu'il ne faut pas en rajouter), et, seul au milieu des autres qui dépensaient leur trop-plein d'énergie en criant après des ballons dans la cour close que n'éclairait qu'un lampadaire blême, je mâchais ma tristesse en cherchant du connu où me raccrocher. Il n'y avait rien.

Puis ce fut ma première confrontation avec une nuit, la première d'une série de 2000, à passer au milieu de quatre-vingt-dix congénères, avec tout ce que cela peut comporter de bruits nocturnes mais aussi de silence. Six rangées de quinze lits en tube blanc, chacun recouvert d'un couvre-lit blanc, autant de petites tables de nuit en bois patiné contenant: pyjama, «trousse de toilette», missel et, pour le reste, le plus souvent des articles prohibés. Tout cela sous le morne éclairage de quelques veilleuses jaunes empêchant toute véritable nuit, et sous la surveillance implicite des quatre alcôves de tissu blanc occupées par des surveillants, qui n'étaient autre que des «grands» de terminale, prêts à intervenir au moindre bruit suspect, ne serait-ce que des éternuements trop accentués, souvent le résultat de rires trop longtemps contenus. Car même dans ce milieu, au risque d'une ou deux heures à genoux dans le «ciroir» avec les fables de La Fontaine, l'enfant est capable de rire. Dans le silence chargé de répression, la moindre stupidité prend valeur d'événement et peut déclencher des cascades de rigolades.

Contre toute attente, je me suis endormi rapidement, tout de suite après que mon voisin de gauche, un rescapé de la polio, m'eut expliqué que le seul moyen de quitter le pensionnat autrement que «les pieds devant», était de pisser régulièrement au lit.

C'est le frère Joseph qui ordonnait le lever d'un claquement de main au terme immédiat duquel il importait d'être à genoux au pied du lit pour les grâces matinales. Les retardataires étaient éjectés avec leur matelas, et avaient donc leur lit à refaire complètement. J'en fus ce premier matin. Après la prière, ruée de quatre-vingt-dix gars en slip pour prendre place devant de longues auges d'acier émaillé blanc surmontées d'un tuyau percé qui dispensait un filet d'eau froide à chacun. Une fois lavé, il fallait faire la queue pour passer devant madame Géniaux, une imposante matrone qui, chaque matin, inspectait nos ongles, nos oreilles, nos orteils et d'éventuelles traces malpropres au fond des slips. Ce premier matin, je trouvai ça beaucoup plus dérangeant que de montrer quéquette contre rémunération.

Pas de temps à perdre; après la toilette, passage au «ciroir» pour faire briller les croquenots puis descente en rang des quatre étages de la vaste bâtisse, en route pour la messe de 6 h 30 durant laquelle, invariablement, l'on se languissait du petit déjeuner, seul repas, avec celui du mercredi midi, qui satisfaisait tout le monde. Cela pour l'excellente raison que, hormis le café au lait et les pains de quatre livres, chacun apportait ce qu'il voulait.

Justement, ayant pris des habitudes spéciales à la maison, parmi tous les pensionnaires de mon réfectoire, je fus le seul lors de ce premier matin à sortir de ma caisse à provisions – déjà plus grosse que celle de n'importe qui, ce qui suscita plusieurs regards en accent circonflexe – une grande boîte de Corn flakes, comme j'en avais demandé l'achat après en avoir vu sur la table de John Wayne dans *Paris Match*. Le frère Joseph ne se priva pas de sauter sur l'occasion:

«On dirait que 170 se prend pour un Américain. 170 n'aime pas le pain français, le bon pain de Rouen ne lui sourit pas, il lui faut du maïs, comme les bestiaux! Alors, 170, on est américain?»

Je savais depuis la veille qu'il ne fallait pas le prendre de front, mais comment, même si je ne me l'étais jamais posée, dire non à pareille question? Comment renier la nationalité de John Wayne, de Gary Cooper ou de Gregory Peck? Impossible! La réponse que je lui fis avait l'avantage de ne pas être impertinente:

«Par mon grand-père...

— Ton grand-père est américain?

— Oui, cher frère.»

Il ne pouvait se permettre d'ironiser sur ma famille, enfin pas immédiatement, car je vis à son regard qu'il cherchait le moyen de décrier mes origines sans porter atteinte à mon grand-père.

«Il est de New York? demanda-t-il, circonspect.
— Non, du Nouveau-Mexique, près de Santa Fe.»

Aux lueurs qui s'allumèrent dans les pupilles de mes congénères, je devinai que je venais de marquer un point de prestige. Le frère Joseph dut le réaliser aussi, car il se contenta de hocher la tête d'un air entendu.

Je savourai l'instant en versant du lait sur mes céréales; puisque mon grand-père était américain, j'avais acquis le droit vis-à-vis des autres de me prévaloir de cet état sans passer pour un snob.

Au cours de cette journée, je fis connaissance avec les interminables couloirs où je dus apprendre à me repérer, avec ma classe dont les fenêtres, qui donnaient sous le préau, ne permettaient même pas de voir le ciel; tout cela couleur moutarde de Dijon. Surtout, je fis connaissance de mon institutrice, Miss Vessiaire, une invraisemblable combinaison de chairs qui, ce matin-là, comme tous les suivants, je le découvrirai par la suite, arriva avec un paquet de règles plates sous le bras; celles qu'elle casserait sur les doigts au cours de la journée. Celle-ci se passait sous son autorité impitoyable, assaisonnée de sévices allant de la séance à genoux sur une règle carrée en tenant des livres en l'air, à l'épreuve d'élongation d'oreilles. Avec elle pas moyen de ne pas apprendre, toute hésitation dans une récitation était immédiatement sanctionnée physiquement. L'ère du par-cœur vivait ses heures de gloire. Tu enregistres ou tu souffres.

Il y eut deux autres repas (que l'on devait prendre en silence, sauf pour rire benoîtement des ironies du frère Joseph), il y eut les longues heures de l'étude du soir sous la surveillance d'un «pion», puis, au terme de ces premières vingt-quatre heures, la récréation du soir durant laquelle mes misères de la veille ainsi que ma généalogie furent oubliées au profit de «la carte du brave» par laquelle tout le monde devait passer.

Un peu au-dessus d'un muret de béton, un long tube de métal empêchait que l'on ne tombe en se penchant. Au tout début de la récréation, alors que comme pour les précédentes je m'apprêtais à errer entre les quatre tilleuls de la cour comme une âme damnée, je fus assailli par une véritable meute qui vociférait: «Les barres! Les barres! Les barres!» J'y fus conduit sans mon consentement. Le dos appuyé dessus, on me passa les bras derrière le cylindre horizontal et l'on me prévint: «On va tirer, si tu ne cries pas, tu gagnes ta carte de brave. Si tu cries, tu passes à la deuxième épreuve...»

Avant que je puisse demander en quoi elle consistait, deux des plus costauds tirèrent chacun sur un de mes poignets et, évidemment, sous la douleur, je criai.

Pour la seconde épreuve, entouré d'une masse compacte d'élèves, je fus conduit cette fois vers les tinettes, sous le préau. Tandis qu'on me tendait une boîte de cirage à souliers, un autre m'expliqua:

«Tu rentres là-dedans, tu te barbouilles la baisette complètement et tu gagnes ta carte. Mais attention, faut pas chialer, si tu chiales ou si tu le fais pas, pas de carte...

— Et ça sert à quoi d'avoir une carte?

— Si t'en as pas, tu pourras rien faire, on te dénoncera aux frères pour n'importe quoi. Si t'en as une et qu'un mouchard te dénonce, on lui fait une grosse tête.»

Je l'avais exhibée aux filles pour me payer le cinéma, et mon père m'avait fait comprendre que ce n'était pas digne. Pas question que je me livre à ce que je considérais désormais comme une véritable bassesse.

«Tant pis, vous me dénoncerez...

— Mais tout le monde le fait.

— Pas moi! (À l'idée d'être dénoncé, j'eus une réminiscence western:) Et le premier qui cafte, je lui fais cracher le sang dans la poussière.»

L'étrange c'est qu'ils eurent l'air de croire mes paroles. Alors qu'ils se dispersaient, je sentais que certains se posaient des questions à mon sujet, et aussi que d'autres déjà m'en voulaient de ne pas m'être résigné à ce qu'eux s'étaient crus obligés d'accepter. Avec l'histoire de l'assiette cassée aux pieds du frère, avec mes origines marginales et ce refus, je comprenais vaguement que j'aurais du mal à me fondre dans l'anonymat que réclamait mon désir de tranquillité.

Semblable au premier commença ainsi la lente succession des jours. Quand je dis semblable, cela comporte également les attentions du frère Joseph. Au bout de quelque temps (j'en ignore toujours la raison), faisant irruption dans la salle d'études où pourtant je ne causais pas plus de dérangement qu'un autre, il m'ordonna de prendre mes affaires et de le suivre. Au fond d'un couloir du premier étage, il s'arrêta devant une porte:

« Désormais c'est ici que tu viendras étudier. Je passerai le soir, avant l'heure du souper, vérifier si tu sais tes leçons. »

S'il avait escompté que je sois traumatisé par l'environnement, il s'était fourvoyé. La pièce, toute petite, ne comportait que deux pupitres et, tout autour, le long des murs, des étagères vitrées où étaient alignées deux catégories d'animaux empaillés: les rapaces et les reptiles. Il est vrai que durant les premières heures, seul avec tous ces regards de verre qui me fixaient sans humanité, je n'étais pas tellement à l'aise, mais bien vite, j'aurais fait n'importe quoi pour ne plus retourner dans la grande salle d'études. À tel point que j'ai joué longtemps du déplaisir, afin qu'il ne vienne à Joseph l'idée de suspendre cette claustration. Il me suffit encore de baisser les paupières pour revoir le naja dressé sur ses anneaux, comme prêt à fondre sur ma pauvre personne en me laissant entendre que si je n'avais pas confiance en lui je mourrais. Un peu plus haut, l'aigle me parlait du ciel pur et des montagnes, le faucon me contait les marais et les brumes mystérieuses, le hibou m'entretenait de la nuit, l'iguane des Galapagos m'initiait aux forces telluriques et la tortue des Seychelles m'entraînait dans les courants océaniques turquoise. Ils sont devenus mes amis, mes confidents et mes muses. Au milieu d'eux, les livres m'ont parlé d'une voix plus haute; serpents et oiseaux s'en faisaient l'amplificateur. Bref, s'imaginant certainement le contraire (à moins que je ne l'aie radicalement mésestimé), le frère Joseph m'avait fait un cadeau.

Habituellement, en compagnie de deux ou trois plus vieux de Fécamp, je voyageais par le train. Celui du samedi après-midi n'était occupé que par des étudiants en mal de fou rire et des «mesdames» revenant de faire leurs courses à Rouen. Celui, terriblement matinal, du lundi matin où il fallait s'accommoder des nuages âcres de Caporal et de Gauloises exhalés par les travailleurs, ainsi que des éructations vineuses; nombreux étaient ces hommes du petit matin qui doublaient le point du jour sur les vaisseaux de Bacchus. Ce lundi-là toutefois, c'est Papi, en visite à Fécamp, qui me reconduisit au pensionnat. C'était la première fois qu'il y allait et, durant la route, je lui dressai la liste exhaustive de tous mes griefs. Il faut dire que j'ai toujours tout confié à Papi. Entre lui et moi il y avait trop d'années pour que l'on ne puisse pas se comprendre, et jamais l'un n'a mis les propos de l'autre en doute. Pour tout dire, passant outre à ce que les ans croient révolutionner, nous nous comprenions. Concernant la pension, il me comprenait d'autant plus que lui-même avait passé une partie de sa jeunesse dans un établissement parisien appelé Saint-Nicolas, où sa famille l'avait placé après que son père, actionnaire d'une compagnie de caoutchouc, eut été emporté par les fièvres quelque part du côté du Gabon.

En arrivant devant la porte du pensionnat, Papi avait les larmes aux yeux. Lorsqu'il l'eut franchie et découvert l'imposante façade de brique dominant la cour murée jusqu'au ciel, il s'arrêta net, secoua la tête d'un air accablé, et des larmes roulèrent sur ses joues. Entre le portail de bois et la grille de fer, nous nous trouvions alors en terrain neutre sur lequel donnaient la fenêtre et la porte de la conciergerie. La concierge, une petite vieille toute blanche en tablier de gros coton bleu, apparut sur le seuil.

«Ça ne va pas, monsieur?» demanda-t-elle à mon grand-père (je l'ai toujours considéré comme tel. J'en aurai eu trois et c'est tout).

D'abord il haussa les épaules.

«C'est en voyant ça...» dit-il en désignant l'institution.

Ce fut au tour de la concierge de secouer la tête, avec un brin de désapprobation.

«D'habitude ce sont les jeunes qui manifestent leur dépit...

— Vous savez, ma bonne dame, j'ai passé mon enfance dans un endroit comme celui-là, ça me fait quelque chose de m'apercevoir que c'est au tour de mon petit-fils.

— Je comprends, je comprends... Allez, entrez une minute dans ma loge, je vais vous préparer un café, ça vous remettra.»

Papi hésita puis acquiesça:

«Vous êtes bien gentille.

— Oh! Vous savez ce que c'est...»

La loge était minuscule et sombre, seule la courtoisie un peu autoritaire de la vieille femme mettait une touche de lumière dans cet endroit. Revenant de la cuisine attenante, elle tendit un gentil mouchoir brodé à Papi: «Vous me le rendrez quand vous repasserez», insista-t-elle. Elle avait remarqué que mon grand-père cherchait sans succès dans ses poches ce qu'il fallait pour s'essuyer les joues.

Aussi touchante soit cette anecdote, je l'aurais certainement oubliée n'eût été ce qu'elle entraîna. Quelques semaines plus tard, arrivant en vacances à Saint-Aubin-sur-mer où elle venait d'acquérir un salon de thé, Mamie m'invita à marcher avec elle sur la digue qui borde la plage.

«Éric, j'ai une chose à te demander, commença-t-elle sur un ton qui m'inquiéta immédiatement. Te rappelles-tu si la concierge de ta pension a prêté un mouchoir à Papi?

— Oui, je m'en rappelle bien, pourquoi?

— Rien, rien, juste pour savoir à qui le renvoyer.»

C'est bien plus tard que j'ai appris qu'ayant découvert un mouchoir féminin dans le pardessus de Papi, ma grand-mère, durant des jours d'angoisse et de colère, s'était imaginé que Papi avait une aventure. Encore là, j'aurais peut-être tout oublié si durant la période où elle se posait des questions, Mamie n'avait fini par choisir en imagination une maîtresse à Papi; et quelle maîtresse! Une riche Américaine, «juive», actionnaire majoritaire d'une marque de savon bien connue, qui, avec chauffeur et domestiques, tous les ans, venait passer les beaux jours dans son château des environs de Bayeux. Mais peu importait à Mamie ce qu'elle pouvait représenter, un samedi, au beau milieu de la place du marché, Mamie aborda l'Américaine et, sans préliminaire, lui demanda ce qu'il en était entre Papi et elle. Comment est-ce arrivé, je l'ignore, mais ce qui aurait pu dégénérer en une odieuse dispute devint une solide amitié qui, quelques années plus tard, allait m'offrir l'opportunité de goûter à la vie de château.

Mais en attendant et au-delà, c'était toujours «JB»; et cela n'avait rien à voir avec la vie de château. Exemple ce discours que nous tint le frère Joseph un mercredi de printemps, en plein milieu de notre repas préféré:
«Aujourd'hui, je veux vous parler de bombardements... (intéressés par ce que cela sous-entendait d'action, tous les regards se tournèrent vers lui!) Durant la guerre, poursuivit le frère, les équipages des bombardiers recevaient les coordonnées exactes des endroits à bombarder, car il ne fallait pas manquer la cible, ceux qui larguaient leurs bombes à côté obligeaient d'autres équipages à risquer leur vie pour recommencer. Un bon pilote reconnaissait sa cible, en faisait le tour et calculait le moment et l'endroit exact où il devait tout larguer; eh bien! ça doit être pareil pour vous! Lorsque vous allez aux tinettes, posez vos pieds comme il faut aux endroits appropriés et essayez de bien cibler le trou pour lâcher vos bombes. On a l'impression qu'il y en a qui ne savent pas qu'il faut s'accroupir, ils doivent faire ça debout, on retrouve des étrons partout...»
Voilà qui, pendant le steak-frites du mercredi, était tout à fait agréable à entendre. À croire que tout était conçu pour que les choses soient encore plus difficiles qu'elles ne pouvaient l'être. Heureusement! heureusement qu'il y avait mon réduit à serpents et les livres. Les livres! Qu'aurais-je fait sans eux? Dans ma pièce, le premier que j'ai lu fut la Bible. De la première à la dernière page. Peut-être était-ce le lieu où je l'ai lu, peut-être était-ce parce qu'à cette époque le doute n'existait pas, peut-être tout simplement est-ce parce qu'il est le plus grand, ce livre reste celui qui m'a le plus marqué. Je dis bien le plus marqué et non le plus passionné, car, par exemple, en ce qui concerne les Épîtres de Paul, je trouvais ça un peu long. Mais pour le reste! même si je n'en comprenais que des bribes, nul autre livre n'a allumé en moi autant

de voyages, de fragrances, de paysages, de couleurs et de visages. C'était une grosse bible cartonnée à tranche dorée, trouvée dans l'un des deux pupitres de mon réduit. Le texte n'était pas imprimé en deux colonnes comme cela se fait couramment, et surtout ce n'était pas une traduction en langage commun. Qu'il me suffise aujourd'hui de voir une bible sur une table, n'importe où et aussitôt j'ai la nostalgie d'un vortex où tournoient patriarches, déserts, pharaons, sacrifices, arches, montagnes, rois, bergers, vengeances, cruautés, sensualités, jardins, baumes, lacs, oasis, traîtres, prophètes, prostituées, fleuves éternels... En fait je pourrais aligner tous les mots de la Création et ce serait toujours la Bible. Si un jour j'atteins cet âge très sage où l'on ne sent plus le besoin de faire quelque chose d'utile, j'aimerais avoir le temps d'apprendre l'hébreu, l'araméen et le grec antique, tout cela afin de lire la Bible dans sa langue, et plonger une dernière fois.

La Bible m'ayant désigné le chemin de l'évasion, je découvris à la bibliothèque de ma division l'auteur qui allait me faire vivre des heures fantastiques: Jules Verne. Il y eut d'abord *Vingt mille lieues sous les mers* qui détourna définitivement mon attention des matières académiques. Arrivant dans mon antre d'études, je me dépêchais de faire le minimum prescrit et d'apprendre l'indispensable pour répondre à Joseph qui, comme il m'en avait prévenu, passait chaque jour vérifier si j'avais fait mes devoirs (et bien sûr j'avais le droit à la trique de bambou lorsque ce n'était pas à son goût). Mais après ce temps imparti à ces obligations ennuyeuses, je sautais dans le sous-marin de Némo où le temps n'existait plus, et la grande aventure commençait... Lorsque plus tard j'abordai les plaines d'Asie centrale avec Michel Strogoff, malgré le risque permanent des sévices de Miss Vessiaire, c'est durant la classe elle-même que je parcourus la Russie de mes ancêtres maternels imaginée par Verne. Puis il y eut *L'Île mystérieuse*, *Les 500 millions de la Bégum* et *Les Enfants du capitaine Grant* dont, encore aujourd'hui, j'ai l'impression d'avoir réellement partagé la destinée. Puis soudain, après avoir refermé *L'Île à hélice*, j'abandonnai brutalement l'auteur qui m'avait promené au-delà de tous mes horizons. Profondément pessimiste, ce livre m'avait plongé dans des réflexions moroses, mais pire, je trouvais qu'il comportait quelque chose de pourri et ne voulais pas risquer d'en lire un autre du genre; entre les murs de Jean-Baptiste je refusais tout ce qui laissait entendre que dehors ça pouvait être autrement que «passionnant».

La petite enfance a ceci de particulier qu'elle est innocente, et c'est certainement pourquoi, même en d'austères conditions, elle est si belle à vivre. Il n'y a pas longtemps, j'ai essayé de retrouver Jules Verne, j'ai découvert un misogyne antisémite et xénophobe. Il se peut que plus tard je le reprenne de nouveau afin de découvrir ce qui a pu se passer chez cet homme.

À Jean-Baptiste (après avoir abandonné Jules Verne pour Mark Twain et Fenimore Cooper) j'ai aussi découvert une forme d'aventure qui ne devait rien aux mots. Un jeudi sur deux, avec ceux qui comme moi n'éprouvaient qu'aversion pour le sacro-saint football, nous embarquions dans un autocar, destination forêt de Darnétal. Nous y arrivions vers treize heures et devions être au départ pour dix-sept heures. Ceux qui le désiraient pouvaient participer au jeu organisé, les autres étaient libres de faire à leur guise. À croire que quelques frères avaient compris que pour certains jeunes il était sain de leur laisser quelques heures de décompression (Joseph n'était jamais de ces sorties sylvestres; lui, c'était le football).

Quelquefois j'ai participé à ces jeux qui la plupart du temps consistaient à opposer deux équipes: les Défenseurs et les Assaillants. Les Défenseurs choisissaient un site «secret» où ils se dépêchaient d'ériger la «forteresse» à défendre, les Assaillants, eux, devaient d'abord situer «l'ennemi» et ensuite l'assiéger. Chaque équipe avait droit à deux ou trois espions à l'intérieur du camp adverse. Leur rôle consistait, soit à détourner les recherches, soit à saboter les «fortifications». Évidemment les espions ne devaient pas se faire prendre sinon ils étaient soumis à des tortures destinées à leur faire avouer un certain mot de passe, lequel comptait pour plusieurs «vies». Ces dernières n'étaient qu'un ruban de tissu que chacun laissait pendre en arrière de sa culotte et devait protéger des mains ennemies. L'équipe qui possédait le plus de «vies» à l'heure du retour était déclarée gagnante.

    Chaque fois que j'ai participé, sur ma demande, je me suis retrouvé dans la peau d'un «espion». Parce que ce rôle avait un parfum d'aventure et surtout, je crois, un côté subversif, c'était celui que je préférais. Lors de ma dernière participation, je me suis trahi et j'ai donc dû subir la séance de torture qui, durant un temps déterminé, consistait à se faire chatouiller la plante des pieds avec des fougères. Pour ma plus grande gloire personnelle (d'autant plus que je suis chatouilleux) je n'ai pas parlé. J'étais fier de moi.

    Mais en règle générale, je profitais de ces sorties en forêt pour m'isoler et partir à la découverte de deux mondes particuliers: celui des minéraux et celui des végétaux. C'est dans cette petite forêt soumise au smog rouennais que j'ai découvert que chaque plante, chaque caillou avait son propre caractère. Parfois je m'installais au creux d'un bosquet et là, laissant filer le temps, j'attendais... J'attendais que ma vision se modifie de façon à épouser le point de vue de la fougère ou celui de l'églantier. Parvenu à ce stade, encore aujourd'hui, même si les années me poussent vers le cynisme, je certifie que l'arbre et la fougère m'ouvraient leurs mondes et me laissaient y pénétrer. À leurs façons ils me parlaient; ils m'ont laissé sentir ce que pouvait être la sensation à la fois terrifiante d'enfoncer ses racines, autrement dit sa bouche, dans la nuit trouble de l'humus nourricier, la sensation vivifiante de sentir la sève fraîche courir dans ses fibres, l'ivresse de laisser flotter ses ramures dans le ciel, celle de se gorger de lumière; tout cela avec la joie primitive d'être, indissoluble cependant de l'angoisse que cela ne cesse brusquement par la faute d'un pas, d'un orage ou du temps. Lorsque parfois – très rarement – je me laisse aller à évoquer ces souvenirs en présence de tiers, ils acceptent de me suivre à condition que je m'en tienne aux plantes, mais si j'aborde les pierres, la terre ou le sable, invariablement les regards se voilent. Pourtant... À l'extrémité de cette petite forêt, une pente abrupte descendait vers les contreforts de la ville. Une partie de cette pente était jonchée de silex et, au début pour la vue panoramique, j'avais pris l'habitude de venir m'y asseoir. Ce n'est qu'au bout d'un certain temps que ma vision s'est focalisée sur les pierres. D'abord, je me suis rendu compte qu'elles ressemblaient étrangement aux silex taillés, dits préhistoriques, exposés dans la salle des sciences de «JB». Je me demandais s'il se pouvait que toutes ces pierres soient «des éclats d'hommes des cavernes», si c'était le cas, je me trouvais pour le moins sur ce qui avait dû être une «usine préhistorique». Étudiant les pierres, détaillant leurs arêtes, essayant d'imaginer à quoi elles auraient pu servir voici des millénaires, je me suis soudain senti aspiré au cœur de moi-même; brusquement j'étais dans l'état d'esprit de la pierre. Un état très différent de celui de l'arbre ou de l'herbe, aucune allégresse, aucune joie, aucune douleur non plus; juste une attente infinie dans la mémoire des embrasements solaires, des vents jupitériens, du magma unificateur et des soulèvements tectoniques; l'attente dans la conscience glacée d'un état qui, un jour, accédera à la vie. À l'esprit.

6

Puisqu'au terme de cette première année scolaire, j'étais déjà aguerri à la vie de groupe et que l'été était la saison forte au restaurant, il fut décidé que je passerais de belles vacances en colonie. L'organisateur de la première où je me suis retrouvé était l'abbé en charge de l'Abbatiale à l'ombre des murs de laquelle j'ai passé mes premiers mois. Deux faits m'ont marqué durant cette colonie, localisée dans d'anciennes écuries sur les rives de la Loire (presque à sec cet été-là). Pour le premier, il faut d'abord préciser qu'à mon grand désarroi, du lever au coucher, il fallait jouer. Une succession ininterrompue de jeux débiles, dont je ne tardai pas à m'esquiver. Un soir que nous nous trouvions réunis autour d'un feu pour chanter: «Vierge dans le jour qui fuit...», l'abbé, s'adressant visiblement à moi, se lança dans une parabole:

«Comme le reste de la société, la colonie est à l'image d'une chaîne. Lorsque tous ses maillons sont trempés, cette chaîne peut tirer ou soutenir n'importe quoi, mais qu'un seul de ses maillons soit rouillé, qu'un seul soit mou et la chaîne se rompt; par la faute d'un seul maillon, c'est toute la chaîne qui n'est plus bonne à rien. Dans un tel cas, la solution consiste à extraire le maillon défectueux et à relier les autres ensemble. Si je vous dis tout cela ce soir, c'est parce que j'ai la triste impression que dans cette colonie nous avons un maillon rouillé. (À ce stade, il me fixa sans que cela ne laisse de doute pour personne.) Nous en avons un et j'entends bien à ce qu'il ne nuise pas au reste de la colonie... As-tu compris à qui je m'adresse, Éric Monagan?

— Je crois, monsieur l'Abbé.
— Tu n'aimes pas nos jeux?
— Pas tellement...
— Pas tellement! Et pourquoi, s'il te plaît?
— Je les trouve ennuyeux.»

Levant les bras au ciel dans une attitude affligée, il se tourna vers les autres pour les prendre à témoin:

«L'entendez-vous! Nos jeux ennuient Monagan... Et vous, vous ennuient-ils?»

La négation fut bruyante et unanime, ce qui permit à l'abbé de se tourner de nouveau vers moi, fort d'un consensus qui m'était plutôt hostile.

«Alors voilà ce que j'ai décidé, sentencia-t-il, demain, afin que tu comprennes ce que tu perds, tu resteras consigné au dortoir toute la journée, et si après-demain tu n'as toujours pas envie de jouer avec tes camarades, eh bien! tu resteras aider la cuisinière.»

C'est ainsi que le surlendemain, après une excellente journée entièrement consacrée à lire, pour peler les patates et aider à la plonge, je me suis retrouvé avec une femme rougeaude dont j'ai oublié le prénom, mais pas du tout son histoire, qu'elle me raconta ainsi:

«Y a longtemps, avant la guerre, je venais de me marier depuis même pas un mois quand qu'c'est qu'mon mari – qu'était fougueux comme pas un! – il est parti en Espagne pour se battre contre Franco. Il en avait marre, qu'y disait, de voir les malheureux se faire manger tout cru par les puissants. J'attendais depuis longtemps, j'avais pas de nouvelles, quand qu'un jour un Américain, un écrivain, de ça j'm'en souviens bien, est venu m'annoncer que mon mari avait été tué là-bas de l'autre côté des Pyrénées, que le malheureux était mort, dans ses bras pour ainsi dire, et qu'avant de mourir il lui avait demandé de voir à ce que je sois pas malheureuse; comme si qu'on pouvait pas être malheureuse quand qu'c'est qu'son mari s'en est allé verser son sang pour rien sur la terre d'Espagne! En tout cas, l'Américain est resté à l'auberge du village jusqu'à la messe – une messe spéciale vu qu'y avait pas de corps à mettre en terre – pis, comme que j'pleurais toujours comme Marie-Madeleine au Calvaire, il m'a offert de me payer un billet de bateau pour l'Amérique. – Là-bas vous oublierez, qu'il me disait, vous pourrez refaire votre vie, je sais qu'ici, dans votre pays, ce sera plus difficile parce que vous avez déjà été mariée et que les hommes d'ici... Ouais, ça t'es un peu jeune pour comprendre. Quoi qu'il en soit, comme une bête que j'suis, parce que je croyais qu'y fallait vivre dans sa patrie et tout le bataclan, j'y ai dit non. L'Amérique! Tu te rends compte!»

Je m'en rendais tellement compte, qu'à la place de cette cuisine de colonie où ça sentait en permanence la viande bouillie, je l'imaginais (comme j'imaginais les Américains à cette époque) dans un gratte-ciel new-yorkais, et je ne comprenais pas du tout pourquoi elle avait dit non.

Un beau matin, tout le monde, sac sur le dos, partit pour une «expédition» de deux jours sur une île sauvage au milieu du fleuve. Pour ce faire nous n'eûmes pas besoin de barques, le niveau était tellement bas que nous traversâmes le courant qui nous séparait de l'île en file indienne avec de l'eau jusqu'à la taille. Ça commençait à ressembler à l'Aventure. Mais le point culminant de cette échappée fut la nuit que nous passâmes à la belle étoile, chacun enveloppé dans sa couverture, étendu sur le sable de l'île, les yeux perdus dans la Voie Lactée. Comment définir cette allégresse qui s'empara de moi tandis que mon regard se perdait dans l'encre de l'infini, alors que toutes les douceurs tièdes et odorantes de cette nuit d'été caressaient mes sens? L'île était un drakkar fendant les flots tropicaux de l'océan mystérieux qu'était la Loire. À peine visibles au loin, les berges figuraient des continents sauvages, et moi, gonflé d'exaltation, j'étais le Pourfendeur de l'Inconnu, le navigateur téméraire d'un nouveau monde. Ces instants qui ne demandent qu'un peu de sable, un fleuve et la nuit étoilée, ces instants de joie pure où l'esprit fusionne avec l'univers, ces instants valaient bien une vie de pension et de colonie.

Et comme si ce n'était pas assez de bonheur, il y eut encore plus enivrant que ces domaines de liberté bridée: après la colonie de juillet, j'allai passer le mois d'août à Saint-Aubin où Mamie avait ouvert un salon de thé.

Saint-Aubin où, durant un mois, à proximité de la vraie mer, de ses senteurs iodées, de sa respiration lente et de son étreinte tiède, je m'instaurai en véritable tyranneau du salon de thé, m'attablant le matin face à la plage, commandant à volonté pamplemousses, chocolat chaud et les merveilleux «croissants pur beurre» de Papi, avant d'investir la liberté de la digue où, dans la lumière dorée du matin, s'égayaient les Parisiens et leurs transistors pleins de musique; avant de retourner réclamer de la quiche, de la tarte Tatin, de l'entremet viennois, avant d'aller fureter sous les parasols bigarrés de la plage, de plonger dans la vague sous l'œil attentif du CRS, et de nouveau chocolat chaud, brioches et glaces à la pistache!

Comme tout feu d'artifice, celui-ci eut son bouquet final. Sur la fin de la saison, les serveuses décidèrent un soir d'aller au cinéma où l'on projetait *Autant en emporte le vent*. Ayant surpris leur projet, j'insistai auprès de Mamie pour les accompagner.

«Je me demande si tu n'es pas trop jeune? se demanda ma grand-mère.

— Pourquoi trop jeune? J'ai déjà vu des tas de films... Ça peut pas être pire que les westerns.

— Je ne sais pas...

— Qu'est-ce qui pourrait ne pas être pour moi là-dedans?

— Des choses que tu ne pourrais pas comprendre... dit ma grand-mère.

— Comme quoi?

— Des choses...

— Mais je veux tout comprendre, moi! je veux pas qu'on me prive de comprendre. Et puis si je comprends pas, d'une part ça ne me fera pas de mal, de l'autre ça me privera d'une expérience. (J'avais entendu quelque part que la jeunesse est l'âge où l'on doit poser ses expériences, j'utilisai cet argument:) Tu ne veux pas m'empêcher de faire mes expériences, hein? Ça pourrait nuire à mon développement.»

Cela la fit rire et je pus accompagner les serveuses.

Trois heures d'enchantement! Je sais à présent pourquoi il est risqué pour les enfants de voir certains films ou de lire certains livres: parce qu'ils les vivent. Oui, je peux dire que j'ai vécu le vieux Sud, la guerre de Sécession et même l'amour de la terre. Un bal de Géorgie fait vraiment partie de mes souvenirs, de même, incrédule et bouleversé, j'ai traversé une place de la gare couverte de blessés et de mourants. Et, sur fond de nuées pourpres, je revois encore Scarlett tenant la terre de Tara entre ses mains pour lui jurer fidélité. Quelle scène! Cette femme impossible rachetant tous ses travers en déclarant à l'univers non pas tant la propriété que son appartenance intrinsèque à cette terre rouge, à ce petit morceau d'Amérique. J'en voulais aussi, et ce désir m'a poursuivi.

Mais tout ne fut pas de haute extraction durant ces vacances que je partageais en partie avec le fils des voisins. Nathan, qui ne pouvait vivre sans se demander le pourquoi mathématique des choses, se demanda un jour pourquoi l'on avait un bleu à la suite d'un coup.
«C'est le coup qui fait ça, crus-je tout expliquer.
— Ouais, c'est sûr, mais pourquoi?»
Pour tenter de trouver une explication, durant une minute ou deux, je me tapotai la cuisse du plat de la main. Elle devint bleue sans que l'on ne soit plus avancés dans notre démarche scientifique. Toutefois je venais d'apprendre quelque chose: sans trop souffrir, à volonté, je pouvais me faire bleuir une partie du corps. Découverte fabuleuse qui aussitôt se devait de trouver un débouché comique. Je ne me souviens vraiment plus qui a eu l'idée, ni comment elle est venue, ce que je sais trop bien par contre, c'est que nous nous retrouvâmes tous deux devant l'armoire vitrée, chacun en train de se fesser copieusement, jusqu'à ce que nos derrières soient intégralement du plus joli bleu violacé. Alors nous remontâmes nos culottes, traversâmes le palier, entrâmes dans la chambre de sa sœur aînée qui était en train de se coiffer, nous nous retournâmes et, dans un bel ensemble, nous nous déculottâmes. La sœur, yeux exorbités, bouche grande ouverte, se mit à hurler. À se croire au Grand-Guignol! Alertée, la mère apparut sur le seuil. Portant les mains à la tête, elle aussi poussa des cris, et, dans la minute qui suivit, je me vis interdire l'accès de cette maison pour le reste de la saison.

7

Malgré un difficile trimestre au pensionnat, ce fut l'année du plus beau Noël de mon enfance. Ayant vendu *Le Versailles* et ne travaillant plus que l'été au salon de thé de Saint-Aubin, Mamie avait loué une vieille et élégante maison de pierre aux limites de ce village du pays cathare au nom rigolo de Cucugnan.

Au premier jour des vacances, Papi vint nous chercher, Mélissande (ma sœur) et moi, dans ce que Mamie appelait «le tank»: la vieille *Transfluide* Renault. Pendant deux jours, par les petites routes, avec halte d'un soir à Brive-la-Gaillarde, nous traversâmes un pays qui, aujourd'hui, se dissout dans la fausse représentation d'un autre: la France.

La maison avait trois étages, elle était en pierre imbibée de soleil, avait des volets marron et un toit de tuiles orangées. Par la porte-fenêtre de ma chambre, je pouvais passer sur la terrasse où, même en plein hiver, nous prenions parfois le petit déjeuner en admirant les ruines de Quéribus qui, dès le premier regard, avaient excité mon imagination. En fait, dès le lendemain de notre arrivée, tout de suite après le petit déjeuner, Mélissande et moi avertîmes Mamie:

«On va jouer dehors...

— C'est bien, mais faites attention et n'allez pas trop loin.

— Non, non...»

Mais sitôt après cet acquiescement, nous courions déjà à travers garrigues et vignobles endormis en direction des murailles et de la tour de pierre qui, à l'horizon, se dressaient comme le prolongement géométrique du massif rocheux. Le ciel était de ce bleu dur que je prêtais au Far West. J'avais l'impression que nous aurions pu courir ainsi durant des siècles tellement je me sentais bien; d'autant plus que d'après nous, la Grande Aventure nous attendait là-bas, dans les ruines.

Lorsque nous arrivâmes à la base de l'ancienne forteresse, nous aurions pu tout simplement longer le chemin en lacets qui aboutit aux portes du château, seulement nous nous prenions pour je ne sais quels chevaliers médiévaux qui devaient enlever la forteresse par ses murs, et c'est pour cette raison que ma sœur et moi décidâmes d'escalader l'aplomb rocheux soutenant le donjon (j'ignorais que plus tard les gentils de l'Histoire m'apparaîtraient être les défenseurs de la forteresse).

Tout allait bien, d'une anfractuosité à l'autre, nous montions; jusqu'à ce que Mélissande m'agrippe violemment la cheville:

«Éric, Éric! j'ai peur!»

J'occupais un léger surplomb où je pouvais me tenir debout en ayant les mains libres. Voulant prouver à ma sœur que nous avions déjà fait le plus gros, je regardai en bas et, ce faisant, me rendis brutalement compte que de cette hauteur une chute serait mortelle – et que le moindre faux mouvement pouvait entraîner cette chute. Il m'avait fallu dix-huit mois de plus que ma sœur pour arriver à cette maturité élémentaire. Mais se rendre compte de cela ne nous avançait pas, au contraire! À présent nous étions deux à trembler de peur. Tout ce que je réussis à faire fut de m'accroupir et de tendre le bras à Mélissande afin de l'amener à ma hauteur. Rendus là, l'un et l'autre nous nous trouvâmes incapables de monter ou de descendre.

D'abord nous criâmes, puis nous pleurâmes, puis nous nous disputâmes, nous accusant chacun d'avoir entraîné l'autre dans cette «stupide escalade». En dernier lieu, nous nous mîmes à nous raconter notre vie, comme si celle-ci allait s'achever avec la journée.

Je crois que des heures passèrent avant qu'un homme ne nous découvre. Comme à l'affût, il se déplaçait avec un appareil photo tel un chasseur avec son fusil. Devinant certainement notre situation, il s'approcha au pied de la muraille et nous cria quelque chose en anglais que nous ne comprîmes pas. Tout ce que nous pouvions faire était de lever les bras en signe d'impuissance. Il nous regarda longuement, prit des photos, posa son matériel par terre et entreprit de grimper. Il portait un pantalon beige, une ample chemisette bleu ciel, paraissait assez trapu et avait les cheveux et la barbe d'un blanc de neige. Il avait un grand sourire en arrivant à notre niveau.

«Qu'est-ce que vous faire là?

— On a peur, lui répondis-je sans chercher à jouer au téméraire.

— Peur pas bon, peur empêcher vivre, peur faire mourir.»

S'asseyant sur le bord de notre minuscule corniche, il fit signe à Mélissande de s'asseoir dans son dos. «Attention mes yeux», la prévint-il avant d'entamer la descente. C'est à ce moment que je me suis aperçu que si nous avions continué à monter nous nous serions trouvés le nez contre le mur vertical du donjon.

À peine eut-il déposé Mélissande en bas qu'il revint me chercher. Lorsque nous fûmes tous en sécurité, il se présenta:

«Ernie.

— Merci de nous avoir sauvés, monsieur Ernie, dit Mélissande en faisant une révérence.

— Où votre maison?»

Nous lui désignâmes un point dans le lointain. En fait nous ne savions plus très bien comment retourner.

«Moi amener vous, décida-t-il.»

D'une part cela nous faisait plaisir, d'un autre côté, s'il venait, Papi et Mamie apprendraient notre échappée; il y aurait certainement des remontrances. Comme s'il lisait nos pensées, il secoua la tête et rit:

— Moi dire rien, juste dire vous aider moi trouver chemin. O.K.?

— O.K.!» fis-je, ravi d'employer ce mot avec un homme qui ressemblait fort à un personnage de western et qui, j'en étais sûr, devait être américain.

Nous regagnâmes Cucugnan dans sa petite voiture rouge, dûmes demander à la boulangère hilare par où aller pour rentrer chez nous et arrivâmes juste à temps pour mettre un point final à une inquiétude qui s'apprêtait à conduire nos grands-parents à la gendarmerie. Comme promis, Ernie prit tout sur lui.

Lorsque les hasards de la conversation l'amenèrent à mentionner qu'il connaissait bien la ville natale de mon grand-père au Nouveau-Mexique, Mamie invita pour souper un autre sauveteur de son petit-fils – encore une fois un Américain! À se demander si le hasard existe.

Le repas s'éternisa tard dans la nuit. Dans un français succinct, il nous parla des Caraïbes, du rhum et des cyclones, de l'Idaho des cabanes de rondins et des rivières grouillantes de truites, de l'Espagne des corridas et des anarchistes, de l'Afrique des lions et des éléphants, le tout se confondant dans un kaléidoscope de paysages et de personnages qui allumait toutes les amorces de mon imaginaire.

Personne n'avait eu le temps ou l'idée de fermer les persiennes et, de l'autre côté des vitres, la nuit enveloppait le vaste monde révélé par les souvenirs d'Ernie. Baignant dans une lumière mordorée, sur la longue table nappée de blanc, les couverts d'argent, les tasses de café des adultes et nos bols de lait chaud ressemblaient à une nature morte voulant évoquer les trépidations d'une vie placée sous le signe de l'action.

Lorsqu'il fallut bien admettre qu'il était temps de se retirer, tout le monde insista pour qu'il reste à coucher. Le lendemain, toujours à notre demande, il demeura notre invité et nous accompagna à la cathédrale de Béziers pour la messe de minuit.

Illuminées des feux de mille et mille lampions, les pierres de la cathédrale semblaient cuivrées. L'air était imprégné de la poudre de riz des femmes et de l'encens purificateur dont de fines volutes de fumée s'effilochaient là-haut dans les arches. Au-dessus de ma tête, vêtu d'une longue tunique bleu céleste, un ange de bois tendait les bras vers la vaste crèche sur ma gauche où, grandeur nature, bergers, moutons, rois mages avec leur coffret de pierres précieuses rendaient hommage à Jésus. Tous les personnages étaient en bois, mais je crois qu'ils m'auraient paru moins réels s'ils avaient été de chair et de sang. Pour moi, ce fut la vraie nuit de Noël. Dans son auge, Jésus me faisait signe, la gentillesse et la douceur de Marie m'émouvaient au point que j'aurais tout donné pour rester près d'elle, Joseph (le vrai) était l'homme que je voulais devenir, je me sentais de connivence avec l'âne et le bœuf, et lorsque le chœur et les orgues emplirent les voûtes aériennes de la cathédrale, le courant d'ondes sonores m'atteignit au plexus et je frissonnai de bonheur. J'étais à Bethléem voici près de deux mille ans.

Sur la route du retour, comme à l'aller, j'accompagnais Ernie dans sa voiture. Croisant un autre véhicule dans la nuit, à la lueur jaune des phares, je vis qu'il pleurait. Me disant qu'il ne devait pas tenir à ce que ses larmes soient connues, je ne savais comment lui demander ce qui n'allait pas. J'y allai d'une considération légitime:

«C'était beau la messe, hein?
— Oui, beau... Noël est belle histoire...
— C'est pas rien qu'une histoire, c'est vrai!»
Il hocha du chef.
«Oui, vrai comme Santa Claus...
— Santa Claus?
— Père Noël. Chez nous Santa Claus est père Noël.»

Je croyais encore au père Noël et ne comprenais pas le sens de sa réponse. J'en oubliai toute délicatesse:

«Pourquoi vous êtes triste?
— Triste... Oh, trop souvenirs... plus assez place pour avenir... J'ai trompé moi...
— Vous vous êtes trompé?
— J'ai voulu manger entrée, viande et dessert dans même temps... Repas fini.»

Sans prétendre que je compris sa métaphore, quelque part j'en devinais le sens immédiat. Je devinais que durant la messe il avait senti ma joie, celle de Mélissande et des autres et s'était rendu compte que lui n'était plus capable de l'éprouver.

J'oubliai vite cela face à la table du réveillon. Taillé en forme de canard, un petit bloc de pâté en gelée garnissait chaque assiette. De la cuisine s'échappaient des fumets de dinde aux marrons, de pommes dauphine et de boudin blanc. Tous sens gustatifs en alerte, «seulement parce que c'est Noël», j'eus même droit à une demi-coupe de *Cordon Rouge*. Pour ma sœur et moi, tout tendait à le prouver, il était évident que c'était la fête. Pas un seul instant – comme ce serait le cas aujourd'hui – il ne me serait venu à l'idée de me dire que tout cela était prémédité et que fête il n'y avait que parce que le calendrier en avait décidé ainsi.

Comme la veille, avec l'esprit de Noël en plus, le repas se déroula sous l'évocation des souvenirs d'Ernie auxquels s'ajoutèrent les réminiscences de guerre de mes grands-parents. C'est ainsi que j'appris qu'à cette époque Papi avait été enrôlé par les Allemands pour ériger des block-haus sur les plages normandes, ou y planter sur la grève des pieux qu'il appelait «les asperges de Rommel». Il y travaillait toute la journée, et la nuit, lui et quelques autres s'arrangeaient pour aller défaire ce qui avait été fait le jour. Ceci jusqu'à ce que, surpris par une patrouille, il réussisse à s'échapper et doive garder le maquis car quelques-uns de ses compagnons avaient été capturés et risquaient donc d'être obligés de parler. Ces révélations amenèrent Ernie à parler du Débarquement auquel il avait pris part. C'est ainsi que, sur fond de bombardements, de cris et de fureur, sentant planer à tout instant le fantôme d'une machine de guerre impitoyable d'optimisme, nous eûmes la version du GI venu en découdre avec la barbarie; avec Papi, celle du maquisard faisant sauter des ponts sous les convois «chleus»; et avec Mamie, le récit de la femme qui, après la déportation de son mari, pour continuer à faire marcher son restaurant, avait dû écumer les campagnes la nuit et soudoyer les paysans afin d'obtenir œufs, beurre et sucre qui étaient rationnés; la provinciale qui, en juin 44, comme tous les Bajocasses, était sur le trottoir, la mort dans l'âme à regarder passer dans le ciel de Bayeux les milliers d'obus qui allaient faire de Caen un champ de ruines; la Bajocasse qui, une fois que les alliés eurent déblayé le terrain, vit arriver de Gaulle, put lui serrer la main et l'entendre dire, presque messianique: «Maintenant, je suis là.» Pour Mélissande et moi, nés après que la poussière soulevée par ces événements fut retombée, tout ceci ne semblait avoir eu lieu que pour donner du contenu aux conversations de ce réveillon. Nous recevions ces histoires comme des cadeaux pour notre imagination. Nous ignorions que, comme tous les récits inconsciemment destinés aux plus jeunes, elles contribuaient à former ce passé-d'avant-nous dans lequel nous devons puiser notre expérience.

Cette nuit-là cependant, puisque «Santa Claus» devait passer, nous allâmes nous coucher sans rechigner, rêvant déjà à ce qui nous attendait au petit matin.

Le reste de la maison ronflait lorsque je réveillai Mélissande. Sur la pointe des pieds, de crainte que le père Noël ne soit encore dans le salon, nous descendîmes l'escalier dans l'aube violette. Dans la grande cheminée ocre, comme le veut la tradition, mystérieusement dissimulés sous du papier doré illustré de sapins verts, nos cadeaux attendaient au milieu d'un tapis de mandarines. Évidemment nous déballâmes d'abord chacun le plus gros qui nous était destiné. Mélissande découvrit une énorme poupée qui ouvrait et fermait les yeux. Une poupée qui faisait pipi lorsqu'on lui donnait à boire et que, pour des raisons connues d'elle seule, ma sœur prénomma aussitôt Caroline. Une poupée qui, durant des années, allait partager son lit. Pour ma part, comblant tous mes vœux, je découvris un énorme château fort avec quatre donjons, un pont-levis, des chemins de garde, des douves et, bien sûr, tous les soldats, chevaliers, écuyers, chevaux et serfs qui allaient avec.

Dans l'arôme des pelures de mandarine qui jonchaient déjà le carrelage, pendant que ma sœur se débattait avec les vêtements de Caroline, j'étais avalé par le monde médiéval et, seigneur du château, je commençai à disposer les protagonistes d'une défense aussi sanglante qu'héroïque.

Lorsque Papi et Mamie nous trouvèrent, Mélissande avait couché Caroline et, à plat ventre devant le château fort, elle était venue me rejoindre mille ans en arrière.

«Ne restez pas comme ça, les enfants, nous prévint Mamie, vous allez attraper du mal.

— Non, non, on est bien!»

Où sont passés ces jours d'innocence? Je me le demande, tandis qu'au fond de ma poche mes doigts tournent ce dollar d'argent qui ne m'a jamais quitté depuis qu'Ernie me l'a donné ce matin-là, quelques mois avant de se faire sauter la tête, là-bas en Idaho, près d'une rivière grouillante de truites.

8

La plupart du temps, alors que les autres retournaient chez eux le samedi, moi je devais rester en retenue durant toute la fin de semaine. En fait, ayant toujours trois ou quatre «colles» d'avance, je ne cherchais même plus à les éviter; une de plus, une de moins... Je savais que le dimanche me retrouverait, tel un fantôme solitaire, errant dans les bâtiments désertés. Je n'ai toujours pas compris pourquoi, sur les centaines d'internes de JB, il était exceptionnel que je ne sois pas le seul consigné. Quoi qu'il en soit, un samedi de printemps où, par extraordinaire, j'étais dans le train de Fécamp, sans doute trop absorbé par l'intrigue d'un livre, j'oubliai de descendre pour la correspondance de Bréauté. Ne sachant que décider, hésitant à m'arrêter dans des petites gares au nom inconnu, je me retrouvai au Havre. Avec un franc ou deux en poche, je n'avais pas de quoi reprendre un autre train, que faire? À la fois inquiet et exalté par ce tour du destin qui me jetait dans les bras de l'inconnu, d'un pas incertain je quittai la gare et m'aventurai dans les rues de cette ville qui, à l'opposé de Rouen, me paraissait ouverte sur l'avenir. Grises, géométriques et trop bien ordonnées, les constructions n'avaient rien pour plonger dans le ravissement, mais il y avait dans l'air, peut-être dû à la proximité iodée de la mer, un je ne sais quoi d'optimisme et de léger qui rejaillissait sur la cité.

Le crépuscule avançait et le ciel était grenat lorsque je débouchai sur un quai et y stationnai pour assister au travail titanesque d'énormes grues déchargeant ou lestant les cales d'une file de cargos. J'étais hypnotisé par la puissance mécanique qui se dégageait de ce ballet géant, fasciné par les étraves altières qui me parlaient de tempêtes australes. Dans le piaillement des mouettes, il me vint l'idée que si je pouvais me faufiler sur l'un de ces navires et me dissimuler dans ses entrailles, avec un peu de patience, je pourrais découvrir l'un de ces pays lointains entrevus dans les livres. Je m'imaginais déjà, accoudé au bastingage de proue, abordant des rivages bordés de cocotiers, débarquant au milieu d'une peuplade heureuse de m'accueillir simplement parce que j'arrivais de loin. Transporté en imagination, là, sur ce quai, avec ses qualités et ses défauts, instantanément j'aimais cet univers de cargos tachés de rouille, de grues grinçantes et d'agitation fébrile dans les odeurs de sel et de mazout. À tel point que je décidai qu'un jour je serais commandant. «Oui! me répétai-je, je serai commandant! Et sur mon navire, j'irai sur tous les océans sans rien ni personne pour me commander ou m'arrêter.»

«Qu'est-ce que tu fais là, Petit?»

D'une taille qui me sembla herculéenne, un homme s'approchait dans ma direction.

«Je crois que je suis perdu...
— Perdu... Où habites-tu?
— À Fécamp, j'ai oublié de descendre du train à Bréauté.
— Fécamp! En effet, t'es loin! Et tes parents, ils vont se faire un sang d'encre! Et puis, qu'est-ce que tu fais sur le port?
— J'en sais rien, j'ai marché...
— Pourquoi tu n'as pas repris un autre train?
— J'ai plus d'argent.
— Ouais... ça, c'est un problème.»

Avec l'air de soupeser un pour et un contre, il se tenait le menton dans la paume.

«Viens avec moi, dit-il au bout d'un moment, on va voir ce qu'on peut faire. Il y a le téléphone chez toi?
— Pas encore.»

Chez lui était un petit appartement près du port. Des murs nus, pas de rideaux, aucun tableau, aucun bibelot. Par une porte entrouverte j'entrevoyais une chambre tout aussi spartiate. Encombrée d'un phono, d'une pile de disques, d'une bouteille de whisky et d'un tas de journaux, seule la table de cuisine semblait confirmer que quelqu'un vivait là. Je devais avoir l'air étonné, car il me dit:

«Je mange toujours en ville. Tout seul c'est moins compliqué, tu comprends...

— Vous êtes marin?»

Il me montra ses biceps.

«Mon père était docker, il m'a donné des muscles pour faire comme lui. Dans un sens c'est un peu dommage, j'aurais bien aimé aller à New York et tout ça... (Il soupira.) Mais que veux-tu, on ne fait pas toujours ce qu'on veut...

— Moi, je veux être commandant plus tard.

— Commandant... Ben accroche-toi, Petit, parce que rien que dans cette ville, il doit y avoir plus de jeunes de ton âge qui veulent être commandant qu'il n'y aura jamais de bateaux dans ce pays. C'est ça le problème: jeune on veut être chirurgien, pompier, athlète ou je ne sais quoi; ce n'est qu'à mon âge qu'on se rend compte que très peu sont arrivés à ce qu'ils voulaient. C'est peut-être ça le drame de la vie...»

Il disparut quelques instants dans sa chambre. Je n'osai lui rétorquer qu'à mon avis c'étaient les «mous» qui ne parvenaient pas à devenir ce qu'ils avaient voulu être, que, moi, rien ne m'empêcherait de devenir commandant.

Il me raccompagna à la gare, paya mon billet et me laissa son adresse.

«Tiens, au cas où tes parents voudraient me rembourser.

— Ils le feront.

— Quand on attend rien, on est sûr de ne pas être déçu.

— Il faut bien avoir de l'espoir, non?

— C'est ce que disent ceux qui ne peuvent s'empêcher de rêver... Mais, dis donc, tu me parais bien vieux pour ton âge...

— Y en a beaucoup qui me disent ça, je sais pas pourquoi.»

Avant de monter dans le train, je lui fis un signe de la main. Il avait été gentil et cela m'attristait vaguement de le quitter ainsi en me rendant compte que je ne le reverrais certainement plus.

«Pourquoi que vous n'y allez pas à New York? lui demandai-je par la fenêtre alors que le train commençait à s'ébranler.

— Parce que, après, il ne me resterait plus rien pour rêver, Petit», fit-il dans un sourire que, plus tard, dans le compartiment, en y repensant, je trouvai douloureux. Ce qui, par je ne sais quel trait d'éducation, me paraissait un peu incongru chez un homme de cette corpulence.

«Allez-y quand même! lui criai-je à l'extrême limite de portée de voix, il restera toujours Chicago, Winnipeg et tout le reste!»

La soirée était avancée lorsque j'arrivai au restaurant. La plupart des tables étaient débarrassées et les derniers clients en étaient au café ou au cognac. Je m'attendais à trouver mes parents dans tous leurs états, je faisais erreur; croyant tout simplement que, comme d'habitude, j'étais en retenue, ils ne m'attendaient pas. Je regrettais presque de ne pas être resté sur les quais du Havre à contempler les cargos.

9

Plus encore que les retenues le dimanche, plus que tous les sévices et insultes de Joseph, ce qui, au pensionnat, me hérissait au simple fait d'y penser était l'obligation, un jeudi sur deux, de jouer au football. J'appréhendais avec humeur le moment d'enfiler le ridicule ensemble short et maillot vert pomme de la glorieuse équipe des Vaches beuglantes, je détestais me retrouver sur le grand rectangle de pelouse – et de boue! obligé de courir après un stupide ballon, j'abhorrais les passages aux vestiaires dans la gouaillerie et les relents âcres de transpiration. Pourtant, un jeudi de pluie battante, le ballon atterrit devant mes pieds. Oubliant toute mon aversion, déjouant les interposants, contournant les obstacles adverses, je commençai à remonter le terrain, uniquement concentré sur mon jeu et le plaisir de monopoliser le ballon. Traversant toujours le terrain, je savourais l'ivresse de laisser les autres derrière, et lorsque, exultant, j'arrivai à portée de tir du but, je savais que j'allais marquer, que le goal ne pourrait rien faire, que le ballon était porté par autre chose que la simple technique. Dans un botté final, je marquai un super but qui donna la victoire aux Vaches beuglantes. À ce moment-là, à celui-là seulement, j'ai aimé le football. Plus tard, lorsque je n'ai plus eu l'obligation de jouer, je me suis rendu compte que ce qui me déplaisait n'était pas tant le jeu lui-même que toute l'atmosphère béotienne qui l'entoure. Comme pour beaucoup d'autres choses, je n'aimais pas le football à cause de ce qu'il était réellement mais à cause de ce qu'il m'inspirait. Exactement comme pour ces vacances de Pâques que j'avais passées cette année-là en Écosse, où la sœur de Mamie avait épousé un quincaillier. Pourquoi en ai-je gardé un si bon souvenir alors que tout était allé de travers? Était-ce parce que c'était mon premier voyage hors de France?

Mon grand-oncle, George McIndoe, résidait à Ullapool,

un petit port de pêche face aux Hébrides, dans les Highlands du Nord. Son magasin était situé au rez-de-chaussée d'une longue maison blanche qui donnait sur le bassin ou s'amarrait une flottille bigarrée de bateaux de pêche. Le voyage pour arriver jusque-là avec ma sœur et Mamie (Papi était resté à Saint-Aubin pour préparer la saison) ne fut pas de tout repos. D'abord, au beau milieu de la Manche, le temps se gâta brusquement et pour la première fois j'eus le mal de mer. Quiconque ne l'a jamais subi ne peut imaginer à quel point tout ce qui est étranger au malaise peut devenir dérisoire. Il me semblait que si le ferry devait couler je n'éprouverais que soulagement à l'idée que le cauchemar finisse. Pendant quelques heures, sous l'œil découragé de Mélissande, moi à plat ventre sur une banquette, Mamie affalée sur une autre, nous ne fîmes rien d'autre que restituer notre bile, totalement indifférents au reste du monde. Heureusement qu'à Southampton, comme par enchantement, sitôt le pied à terre, sinon une certaine faiblesse, nous allâmes tout de suite mieux.

Mais tout n'était pas terminé pour autant, il restait le train. De Southampton à Londres rien à dire, sinon le nom de Winchester qui me fit me demander si cette ville avait un rapport avec les carabines de mes chers westerns. De Londres, où nous ne fîmes que changer de gare, sauf quelques images qui auraient tout aussi bien pu être glanées dans un film, je ne garde pas de souvenirs. Pas davantage de Glasgow où, épuisés, nous arrivâmes tard le soir. Par contre je me souviens, ô combien! du tortillard glacé qui, passant par Perth et Inverness, nous fit traverser l'Écosse jusqu'à Dingwall où nous attendaient, un peu inquiets, la sœur de Mamie et son mari. C'est au cœur des Hautes Terres que, dans un dernier ahanement, ce train décida de s'arrêter. Pas une heure ni deux, mais jusqu'à l'aube du lendemain. Sans couverture pour nous abriter du froid, sans autre nourriture que du fromage de mouton qu'un samaritain des hauteurs nous avait amené, sûrement après qu'il eut compris que nous étions prisonniers dans sa vallée des bons vouloirs de la machine à vapeur, nous dûmes attendre, ennuyés par le contretemps, agacés par l'inconfort, mais surtout exaspérés par la résignation des autres passagers qui, somme toute, semblaient trouver cet imprévu tout à fait charmant. Il était parfois gênant (même si nous en étions également fiers) d'accompagner Mamie en public; elle ne manquait jamais de donner haut et fort son opinion à tout un chacun et aussi de réclamer envers et contre tous ce qu'elle estimait être son dû. Lors d'un défilé du quatorze juillet, juste devant son restaurant, n'avait-elle pas lancé un retentissant «Vive le roi!»? Dans le train ce jour-là (et cette nuit-là), elle réussit à exprimer sans arrêt son mécontentement avec les quelque cinquante ou cent mots anglais appris durant son trop court mariage avec mon grand-père. Je me demande aujourd'hui si ce n'est pas cela qui avait égayé les autres passagers? Et l'auraient-ils été autant s'ils avaient compris ses paroles chaque fois qu'elle nous disait:

«Bah, mes enfants, on ne verrait pas ça en France! Ah ça non alors!»

C'était la première fois que je voyais mon grand-oncle et je fus déçu. Je m'attendais à un grand roux portant le kilt; je trouvai un petit chauve en costume de flanelle grise qui arborait une «moustache à la Hitler» que je ne m'expliquais pas.

Entre Dingwall et Ullapool, après que notre tante Yvonne nous eut assuré que les ennuis étaient terminés, dans un décor de bruyères aussi sauvage que grandiose, à proximité d'un lac qui me faisait rêver, la voiture se mit à boiter; une crevaison. Lorsqu'on arrive à desserrer les boulons, ce n'est pas grand-chose, mais, malgré des efforts qui le rendaient dangereusement écarlate, l'oncle George n'y parvint pas. N'ayant d'autre choix, nous reprîmes une attente que nous commencions à assimiler à ce pays. Une heure passa, deux... Aucun véhicule ne se présentait. Afin de tromper le temps, je cherchais mentalement un moyen de construire une embarcation pour aller sauver une petite inconnue sur l'autre rive du lac. Excédée, Mamie qui, depuis un moment ne cessait de faire le tour de la voiture, se pencha au-dessus du pneu crevé, prit la clef à roue et força.

«J'ai réussi! s'exclama-t-elle, surprise. J'en ai dévissé un!»

Cherchant visiblement comment réagir, les yeux un peu

écarquillés, l'oncle George la regardait sans mot dire. Encouragée, Mamie essaya un deuxième boulon et encore une fois réussit. Assise sur le siège avant, tante Yvonne éclata alors d'un rire tonitruant qui n'allait pas du tout dans cette austère Écosse.

Mamie put desserrer tous les boulons. Lorsque nous reprîmes la route, alors que sa femme se retenait visiblement de donner de nouveau dans l'hilarité, l'oncle George n'avait pas encore décidé comment réagir. Il était clair que sa virilité venait d'en prendre un coup.

Le reste du trajet se déroula sans autre incident. À l'arrivée, nous fîmes connaissance de Charlotte et de Margareth, nos deux cousines dont on nous avait tant parlé et dont nous nous rendîmes compte avec stupeur qu'elles avaient à peu près l'âge de notre père. Deux «vieilles filles» qui, par crainte qu'un prétendant n'en veuille au bien paternel, ne s'étaient jamais mariées. Cela ne les empêchait pas d'être très gentilles. Le premier soir, dans le drôle de français que leur avait appris leur mère, elles nous firent découvrir les coins et recoins de la grande maison (j'ignore pourquoi, je revois surtout, dans le cabinet de toilette, un savon jaune en forme de citron qui embaumait la pièce en céramique blanc cassé). Elles nous apprirent que nous partagerions leurs grands lits de bois sombre recouverts d'une montagne d'édredons et nous demandèrent si, pour nous endormir, nous aimerions qu'elles nous lisent les contes des *Mille et Une Nuits*. Bien entendu, nous étions d'accord.

Durant le dîner, au cours duquel la soupe à l'orge éveilla des doutes polis sur les traits de Mélissande, l'oncle George, que de peur de rire nous n'osions regarder parce qu'il mangeait en agitant la bouche aussi rapidement qu'un lapin, l'oncle donc affirma qu'il était très content de nous avoir chez lui et que sa maison était la nôtre. Cherchant toujours à mettre les choses à leur place exacte, Mamie reprit sa formulation:

«Votre maison et celle d'Yvonne, George...»

Nous vîmes notre grand-tante jeter un rapide regard de reproche à sa sœur.

«Et celle d'Yvonne... admit cependant l'oncle George.

Mais, Léontine (c'était le prénom de Mamie), rappelez-vous que ici n'est pas la France...

— Ça, je m'en suis aperçue! Ah pour ça oui!

— Que voulez-vous dire?

— Écoutez, George, nous nous aimons bien, on ne va pas se mettre en colère pour ça, mais vous ne m'enleverez pas de l'idée que la France est le plus beau pays du monde. Remarquez que je comprenne que vous pensiez la même chose du vôtre, c'est normal puisque vous y êtes né.

— Comme vous êtes née en France, Léontine...»

Ma grand-mère se tourna vers sa sœur.

«Yvonne, tu le sais, toi, que la France...

— Oh, moi je suis bien partout...

— Tu dis cela pour ne pas faire de peine à George, mais je suis sûre qu'il peut comprendre que tu préfères ton pays.

— Je crois que mon pays est celui où j'ai passé les deux tiers de ma vie, Léontine.

— Alors tu renies la France, le pays de nos parents?»

Un éclair d'exaspération passa dans les yeux de notre grand-tante.

«Eh bien, puisque tu veux avoir les points sur les i, je vais te dire ce que j'en pense, moi, Léontine, de la France. Te rappelles-tu en 19, lorsque, pour que je reste dans mon pays natal, George a essayé de s'installer à Bayeux? Rappelle-toi de quelle façon toutes les mauvaises langues, qui ne se souvenaient plus qu'il était venu libérer leur pays, lui conseillaient d'aller se mettre une jupe, souviens-toi des rires gras derrière les volets. J'entends encore les commères dire: «Regardez-la avec son Scottish, comme si elle aurait pas pu prendre un bon Français.» Et puisque tu as la mémoire courte, rappelle-toi, selon ce que tu m'as toi-même avoué, comme à Bayeux ils étaient ravis de savoir ton mari déporté en Pologne! Rappelle-toi ça, Léontine, c'est la France que tu essaies de défendre. Jamais, tu m'entends, jamais ici personne ne m'a dit un mot de travers parce que j'étais française ou même n'a reproché à George de m'avoir épousée.»

Mamie secoua légèrement la tête de gauche à droite, laissant vaguement comprendre qu'il était inutile de discuter.

Le souper terminé, tante Yvonne annonça qu'elle allait faire ses comptes, Mamie qu'elle lui tiendrait compagnie et l'oncle déclara qu'il allait se coucher en ajoutant que chaque matin il devait se lever à l'aube pour s'occuper du potager. Charlotte et Margareth remplirent des bouillottes d'eau chaude et nous les accompagnâmes dans la chambre qu'elles partageaient. Cette chambre m'a marqué. Encore aujourd'hui, lorsque j'essaie d'imaginer une chambre à mon goût, elle ressemble un peu à celle des cousines écossaises. Très simple, c'était une vaste pièce au plancher de bois brun, aux murs tapissés d'un papier illustré de fleurs printanières, trois fenêtres corniches donnaient sur le Loch Broom dont, toute la journée, la luminosité baignait la pièce. Il y avait les deux lits dont j'ai fait mention, entre les deux une table de chevet avec un poste de radio en bois, en face deux imposantes commodes supportant livres à reliure en cuir, bougeoirs en laiton et bouquets de fleurs séchées. Au-dessus des lits, deux cadres dorés mettaient en valeur des aquarelles exécutées par Charlotte et qui représentaient des chutes des environs où, plus tard, nous irions en pique-nique.

Nous tirâmes à la courte paille pour déterminer qui dormirait avec qui. Je me retrouvai avec Charlotte, que je ne reconnus presque pas lorsqu'elle sortit du cabinet de toilette; elle avait dénoué ses cheveux et paraissait une autre femme. C'est elle, ce soir-là, qui nous fit la première lecture des *Mille et Une Nuits*. Livre, nous apprirent nos cousines, à l'aide duquel leur mère leur avait enseigné la lecture du français. Ce premier soir, il fut question de tapis volants dans une ville de palais étranges au milieu d'un désert mystérieux, et, lorsque je m'endormis, les pieds au chaud sur ma bouillotte, agréablement enfoui sous le poids des édredons, je continuais à survoler Bagdad.

La quincaillerie occupait tout le rez-de-chaussée. Pour un jeune garçon comme moi, ce commerce s'assimilait presque à un labyrinthe de merveilles. Depuis les clous en passant par les poêles à charbon, les outils, les casseroles, les serrures et jusqu'aux ancres marines, le magasin fournissait à peu près tout ce qui n'habille ou ne se mange. Chambres, cuisine et salle à manger se situaient au second, le premier ne servant que de réserve. Il s'y trouvait une très longue table de bois sur laquelle, dès le lendemain de notre arrivée, alors que je m'étais réveillé bien après les autres, je retrouvai Mélissande en train d'aligner une armée de soldats de plomb. Ma sœur me désigna plusieurs caisses de bois, toutes pleines de figurines.

«L'oncle George m'a dit qu'on pouvait jouer avec, c'est incroyable ce qu'il y en a! (Elle me regarda en faisant la grimace) As-tu mangé de leur bouillie?»

Elle faisait allusion au plat de gruau qui nous avait été servi.

«C'était pas mauvais. On mange bien pire que ça à Jean-Baptiste...

— Tu dis ça pour m'embêter, en tout cas j'en remangerai plus!

— T'es trop gâtée, tu verras quand t'iras en pension...

— J'aimerais bien y aller, moi, en pension! C'est pas juste, y a rien que toi qui fais tout...

— Moi, je veux bien prendre ta place à la maison.

— C'est vrai que t'es pas souvent là.»

J'appréciai le ton un peu désabusé de cette constatation.

Occupant chacun une moitié de la table, nous passâmes une grande partie de la matinée à placer les soldats, chacun son armée, en vue d'une terrible bataille. Une bataille anachronique, assurément, puisque tous les genres se côtoyaient: grenadiers impériaux, GI's, centurions romains, chevaliers, cow-boys, vikings et même, comme dans les bandes dessinées de Blec le Roc, que depuis quelque temps je me procurais avidement dès la sortie mensuelle, des «Tuniques Rouges».

Nos armées étaient en place lorsqu'un petit gars de notre âge apparut dans la réserve et nous fut présenté par Margareth comme étant un voisin. Pendant quelques minutes nous essayâmes de communiquer par des signes et des gestes, mais, sans doute parce que Mélissande et moi riions parfois de nos difficultés respectives, il se fâcha, prit un balai et détruisit tout notre agencement sur la table. Peut-être me serais-je contenté de l'apostropher verbalement, mais je remarquai de la peine dans les yeux de Mélissande et, presque surpris par ma propre réaction, me sentis incapable de supporter qu'un «étranger» cause du chagrin à ma sœur. Je montrai mon poing au vandale. Il me tira la langue. Je le cognai sous le menton, ce qui eut pour résultat affolant de lui entamer sérieusement la langue restée entre ses dents lors du choc. En même temps qu'il se mit à hurler, du sang lui coula le long du menton et des gouttes allèrent s'écraser sur le plancher. Effrayés, nous le vîmes s'engouffrer dans l'escalier en laissant derrière lui une traînée sanglante, puis, du magasin, nous entendîmes les exclamations angoissées de tante Yvonne. Je ne pouvais qu'imaginer de terribles représailles, aussi, sans plus m'attarder, ma sœur sur les talons, je grimpai à l'étage supérieur, entrai dans la chambre de nos cousines, avisai le lit le plus près des fenêtres et, imité par Mélissande, allai me glisser dessous.

«T'as pas besoin de te cacher, toi, lui dis-je, t'as rien fait.
— On sait jamais...»

Je compris avec gratitude qu'elle savait ne pas risquer grand-chose, mais qu'elle restait avec moi par esprit de soutien.

Les recherches ne tardèrent pas à commencer. Nous nous entendîmes appeler par toutes les voix et dans tous les recoins de la maison. Par trois fois la porte de la chambre s'ouvrit sans que personne ne songe à venir regarder sous le lit. À chaque fois j'avais l'impression que les battements de mon cœur allaient nous faire repérer. Puis ils nous crurent partis en ville, les cousines sortirent à notre recherche et nous n'entendîmes plus rien.

«Qu'est-ce qu'on va faire? me demanda Mélissande alors que l'heure du repas devait être bien avancée et que malgré toutes nos craintes nous commencions à avoir faim.
— On va attendre que ça se tasse...
— On peut pas rester là tout le temps!
— Attendons qu'ils se fassent un peu de souci pour nous, après, quand ils vont nous revoir, ils seront tellement contents qu'ils en oublieront leur colère.
— C'est long.»

Me glissant hors de notre cachette, je me redressai, attrapai le poste sur la table de nuit et le ramenai entre nous.

C'était un de ces postes dont le cadran s'éclairait et dont il fallait attendre que les lampes chauffent. Lorsque j'entendis les premiers grésillements je réglai le volume au plus bas et bientôt, presque inaudible, nous parvint la voix de Ray Charles que nous connaissions bien puisque Papa avait acheté le disque *What'd I Say* quelque temps plus tôt et que, lorsqu'il n'y avait pas de clients au restaurant, toute la famille poussait des «Hein» et des «Ho» avec les Raelettes chaque fois qu'il tournait.

Un sourire au coin des lèvres, nous regardant dans la lueur jaune du poste, complices, nous écoutions la musique qui venait d'un tout autre ailleurs. Je la ressentais comme la promesse d'un avenir démesuré. Ce devait être un spécial sur le chanteur, car immédiatement après, nous eûmes droit à une autre chanson de lui, une que je ne connaissais pas encore mais qui, par la suite, allait souvent me faire rêver: *Georgia On My Mind*. Cette fois-là, sous le lit, la chanson commença à me parler d'un monde lointain de liberté, un monde que je connaissais mais qui, quelque part dans le temps, m'avait été dérobé. Un monde que, coûte que coûte, il faudrait que je retrouve.

«Viens, dis-je à ma sœur.
— Tu crois qu'ils sont défâchés?
— Je m'en fous!»

Il n'y eut pas de drame, pas de coups, juste des reproches mérités pour m'être caché. La blessure du petit voisin avait été finalement plus spectaculaire que sérieuse et au bout de quelques heures nous reprîmes le cours tranquille (si l'on peut dire) de nos vacances. De l'Écosse, mon souvenir le plus fort reste une chanson sous un lit.

10

Il ne faut pas se laisser abuser si j'évoque plus fréquemment des souvenirs de vacances plutôt que ceux du pensionnat, en réalité ces années n'étaient qu'une longue et monotone suite de jours à l'ombre grise des murs de JB, sous la férule des frères et le despotisme d'une instruction imposée par l'Académie. Pourquoi tout le monde doit-il apprendre les mêmes lieux communs? C'est ce que je me demandais lorsque j'avais envie d'aller courir dans la forêt de Darnétal et qu'à la place il me fallait apprendre ce qui ne m'intéressait pas. Évidemment ce manque d'intérêt transparaissait dans mes résultats et le frère Joseph ne se privait pas de me traiter de paresseux. À force de me l'entendre dire, je cherchai la signification du terme dans le dictionnaire qui m'informa de ce que j'avais déjà compris, à savoir que la paresse est une répugnance au travail. Seulement je ne me voyais pas comme tel; j'avais seulement de la répugnance à exécuter ce que je n'aimais pas. Lorsqu'un sujet m'intéressait, comme n'importe qui, je m'y donnais à fond. Cherchant plus loin, j'allai voir le mot travail. Le Larousse m'informa que c'est une peine que l'on prend pour faire quelque chose. Joseph avait raison; puisque je voulais faire les choses par plaisir et non par peine, j'étais paresseux. Du coup (puisque pour pouvoir m'entendre avec moi-même il fallait que Joseph ait tort dans sa raison) je bâtis toute une théorie selon laquelle le monde s'enquiquinait l'existence à peiner parce que quelque part quelqu'un, certainement un roi biblique pauvre en esclaves et qui voulait se faire construire des palais, avait décrété que le travail était la conséquence de la Faute originelle. Ce qui m'amena durant quelque temps à regarder l'Ancien Testament avec une certaine défiance. Je dis l'Ancien parce que je ne pouvais pas ne pas croire aux Évangiles, d'autant plus que cette conviction avait été renforcée par un film.

Un peu avant la fin de l'année scolaire, un jeudi vit ses

activités traditionnelles chamboulées. Chantant «Alouette, je te plumerai», en rang par deux, toute la division se rendit dans un cinéma du centre-ville pour assister à la représentation de *Ben-Hur*. Outre l'irréel d'une telle sortie qui tout à coup nous plongeait dans «la vraie vie!», il y eut l'impact du film. Dans les jours qui suivirent, pour tous ceux dont j'entendais les commentaires, il ne faisait aucun doute que le point fort avait été la course de chars. Pour moi cependant, même si cette scène me captiva, une autre me poursuivit durant des jours et des jours: celle où, en route pour les galères, Ben-Hur, assoiffé, se voit offrir de l'eau par un inconnu que l'on reconnaît pour être Jésus. On ne Le distingue que de dos ou encore par une main offrant un bol d'eau, mais il est clair que c'est Lui. Un homme rencontre la souffrance d'un autre et offre son aide au détriment de sa propre sécurité. Voilà, me suis-je dit, le vrai sens de la peine: aider les autres. Pratiquée dans ce but, toute peine devient joie et par conséquent s'annihile d'elle-même. Il n'y avait pas que cette réflexion, avec ces images ma lecture des Évangiles prenait du relief, et pour la première fois j'entrevis le véritable sens de ce que pouvait être l'amour: le bonheur du don; un sentiment qui en plus fort encore évoque la lumière du soleil dans le ciel bleu du printemps.

Quoi qu'il en soit, malgré toutes ces belles pensées, je ne devins pas un saint pour autant, loin de là. S'il est aisé de revendiquer les idéaux les plus élevés, c'est un tout autre contrat que d'en faire montre. Qu'il me suffise de mentionner que c'est à cette époque, alors qu'un dimanche nous étions en retenue tous les deux, que mon copain Aligny et moi avons pissé dans le bénitier de l'église Saint-Gervais, et que durant l'entrée de la grand-messe, étouffés de rire près du confessionnal, nous observions les habitants du cru, tristes et graves, plongeant avec ostentation l'extrémité de leurs doigts dans la vasque nacrée.

C'est vers la fin de cette année scolaire que j'entendis pour la première fois un interprète français portant un nom américain chanter *Retiens la nuit*. La chanson me plaisait bien, mais je trouvais que c'était duper les gens que de prendre un nom voulant laisser entendre qu'on est autre chose que ce qu'on est. Je me disais que c'était le signe d'un pays qui souffre de ne pas être celui où il se passe quelque chose de différent. Celui que, tout en le dénigrant, il s'agissait d'imiter. Mais toute imitation reste ce qu'elle est: une apparence. L'imitateur qui s'ignore perd sa propre personnalité et n'acquiert jamais celle dont il ne projette que certains reflets. Les idoles peuvent s'appeler Johnny, Dick, Eddie; la gomme à mâcher Hollywood; les cigarettes Marlboro; on a beau prendre des «drinks», partir en «week-end», écouter Paris-Cocktail ou aller dans sa Ford au «night-club» «twister» sur les derniers «hits» choisis par le «disc-jockey», un «mec vachement in» qui revient tout juste de Broadway avec «une super liquette à la James Dean» et deux ou trois «super albums made in USA», on a beau vouloir y croire, l'esprit ne passe pas; tout au plus ne fait-on que frankeinsteiniser une culture. Ceci dit, après avoir senti toutes les odeurs et percé les brumes du Mississippi avec Oliver Twist (je me sentais cependant plus proche d'Huckleberry Finn), après avoir plaint les Delaware et craint les Iroquois en compagnie de Natty Bumppo, pénétré l'étrange forêt américaine puis eu mon premier aperçu de la Prairie, je découvris un héros français portant lui aussi un nom à double tranchant: Bob Morane. Ce genre de lecture devrait être interdit! Comment un garçon peut-il étudier alors que son esprit se perd dans les dédales d'un temple indien dédié à Kali, que des coupeurs de têtes le traquent sur un confluent inconnu de l'Amazone, qu'il doit déjouer un complot nucléaire au Groenland, qu'il est poursuivi par la mafia à San Francisco, que des extra-terrestres le kidnappent sur une montagne sacrée au Tibet ou qu'il se retrouve dans une vallée oubliée du Congo où survivent des dinosaures? Comment s'intéresser à la grammaire et aux tables de multiplication avec ça? Du moment où j'ai lu mon premier, rares furent les jours ultérieurs où je n'en lisais pas au moins un. C'était autant d'heures arrachées à l'emprise de JB, autant d'heures où j'avais vraiment l'impression de vivre. Bref cela me permettait de survivre jusqu'à ce que reviennent les vacances à Saint-Aubin et que je puisse de nouveau me glisser dans mon rôle de pacha.

Puisqu'en août je devais partir pour une nouvelle colonie en Allemagne, cette année-là, c'est en juillet que j'allai à Saint-Aubin. Au matin du quatorze, poussant mes volets pour contempler la mer dont le mouvement berçait mes nuits, j'aperçus le garde champêtre sur la digue, tenant un porte-voix devant son énorme moustache.

«Oyez! Oyez, citoyens! Je déclare que ce soir, pour commémorer le quatorze juillet, tout le monde est invité sur la digue pour assister au feu d'artifice qui sera suivi d'un bal Place de Normandie.»

Imaginez ma joie: je venais d'ouvrir les volets sur une mer pailletée de lumière, ça sentait bon le varech et les croissants de Papi, je pouvais faire ce qui me plaisait de ma journée, et le soir il y aurait un feu d'artifice.

Dès le crépuscule, la plage grouillait d'une foule fébrile. Sur fond de ciel mauve, suspendus aux mâts de la digue, des guirlandes d'ampoules multicolores faisaient concurrence aux lampions chinois portés par de nombreux badauds. La fête était dans l'air et je l'exprimais en allumant des feux de Bengale que je m'étais procurés l'après-midi au bazar *La Provençale*, après avoir été expliquer à Papi qu'il me fallait de l'argent pour «fêter la prise de la Bastille».

— Ne va pas dire ça à ta grand-mère, me dit-il en riant et en prenant son portefeuille, tu sais que ta mamie n'aime pas qu'on coupe la tête des rois.

— Et toi?»

Il était visible que ma question le prenait de court.

«Moi... Moi, je ne crois pas que l'on ait le droit de tuer qui que ce soit pour des idées.

— Alors pourquoi est-ce que tout le monde fête le quatorze juillet?

— Ah, ça, tu peux y aller! Quand il s'agit de faire la fête, n'importe quel motif peut faire l'affaire... Combien il te faut?

— Un maximum.»

Il me tendit un billet.

«Essaie de ne pas tout dépenser, il faut apprendre l'économie, on ne sait jamais quand on peut avoir besoin.»

Je fis un signe affirmatif, mais je me souviens qu'à ce sujet je pensais alors pouvoir toujours m'en remettre à lui lorsque le besoin se ferait sentir.

Le feu d'artifice commença dès qu'il fit totalement nuit. Mes grand-parents étaient sortis et j'étais entre eux, tenant la main à chacun. D'un bout à l'autre de la digue, des exclamations saluaient chaque tir. J'étais bien.

«C'est beau, hein, Éric!»

Je me retournai pour apercevoir, juste dans mon dos, Eulalie Merriel avec ses parents. Eulalie avait mon âge et je la connaissais bien car ses parents, qui tenaient la poissonnerie, rue de la Mer, possédaient une télévision et parfois, l'après-midi, lorsqu'il pleuvait, j'allais chez eux pour regarder Zorro ou Rintintin. J'avais obtenu ce privilège après avoir chevaleresquement sauvé Eulalie d'un mauvais sort. Cela s'était produit le jour de mon arrivée, je me promenais sur la plage, lorsqu'en arrière des barrières du Club Mickey, dont il n'était pas question que je fasse partie, même si je louchais sur leur toboggan, je tombai sur les jumeaux Pinson, les enfants du pharmacien. Ils couraient derrière elle en lui criant «Montre-nous ta fente! Montre-nous ta fente!» J'ignore quel valeureux sentiment m'a poussé, mais je me suis interposé:

«Laissez-la tranquille!»

Avant que je n'aie pu évaluer la situation, l'un d'eux me plongea dans les jambes et me renversa tandis que l'autre, qui tenait une pelle de plage, m'en assena un coup sur le front. Même si la pelle n'était pas grosse, elle était néanmoins en tôle et suffisamment lourde pour m'entailler l'arcade sourcilière. S'apercevant qu'ils venaient de faire couler le sang, ils se regardèrent une seconde puis détalèrent. Eulalie revint sur ses pas et, suprême réconfort, me raccompagna au salon de thé. C'est ainsi qu'ayant appris mon intervention de la bouche de sa fille, la poissonnière me proposa de venir voir l'autre Zorro dans leur cuisine.

Ce soir de quatorze juillet j'étais content de voir Eulalie

et, comme elle-même le fit avec ses parents, j'abandonnai les mains de Papi et de Mamie.

«Moi, j'aime bien les fusées qui font du bruit, lui répondis-je.
— Moi, celles de toutes les couleurs.
— Viens-tu sur le blockhaus, on verra mieux?»

Elle quêta l'assentiment de son père qui acquiesça et, quelques instants plus tard, après avoir grimpé sur le vestige de guerre marquant l'entrée de la digue, sans plus personne devant pour nous boucher la vue, main dans la main, nous nous laissâmes émerveiller par les fleurs de feu qui s'ouvraient dans la nuit avant de retomber lentement en brasillons dorés vers l'encre noire de la mer dont on ne distinguait qu'une frange d'écume blanche chaque fois que la vague de front venait lécher la grève.

Peu après le bouquet final, nous nous intégrâmes à une longue farandole qui, tel un train omnibus, embarquait au passage toute personne en état de courir et de chanter. Au milieu de la foule nous nous sentions partenaires. Lorsqu'à l'instar des autres nous chantions, riions ou criions, nous formions une double entité solidaire de tous. Portée par une énergie qui devait tout à cette allégresse que chacun éprouvait ce soir-là à se sentir en harmonie avec les autres, la farandole serpenta sur toute la digue jusqu'à la hauteur de Langrune. De purs instants de joie débridée.

Ce n'est que lorsque la farandole se disloqua qu'Eulalie et moi nous nous aperçûmes que nous venions de nous laisser entraîner loin de nos familles. De me rendre compte que j'étais à Langrune, tard le soir, seul avec une amie, tout cela réuni me révéla ce que pouvait être la Liberté et me procura un sentiment qui touchait à l'exaltation.

«Est-ce qu'on va voir le bal? lui demandai-je.
— Si tu veux.
— Tes parents vont rien dire?»
Elle haussa les épaules.
«C'est le quatorze juillet... On y va par la plage?
— D'accord.»

Nous descendîmes de la digue et nous dirigeâmes vers la mer, sur le sable humide où il était plus facile de marcher. La lune était absente et, dans l'atmosphère bleu de Prusse, nous nous distinguions comme des ombres chinoises.

«Je me plais bien ici... dit Eulalie.

— Alors tu es chanceuse, tu y es toute l'année...

— C'est peut-être fini; mon père s'est trouvé un travail aux aciéries de Caen et il parle de vendre la poissonnerie. Il dit que ce serait plus sécuritaire.

— Y a du monde pourtant chez vous, c'est tout le temps plein.

— Pendant les vacances, mais le reste de l'année on ne voit pas un chat.

— Alors tu déménagerais à Caen?

— Ça se peut.»

Je réalisai que si cela se faisait, je n'aurais certainement plus l'occasion de la voir.

«Je vais m'ennuyer de toi, dis-je comme je le pensais.

— Et moi de toi. Tu n'es pas comme les autres garçons que je connais et qui ne pensent qu'à embêter les filles.»

Nous marchions côte à côte, elle avait enlevé ses sandales et les tenait à la main. J'observais son profil se détachant sur la mer qu'une lumière d'argent venue d'on ne sait où irisait. Pour la première fois de ma vie j'eus envie d'embrasser une fille. Et, comme je ne voyais là rien que de très normal, je le lui demandai:

«Je peux t'embrasser?

— Pourquoi?

— J'en ai envie.»

C'est elle qui mit ses bras autour de mon cou, je fis de même et nous collâmes nos joues l'une contre l'autre.

«On est comme des amoureux, dit-elle.

— J'aime bien ça.

— Moi aussi, ça fait comme si on trouvait quelque chose qui nous manque.

— Oui, ça me fait pareil», acquiesçai-je en trouvant qu'elle décrivait fort bien ce que je ressentais.

— Tu viendras me voir si je déménage à Caen?

— Comment?

— Je ne sais pas, moi... (je la sentais se détacher de moi) tu pourrais te faire conduire par ton grand-père.

— J'irai te voir», décidai-je.

Nous nous serrâmes très fort puis, main dans la main, remontâmes la plage de biais en direction du bal.

Sur la place, une foule compacte dansait au son d'un orchestre où dominait l'accordéon. J'allai à la buvette acheter deux *Vittel Délice* à l'orange, puis nous nous assîmes sur un banc de bois pour observer, commenter et rire. «Regarde la grosse là-bas, elle danse en se tenant les fesses un kilomètre en arrière.» Sans pitié, nous nous moquions des allures et comportements de nos aînés. Plus nous riions, plus nous nous sentions complices. C'est curieux, à présent que je repense à ces moments, je nous revois comme si alors je n'avais été qu'un témoin placé à distance: deux enfants assis coude à coude sous des ampoules multicolores et riant du monde vers lequel l'un d'eux se retrouverait. L'un d'eux seulement, car, l'année suivante, mon amie Eulalie fut retrouvée violée et assassinée, parmi les détritus d'un terrain vague non loin des aciéries de Caen. Mais je n'ai appris cela qu'il y a peu de temps, lorsque de passage à Caen je me suis rappelé ma promesse d'aller la voir. Ce soir-là, mes pas chargés de remords m'ont conduit dans un terrain vague éclairé de la lueur rouille des torchères géantes crachant haut dans la gueule des ténèbres le feu qui liquéfie l'acier. Là, mes cris ont appelé Eulalie, mais je n'ai obtenu rien d'autre qu'un cauchemar au petit matin, dans le lit grinçant et froid d'humidité à l'*Hôtel de la Gare*.

11

Pourquoi, lorsque la routine ou les normes sont mises à mal, j'ai l'impression que c'est toujours moi qui dois être impliqué? Pourquoi, sur les mille élèves de JB, étais-je le plus souvent celui qui restait en retenue? Pourquoi, en colonie sur la Loire, moi seul parmi tous les autres me suis-je retrouvé à la cuisine? Pourquoi dois-je la vie à trois Américains? Pourquoi, à peine arrivé en colonie en Allemagne, j'ai trouvé le moyen de m'égarer en forêt? En y réfléchissant bien, je me demande si ce n'est pas parce que je voudrais tellement que les choses soient différentes qu'elles finissent par l'être.

Toute une journée entre Fécamp et Rheinfelden dans un autocar à devoir chanter des chansons du style: «C'est pas moi, c'est ma sœur qui a cassé la machine à vapeur», voilà qui n'était pas pour me mettre en condition de béatitude. Et lorsque le soir on découvre que les locaux de la colonie ne sont qu'une école transformée durant l'été pour cet usage, que des lits superposés sont installés dans des classes qui sentent l'encre et la craie, que le réfectoire se trouve à l'autre bout d'une ville qu'il faut traverser en rang par deux en chantant: «Un kilomètre à pied, ça use, ça use...» sous les rires et les insultes des petits Allemands qui nous bombardent de cailloux, tout ça pour manger des *Kartoffeln* et du *Kohl* à outrance, alors on se demande bien ce que l'on est venu faire dans cette ville de HLM.

Le lendemain matin, après le rassemblement au drapeau (eh oui, comme à l'armée, avant même de traverser la ville pour aller prendre le petit déjeuner, il fallait se regrouper au garde-à-vous autour du mât pour la levée du tricolore dans le ciel allemand, toujours sous les huées – méritées à mon avis – des enfants du terroir), le chef des moniteurs nous expliqua que nous étions là pour profiter de la proximité de la Forêt Noire.

À ma façon, je sus en profiter.

Un soir, cherchant à échapper à ces veillées durant lesquelles il fallait encore chanter, j'étais allé me réfugier sur le toit où se trouvaient des prises de lumière par lesquelles je découvris la monitrice Yvonne, sous sa douche, ce qui était beaucoup plus intéressant que de chanter: «Au clair de la lilalune mon ami papipierro.» Mais hormis ce souvenir, ce qui me reste de ce pénible mois en Allemagne demeure mon égarement en forêt et la nuit que j'ai dû y passer.

Tout commença par un de ces jeux de piste qui, jour après jour, occupaient notre temps. Cet après-midi-là, excédé de devoir suivre, je déclarai à mon groupe que j'allais prendre un peu d'avance «en éclaireur». Sitôt seul, enfreignant les ordres des moniteurs, je quittai le sentier battu et m'enfonçai à travers la végétation. Enfin ça devenait intéressant! N'entendant plus les autres, certain d'être seul, je ralentis et commençai à imaginer que j'étais dans une de ces forêts qui bordent le lac Érié dans les livres de Fenimore Cooper et que j'étais en route pour prévenir les Yankees d'un mauvais parti que leur préparaient les Habits rouges.

C'est ainsi que j'arrivai sur un énorme hibou qui, droit sur une branche basse, m'observait fixement de ses yeux démesurés. L'oiseau me paraissait terriblement gros, bien plus que celui du local où j'étudiais le soir. Essayant de ne pas l'effrayer – en fait c'est plutôt moi qui n'étais guère rassuré – je m'assis sur le sol en face de lui, le dos contre un tronc. À mon tour, je le fixais, nous nous fixions. Avec le temps, j'en vins à avoir l'impression qu'il voulait en savoir plus sur moi; alors, dans ma tête, j'ai laissé défiler des flots de souvenirs – comme maintenant. Puis ce fut à son tour. Regardant toujours dans ses immenses yeux vert doré, j'entrai (ou je le crus) dans son monde, son domaine. Pas très longtemps, car ce que j'y découvris me terrifia. Son univers en était un d'une extraordinaire beauté plastique, mais totalement dépourvu – et c'est normal – de toute humanité. Les arbres n'étaient pas autre chose que des obstacles, des abris ou des perchoirs; la nuit, le jour et le bruissement des feuilles n'éveillaient rien d'autre que le noir, le blanc ou le bruit, aucun but sinon celui de se soustraire à l'indisposition.

Le néant. J'eus presque envie de lui jeter une pierre pour voir si cela éveillerait quelque chose qui se rapprocherait de ce que l'on peut nommer un sentiment. Finalement je me sauvai lorsque je ressentis sa faim; une douleur irradiant les entrailles et qui pour se soulager appelle non pas un goût quelconque, mais l'évocation du passage dans le gosier des viscères fumants d'un rongeur ou d'un oisillon.

Après avoir couru à l'aveuglette, essoufflé, je m'arrêtai et me rendis compte qu'au-dessus du faîte des arbres le jour était déjà moins lumineux. J'eus le sentiment que la forêt se peuplait d'une foule d'esprits que l'approche du soir tirait des limbes. Des esprits pas trop conciliants. «C'est ton imagination qui te joue des tours, essayai-je de m'encourager.

Peut être que oui, mais si c'était aussi autre chose?
Quoi?
J'en sais rien, moi, des démons?»
Je me faisais peur tout seul.

Aucune logique ne semble appropriée lorsqu'on est perdu en forêt. Je croyais pouvoir m'orienter, il n'en était rien; à chaque nouveau bouquet d'arbres je comprenais que je n'étais jamais passé par là. Je m'enfonçais dans la Forêt Noire.

Le jour déclina rapidement, et, avec lui, mon courage face aux «esprits». Lorsqu'il arriva que je n'y vis plus assez pour me déplacer, je me pelotonnai dans la niche que formaient les énormes racines d'un feuillu. Là, pendant un très long moment, la peur me tortura sans ménagement. Chaque son était analysé comme une approche fatale, chaque forme noire que je parvenais à mettre en relief dans les ténèbres devenait le bras noueux d'un spectre ou d'une harpie. Puis, presque en libérateur, un autre problème se présenta: je me rendis compte que je grelottais. Cherchant à conserver ma chaleur et faisant comme je l'avais lu dans je ne sais plus quel livre, je creusai la terre de mes doigts pour m'y former un nid. Cette occupation contribua à me faire réagir face à mes angoisses. Dans mon trou, je ramenai de la terre autour de moi, puis des feuilles mortes à moitié décomposées dont l'odeur m'étourdissait un peu. Ayant moins froid, je poussai un soupir puis m'aperçus, sans que je puisse en déterminer la raison, qu'après s'être imposée, la peur s'était dissipée, tel le brouillard sous le soleil d'été.

Laissant aller ma nuque contre une des racines, j'aperçus l'éclat d'une étoile entre les ramures. L'optimisme revint en moi; je n'étais pas si mal après tout. Que pouvait-il m'arriver ici? Blotti comme je l'étais, j'avais l'impression de faire corps avec la terre elle-même, d'en être en quelque sorte un rejeton; une impression maternelle extrêmement rassurante. J'étais de la même origine que les minéraux composant l'humus qui me réchauffait, puis par extension de la même ascendance que l'herbe, les arbres, les insectes, les mammifères, et, dans un autre ordre, que l'air que je respirais, que la lumière des étoiles et que les étoiles elles-mêmes.

De la peur, j'étais passé à la sérénité.

Au cœur de la nuit, à mi-chemin entre le rêve et la rêverie, tous les esprits de la forêt – car il y en avait! – m'offrirent une représentation qu'aucun cirque, fût-ce Barnum, ne saurait mettre en piste. Dans le fracas d'une fanfare nettement dominée par les cuivres, je vis s'avancer en cadence un défilé d'éléphants encapuchonnés de rouge et chevauchés d'amazones à l'allure martiale, je vis des chevaux ailés, montés par des écuyères dont la grâce n'avait d'égal que le charme de leur sourire, et aussi des lutins représentant les sept péchés capitaux. Je me reconnaissais un peu dans chacun d'eux et je riais, je riais.

Ce ne sera que quelques années plus tard à Houville, suite à un «voyage» au H (bien inférieur en frais de visions), que mon côté rationnel supposera que ce devait être les feuilles en décomposition qui m'avaient procuré des hallucinations.

Tout Rheinfelden s'était mis à ma recherche. Lorsqu'à l'aube j'entendis des voix allemandes à proximité, je me demandai si je devais me signaler. D'une part j'avais très faim, de l'autre aucune envie de me retrouver en rang entre les HLM pour chanter: «Alouette, je te plumerai.» Je me voyais bien établir mon royaume dans les profondeurs de la Forêt Noire.

Mais l'estomac l'emporta.

12

Puis il fallut retourner à Rouen. La lente succession des jours mornes reprit son cours immuable, troublée trop souvent des remarques et sévices de Joseph. Cependant mon chef de division n'était peut-être pas le pire. Vers le milieu du premier trimestre, j'eus une poussée de boutons, certainement due à la tambouille, et je demandai à Joseph un billet d'autorisation pour me rendre à l'infirmerie où, d'habitude, «Miss Giro», une vieille toute blanche à la voix de baryton et aux traits anguleux, s'occupait de tous les petits accidents et maux bénins qui ne manquent jamais de survenir dans un pensionnat. Chemin faisant, dans le couloir qui menait à l'infirmerie, je croisai le frère directeur qui m'accrocha d'un regard sévère.

«Où vas-tu comme ça?
— À l'infirmerie, très cher frère directeur (c'était le titre qu'il fallait lui débiter à chaque demande ou réponse).
— Tu es malade?
— J'ai des boutons partout, très cher frère directeur.»

Il fronça les sourcils et, de l'index, me désigna son bureau qui n'était pas loin de l'infirmerie.

«Viens me montrer ça.»

Son bureau sentait le tabac et le vieux cuir. Par la fenêtre entrouverte donnant sur la rue, on entendait le bruit des voitures – du monde extérieur! – et, à travers les rideaux de crépodaille, le ciel était blême. Il prit place dans son fauteuil de cuir brun et me demanda d'approcher.

«Déshabille-toi, qu'on voie un peu ce que tu as...
— Ici, très cher frère directeur?
— Ici ou ailleurs, quelle différence?
— Aucune, très cher frère directeur.»

C'étaient mes mots, mais pour des raisons qui m'étaient inconnues, je trouvais néanmoins que le lieu se prêtait mal à ce qu'il me demandait. J'ôtai ma blouse, mon chandail et ma chemise.

«Le reste aussi, ordonna-t-il en se penchant pour mieux voir mes boutons.

— Tout nu, très cher frère directeur?
— Bien oui, tout nu. Pourquoi?
— Pour rien, pour rien..., très cher frère directeur.»

A priori je ne voyais rien de répréhensible à cela, mais, dans l'air, quelque chose faisait que l'idée d'être tout nu avec lui dans cette pièce me dérangeait. Toutefois, comme c'était un ordre, je m'exécutai. Concentré sur mes éruptions cutanées, il me fit tourner sur moi-même, puis au bout d'un moment se leva.

«Je vais aller chercher une pommade à la pharmacie, me dit-il. Attends-moi là.»

De retour, il avait un sourire que je ne lui connaissais pas. Peut-être n'était-il pas aussi mauvais que je l'imaginais?

Il commença à m'enduire le dos, puis le torse et les épaules. Je n'aimais pas avoir de la pommade partout et je n'aimais pas non plus que ce soit lui qui m'en applique. Malgré toute la crainte que nous éprouvions vis-à-vis de Miss Giro, qui n'hésitait pas, lorsqu'elle retirait le thermomètre et que nous ne faisions pas vraiment de température, à nous donner une claque sur les fesses pour l'avoir «dérangée pour rien», j'aurais préféré que ce soit elle qui s'occupe de mon cas.

«On dirait que tu es gêné? me demanda le frère d'une voix qui n'était plus vraiment la sienne.

— Heu... non, très cher frère directeur.
— Nous sommes entre hommes, pas vrai?
— Heu... oui, très cher frère directeur.
— Parce que si vraiment tu es gêné, tu sais, moi aussi je peux me mettre tout nu...
— Non! Non, c'est pas la peine!»

Sans faire remarquer que je n'avais pas ajouté l'appellation qui convenait, il eut un mouvement affirmatif du chef.

«Si, si, poursuivit-il, je ne veux pas que tu sois gêné.»

Ahuri, ne sachant quoi dire pour arrêter ce que malgré ses mots je ne parvenais pas à trouver normal, je le vis déboutonner sa soutane, apparaître en gilet de corps en laine blanc-jaune, en caleçon court blanc et en chaussettes noires. Il était grotesque. Puis il ôta son gilet et son caleçon. Je ne voulais pas regarder, mais ne pouvais faire autrement; je ne comprenais pas du tout ce que je voyais. Je n'arrivais pas à croire que ça puisse faire partie de lui, je m'attendais presque à ce qu'il ôte cette chose absurde au bas de son ventre.

«Voilà, dit-il, nous sommes à égalité. C'est plus juste comme ça, non?

— Oui... très cher frère directeur.»

Et il recommença à m'appliquer de la pommade. Chaque fois qu'il s'approchait de moi et que son sexe me frôlait, je m'écartais. À la deuxième ou troisième fois, cela le fit rire.

«N'aie pas peur, quand tu seras grand, toi aussi tu auras un pénis comme ça.

— Est-ce que je peux me rhabiller, très cher frère directeur?

— Attends, il faut encore que je te mette de la pommade, là...

— Mais j'ai pas de bouton là, très cher frère directeur.

— Pour être sûr de guérir, il faut en mettre partout.»

Et, directement du tube, il me mit sur le sexe bien trop de pommade pour la surface qu'il y avait à couvrir. Ce qui sembla l'autoriser à me pommader longtemps.

«Ça rafraîchit, non? demanda-t-il.

— ...»

Je ne voyais pas pourquoi il passait tant de temps là-dessus. Je détestais ce que j'étais en train de vivre et, sans en trouver de valable, je cherchais activement une bonne raison de me rhabiller et de partir au plus vite de ce bureau.

«J'ai beaucoup de devoirs, ce soir, très cher frère directeur...»

Je vis que ma remarque eut l'air de l'excéder.

«D'abord la santé!»

Je ne compris pas pourquoi, de sa main vacante, il prit ma droite et la posa sur son truc. J'avais l'impression qu'il voulait dire quelque chose, mais il ne disait rien, ses lèvres tremblaient comme un fil tendu. Au bout d'un moment, toutefois, il réussit à prononcer en détachant presque chaque syllabe:

«Connais-tu le plus grand signe d'amitié?
— Non, très cher frère directeur. Est-ce que je peux partir?»

Ne répondant que par un ahurissant «Ô, mon agneau! ô, mon mignon!» toujours assis sur le bord de son fauteuil, il m'attira entre ses genoux puis, pour ma plus grande stupeur, glissa à genoux devant moi – ce qui n'était déjà absolument pas normal pour un frère – et prit mon pénis dans sa bouche. Encore maintenant je ne sais comment expliquer ce qui se passa; cette chaleur humide autour de mon sexe me rappelait quelque chose. J'ai honte à le dire, mais durant un instant, croyant soudain à la preuve d'amitié dont il venait de me parler, j'ai fermé les paupières et j'ai posé mes mains sur sa tête. Un très bref instant, car la seconde suivante, rouvrant les yeux et apercevant le journal sur le bureau, j'eus la cognition impérative qu'il ne s'agissait que d'un horrible simulacre. Aussitôt, le cœur au bord des lèvres, je me suis arraché à son étreinte.

De quel simulacre s'agissait-il? je l'ignorais totalement. Je savais juste qu'il me fallait sortir de cette pièce quoi qu'il m'ordonne.

«Ne pars pas! ne me laisse pas!» geignit-il pendant que j'enfilais mon linge.

Alors que je refermais la porte, je le vis, accroupi, nuque rejetée vers son fauteuil, en train d'agiter frénétiquement son machin.

Je voulais lui tenir rigueur de tout ceci, mais je n'y arrivais pas; en fait, au-delà d'une répulsion qui voulait me faire vomir, j'avais presque pitié. C'est ce dernier sentiment qui, ultérieurement, m'aiderait à ne plus percevoir les frères comme des êtres que le ciel aurait investis d'une autorité incontestable.

Jamais plus, jusqu'à ce qu'il périsse plus tard dans un incendie, le frère directeur ne m'adressa la parole. Par contre j'entendis à plusieurs reprises les confidences de camarades passés plus ou moins par la même expérience.

En première page du journal sur son bureau, j'avais vu la

photo d'un homme qui ressemblait à mon père de façon frappante. Plus tard, j'ai su que ce journal annonçait qu'un jeune sénateur du Massachusetts venait d'être élu président des États-Unis.

Pour nous contraindre à respecter les règlements du pensionnat, il y avait certes les retenues ou la baguette de Joseph, mais aussi certaines méthodes expiatoires plus raffinées. L'une d'elles avait pour bourreau Jean de La Fontaine.

Comme il n'y avait que deux façons pour sortir de l'enceinte de JB: par la porte ou par le mur, et que la première, à moins d'être mourant, ne s'ouvrait – pour ceux qui n'étaient pas collés – que le samedi après-midi, il ne nous restait que le mur lorsque, par simple hygiène mentale, l'on voulait s'assurer que le monde existait toujours de l'autre côté. Pour cela il fallait d'abord grimper sur le toit des tinettes après s'être assuré qu'aucun frère ne regardait dans cette direction, enjamber un muret pour accéder au toit du préau, un autre muret pour atteindre le tuyau d'évacuation d'une gouttière sur une façade percée de fenêtres puis se laisser glisser jusque dans la cour de la petite épicerie qui jouxtait le pensionnat. Ensuite, avec la chance de ne pas se faire remarquer par l'épicier (qu'il était toujours possible de corrompre en lui achetant des bonbons) l'on pouvait franchir le porche qui s'ouvrait sur la rue et la liberté.

Mon copain Aligny et moi décidâmes un soir de quitter le dortoir aussitôt après l'extinction des feux, afin d'aller assister à la représentation de vingt-deux heures d'un nouveau film qui faisait fureur: *Les sept Mercenaires*. Après avoir garni notre lit de manière à ce qu'un pion éventuel pense que nous y étions, comme pour aller aux toilettes sur le palier, nous quittâmes le dortoir avec notre linge sous le pyjama. Descente des grands escaliers dans l'obscurité en faisant attention de ne pas faire craquer les marches, surtout en passant devant les portes de chambre des frères, traversée haletante de la trop grande cour, le toit des tinettes, le porche et enfin la rue Saint-Gervais, que nous dévalâmes en hurlant de plaisir.

Le film fut à la hauteur de nos espérances; tellement,

qu'en sortant de la salle nous n'étions plus deux pensionnaires en escapade, mais deux terreurs de l'Ouest à qui rien ne pouvait faire peur. Les pouces passés dans les ganses de nos culottes courtes, balançant les épaules, crachant de biais, nous remontâmes vers JB. Nous n'étions pas encore en vue du pensionnat lorsque dans notre dos une voix demanda:

«Vous ne seriez pas de la Première Division, vous deux?»

Nous nous retournâmes pour rencontrer le regard lunaire du frère Charles, responsable de la Seconde Division. Aligny me devança:

«Première Division? fit-il, l'air tout à fait innocent.

— Oui, la Première Division... Toi, j'avoue que je ne te reconnais pas, mais ton copain, impossible de le manquer, il traîne au pensionnat tous les dimanches. (Il se tourna vers moi:) Numéro?

— Heu... cent soixante-dix, cher frère.»

Cette fois nous repassâmes par le porche et, nous tenant par le col, le frère Charles nous guida sans concession jusqu'à la porte de la chambre de Joseph. Sans sa bavette blanche en celluloïd et la soutane déboutonnée jusqu'au torse, ce dernier m'apparut très négligé. Cynique, il nous examina une très longue seconde.

«Charles! Où les as-tu trouvés, ces deux-là?

— Ces jeunes messieurs remontaient tranquillement Saint-Gervais en se dandinant comme des blousons noirs.»

Joseph hocha plusieurs fois la tête.

«Très bien, je te remercie, Charles, je vais m'occuper d'eux...»

Nous tordant chacun une oreille, il nous conduisit jusqu'au «ciroir» où, du simple fait de nous y retrouver, nous comprîmes ce qui nous attendait: une fable de La Fontaine.

En permanence sur une étagère du «ciroir», la pile honnie des petits *Classiques Larousse* à page couverture mauve n'attendait que la main de Joseph. Pour moi c'était presque devenu un rituel: se mettre à genoux, attendre que le frère choisisse une fable pas trop courte à son goût, essayer de comprendre les mots du fabuliste, tâcher de les apprendre par cœur, et réciter le tout au surveillant de veille qui ne revenait qu'une fois toutes les heures, jusqu'à ce que l'on puisse réciter la fable au complet sans buter sur un mot (ce qui, avec La Fontaine, n'est pas toujours aisé). Il n'était pas rare que cela prenne trois, quatre et même parfois cinq heures.

Cette nuit-là j'eus droit à *La Mort et le Mourant*. Comme d'habitude, à la première lecture, je n'y vis qu'une succession de mots à l'agencement peu habituel. Pour un garçon naturellement porté à l'action, à minuit à genoux dans un «ciroir», des vers comme: «N'eussent pas au marché fait vendre le dormir», appris une autre nuit dans *Le Savetier et le Financier* paraissent de prime abord éminemment tortueux. À la seconde lecture, la dernière ligne capta mon attention: «Le plus semblable aux morts meurt le plus à regret.» Qu'est-ce que cela pouvait bien vouloir dire? À voix basse, je demandai à Aligny s'il en avait une idée.

«Des conneries, comme d'habitude! s'écria-t-il. Il nous fait chier, La Fontaine, avec ses tournures à la mords-moi-le-nœud.»

Je n'en étais pas certain. Je ne sais pourquoi, je repensai à ma varappe de Quéribus, à Ernie, puis, par association d'idées, à ma fuite éperdue du bâtiment de guerre américain, et là, dans le «ciroir» de JB, je compris comme une révélation à quel point la crainte de la mort pouvait nous empêcher de vivre. Du même coup, par gratitude envers le fabuliste pour me l'avoir enseigné, je réalisai que ce n'était pas à La Fontaine à qui je devais m'en prendre, mais à celui qui nous obligeait à rester à genoux au milieu de la nuit pour apprendre des fables par cœur.

Déchirant le silence et le sommeil des autres, le sifflet du frère Joseph jeta sans ménagement tout le dortoir au pied du lit.

«Tout le monde dans la cour, hurla le chef de division. Passez par le ciroir, prenez manteaux et chaussures. Vite! Plus vite! Les derniers vont tâter de ma pointure.»

Nouveaux coups de sifflet stridents. Avant même que les premiers n'atteignent le ciroir où j'avais laissé tombé La Fontaine, je perçus les sirènes des véhicules d'incendie. Tous les pensionnaires qui jusque-là pensaient, comme cela se produisait parfois, à une lubie éducative du frère Joseph, comprirent qu'il se passait quelque chose. Une sourde rumeur courut en ces lieux de silence obligatoire sans qu'aucun rappel à l'ordre ne vienne contredire le soupçon grandissant. Puis, comme si la compréhension des événements était venue à chacun au même instant, il y eut un cri, comme un roulement de tonnerre:

«AU FEU!»

Aucun mouvement de panique ne nous gagna, seule une excitation somme toute assez agréable nous secoua. Comme les autres, je dévalai l'escalier côte à côte avec un Aligny visiblement ravi.

«Il se passe enfin quelque chose dans cette foutue boîte à la con, s'égaya-t-il. J'ose espérer que la chance nous sourira enfin jusqu'au bout et que les flammes raseront cette sinistre reconstitution de Dachau.»

J'étais tout à fait d'accord.

Pensionnaires, frères et laïcs se déversaient dans la grande cour par toutes les portes du bâtiment. Le cœur battant je découvris que l'étendue du sinistre avait beaucoup plus d'ampleur que ce que j'avais imaginé. Sur deux étages, à la gauche du corps principal du bâtiment, les vitres des fenêtres étaient fracassées et des flammes jaillissaient à l'extérieur dans un grondement de forge. Les pompiers avaient des problèmes car le bâtiment principal était situé au centre d'une enceinte de béton, et leurs camions, trop gros, ne pouvaient pénétrer à l'intérieur. Dans une cacophonie d'ordres et de contre-ordres, ils déroulaient en courant des longueurs invraisemblables de tuyaux.

«Vite aux échelles! lança l'un d'eux dans un porte-voix. Il y a encore du monde coincé là-haut.»

À ce cri, une rumeur d'effroi et de consternation balaya la cour de récréation. Jusqu'à présent, tout ceci tenait plutôt du divertissement et de la kermesse improvisée, mais à partir du moment où chacun sut qu'il y avait des vies en jeu, l'atmosphère angoissée des drames s'installa sur l'assistance.

«Je dois y aller! me dis-je. Je dois faire quelque chose pour les sauver!»

Sans plus réfléchir, je me dirigeai à l'autre extrémité du bâtiment en me faufilant à travers l'assistance dont les regards à l'unisson étaient braqués vers les flammes hypnotiques. Je franchis un portail latéral et grimpai au pas de course une enfilade d'escaliers qui me conduisirent jusqu'au dernier étage. Toujours en courant, je traversai un dortoir désert, puis un autre avant d'arriver dans un passage déjà envahi par la fumée.

«Il y a quelqu'un?» hurlai-je.

Sans réponse. Tenant le col de mon manteau devant mon nez, j'avançais résolument dans la fumée, jusqu'à ce que je sois terrassé par une quinte de toux à m'arracher les bronches.

«Je dois y aller», m'ordonnai-je tout haut, des larmes d'irritation plein les yeux.

Courbé vers le sol, je continuai ma progression sur quelques pas avant d'être de nouveau terrassé par la toux. J'avais de plus en plus de mal à respirer et, surtout, me sentais comme étrangement détaché des choses.

«Pas par ici, compris-je avec réalisme. Je n'y arriverai pas.»

Je réussis à regagner le dortoir qu'une porte battante protégeait encore de la fumée. La poitrine en feu, je me laissai tomber pour un instant sur l'un des lits, en proie à une infernale envie de me laisser aller au sommeil. Pourtant, juste avant d'abandonner, je me fis la réflexion qu'avec une couverture mouillée sur la tête j'aurais peut-être des chances de progresser. Aussitôt je me relevai, arrachai une couverture grise au passage et me dirigeai vers les lavabos où j'entrepris de la mouiller abondamment. Ceci fait, je retournai vers le couloir enfumé, mis la couverture sur ma tête et m'élançai de nouveau dans les locaux opaques.

J'avais peur, affreusement peur, mais je m'imaginais que si je pouvais sauver quelqu'un, nombreux seraient ceux qui voudraient m'aimer.

Dans l'obscurité, je courais dans tous les sens, appelais en vain, mais la fumée commençait à gagner beaucoup de terrain sous ma couverture.

«Une fenêtre! Il faut que je trouve une fenêtre pour respirer.»

Essayant de me repérer, je soulevai la couverture et fus immédiatement assailli par la fumée. Angoissé, j'eus l'idée qu'elle était douée d'une vie propre et que c'est à moi qu'elle en voulait, qu'elle était là pour me brûler les yeux et m'étouffer.

«Je ne trouverai jamais de fenêtre! Je vais mourir sans avoir pu sauver personne.»

Je fus secoué par une quinte de toux encore plus violente que les précédentes et, au milieu d'une douleur qui alluma des lucioles dans mon crâne, je commençai à paniquer.

J'ai su ultérieurement que dans la cour tout le monde remarqua une forme humaine s'agitant au milieu d'un épais nuage de fumée brun-noir s'échappant en volutes serrées de l'une des fenêtres du dernier étage. Un «OH!» angoissé parcourut toutes les lèvres alors que les pompiers dressaient enfin une échelle d'aluminium en direction de la même fenêtre.

Plus tard, je revins à la réalité affligé d'un violent mal de tête. Mon premier geste, hormis sans doute de douloureuses grimaces, fut de porter les mains à mes tempes.

«On dirait que le héros revient à lui», fit une voix que je ne connaissais pas.

Timidement, j'entrouvris une paupière puis l'autre. La lumière me sembla bien plus crue qu'elle ne devait l'être en réalité et ne fit qu'ajouter à la douleur qui me vrillait le crâne. D'abord confuse, l'image de mon environnement s'affirma et devint plus compréhensible. Au pied du lit, où j'étais couché, se tenait un homme assez jeune aux cheveux en broussaille, vêtu d'une blouse blanche déboutonnée s'ouvrant sur une chemisette bleu ciel et un pantalon chiffonné de toile beige. Sûrement un interne.

«Qu'est-ce que je fais là? demandai-je d'une voix enrouée que je ne me reconnus même pas.

— Tu es à l'hôpital, jeune homme. Tu l'as échappé belle, tu sais. Pas trop mal à la tête?

— Si! C'est affreux!

— Vu par où tu es passé, c'est normal. Mais ne t'inquiète pas, la douleur va rapidement se dissiper. Pour l'instant, je vais faire obscurcir la pièce et te faire administrer des calmants. Tes parents sont allés prendre un café. Ils ont passé la matinée à ton chevet.

— La matinée!? Mais qu'est-ce que j'ai eu?
— Tu ne te souviens pas du feu?
— Du feu?
— C'est pas grave, tout te reviendra plus tard. Sache seulement que tu es un héros, si ça peut te remonter le moral.
— Un héros?»
L'interne eut un sourire.
«Essaie de ne penser à rien. Pour le moment l'important est que tu te reposes. Allez, je te laisse, je vais prévenir tes parents que tu es revenu à toi.»
Sans me laisser le temps d'exiger des explications, l'interne disparut. À peine eut-il quitté la pièce qu'une brusque nausée me plia en deux, avivant encore davantage ma céphalée et me forçant à régurgiter un filet de bile brûlante dans un récipient inoxydable en forme de rognon que j'eus tout juste le temps d'attraper sur la table de chevet.
«Ça va mal, dis-je tout haut pour moi-même en retombant sur l'oreiller. Ça ne va pas bien du tout.»
Et, sans ménagement, tout me revint en mémoire. D'abord la fumée, puis le feu vu de la cour et, enfin, les raisons de ma présence dans cet hôpital. Qu'est-ce qui m'avait pris de vouloir jouer au héros?
«Eh bien alors!» lança Maman en passant la porte, avec un sourire léger que démentait l'inquiétude de son regard.
En pleine recherche de réconfort, j'eus un geste que je n'avais pas eu depuis des années, je tendis des bras qui réclamaient consolation.
«Éric! Tu nous as fait peur!»
Juste derrière elle, Papa, qui, puisque tout avait l'air de s'arranger, ne semblait pas comprendre ce brusque accès larmoyant de la part de son fils. Il afficha néanmoins son soulagement par un sourire discret.
«Tout va rentrer dans l'ordre maintenant», affirma-t-il comme pour couper court à des effusions jugées trop sensibles.
Je retrouvai vite le comportement de bon aloi qui depuis aussi loin que je me souvienne doit être de mise en toute circonstance.

«Oui, dis-je, tout va rentrer dans l'ordre.
— Comment te sens-tu? me demanda Maman.
— J'ai mal à la tête.
— Veux-tu qu'on te laisse? demanda mon père.
— Ça n'arrangera rien, je crois.»

Je posai la question qui me brûlait les lèvres:
«Y a-t-il eu des morts dans l'incendie?
— Un peu grâce à tes bêtises, seulement une personne», me renseigna Papa sans parvenir à dissimuler une note de fierté au fond de sa voix.

La chose n'échappa pas à Maman qui étira les lèvres en un fin sourire teinté d'humour à l'adresse de Papa.

«Pourquoi grâce à moi?
— Un de tes amis t'a vu repartir dans les escaliers lorsque tu as appris qu'il y avait des personnes bloquées par le feu, et ce sont tes cris qui ont attiré vers toi à la fois les pompiers et les personnes prises au piège. Seul le directeur de ta pension a péri, mais les pompiers soupçonnent que ce serait lui qui aurait mis le feu en fumant au lit, alors...
— Je ne me souviens pas avoir crié.»

Une peur viscérale s'installa en moi. Le frère directeur! Je reliai sa fin à ce qui s'était passé dans son bureau. Sans comprendre ni pourquoi ni comment, je me sentais coupable.

«Excusez-moi, bredouillai-je à mes parents, mais je crois que je vais essayer de dormir, j'ai trop mal à la tête.
— Tu es tout excusé, concéda mon père. Le mieux est que tu te reposes. Nous repasserons cet après-midi, tout ira mieux.»

J'eus encore une question avant qu'ils ne repassent la porte:
«Est-ce que l'école est fermée?
— Pour quelques jours seulement, me renseigna Papa avant d'ajouter, malicieux et ironique: rassure-toi.»

Je compris qu'il savait parfaitement que je détestais le pensionnat. Il devait avoir pour opinion que ce devait être un bon moyen de former le caractère des enfants que d'aller à contresens de leurs désirs.

«Je suis rassuré.»

Dans l'après-midi, Aligny et un autre, nommé Lecoq,

arrivèrent pour rendre visite à leur copain des mauvais coups. Je les aperçus soudain tendant, pince-sans-rire, leurs têtes superposées dépassant du panneau de la porte.

«Il est pas encore mort mais il est pas beau à voir, commenta Aligny à Lecoq comme si je ne pouvais l'entendre.

— Ouais, je donne pas cher de sa peau, poursuivit Lecoq sur le même ton doctoral.

— Il sera mort en brave. Un héros. Te rends-tu compte de la chance que nous avons eue de côtoyer un mec pareil. Nos petits-enfants ne voudront jamais croire que nous avons connu le Grand, le Brave, le Célèbre Éric Monagan.

— Si je meurs, leur répliquai-je alors sur le mode d'outre-tombe, je hanterai jusqu'à vos moments les plus intimes. Jamais plus vous ne pourrez aller voir les filles ou chier sans que je sois là. Vous serez impuissants et sans ressource devant les nanas les mieux roulées, torturés par une constipation qui vous fera des panses de Bouddha malgré les chiottes les plus somptueuses. Je vous tourmenterai jusqu'à ce que vous me demandiez grâce et portiez chaque jour, et pendant vingt ans, un cierge à ma mémoire. Voilà!»

Aligny et Lecoq se regardèrent d'un air faussement outragé.

«Prenant sur le temps de providentielles vacances, on vient rendre une visite amicale à cet enfoiré, fit le premier, et c'est comme ça qu'il nous en est reconnaissant. Te rends-tu compte de l'ingratitude du mec?»

À ce stade, nous éclatâmes tous franchement de rire et laissâmes libre cours au plaisir d'être réunis.

«C'est sympa d'être venus.»

Lecoq haussa les épaules.

«C'est surtout une belle occasion d'avoir quartier libre. T'aurais dû voir les yeux de petit ange que j'ai fait à ma mère pour lui expliquer qu'elle devait me laisser venir en ville voir mon meilleur copain, celui qui a risqué sa peau pour son prochain.»

Aligny fronça les sourcils et afficha un masque de reproche.

«C'est vrai ça! Veux-tu nous expliquer comment on peut

risquer sa vie pour des profs? Un dirlo en plus! C'est inconcevable, alors que nous on se décarcasse pour les faire disparaître prématurément.

— Je dirais même que c'est faire montre d'un esprit de faux-frère», poursuivit Lecoq.

Je me prêtai au jeu:

«Excusez, les gars, j'ignorais que c'était des profs. Avoir su, vous pensez bien que je serais resté dans la cour pour les regarder rôtir.»

Chacun affiche un sourire satisfait, plutôt fier de pouvoir faire montre d'un manque total d'émotivité, lequel sentiment ne pouvait être de mise entre gars dignes de cette appellation.

Les conversations qui n'avaient d'autre but que de s'assurer que l'on est du même avis se poursuivirent et, parce qu'il fallait bien l'être de temps en temps, Aligny se fit soudain véritablement sérieux.

«Ils enterrent le dirlo après-demain, dit-il. Il va y avoir du peuple: parents et élèves seront tous là.

— Ça va être chou comme tout! fit semblant de s'extasier Lecoq. Tu parles d'un cirque pour une tapette.»

J'eus l'impression que mon cœur avait des ratés. Depuis ce qui m'était arrivé, mine de rien, je m'étais informé auprès de ceux du secondaire et avais appris ce que tapette ou pédé voulait dire. Aligny marqua la surprise.

«Il en était aussi?

— C'est ce qui se dit...

— Qui te l'a dit?»

Lecoq haussa les épaules en signe d'ignorance.

«Un tas de mecs. Tiens! vous demanderez à Turpin. Ça a l'air qu'il est passé à la casserole pendant qu'il était à l'infirmerie.»

Aligny demeurait sceptique.

«Nous n'avons pas de preuve, dit-il sur un ton prudent, et j'aime pas parler des morts comme ça. Ce sont les affaires de saint Pierre à présent. (Il me fixa.) Qu'est-ce que tu en penses, toi?

— Il ne fera plus de mal où il est maintenant.

— Tu y crois, toi, que le dirlo était pédé?»

J'eus la nette impression que tout ce qui m'était arrivé devait se lire sur mon visage. Il me fallut faire un violent effort sur moi-même pour articuler convenablement:

«À part les saints et encore, les frères doivent tous en être plus ou moins. Moi, j'ai jamais compris comment un homme normalement constitué pouvait choisir de passer sa vie avec des garçons plutôt qu'avec une femme. C'est pas naturel à moins, bien sûr, d'être un saint.

— Et les saints sont plutôt rares de nos jours!» s'exclama Lecoq.

La conversation dévia sur les saints qui peuplent tous les siècles sauf celui-ci, puis sur les grands auteurs et les grands musiciens dont la grandeur, elle aussi, se mesure avec le recul du temps.

«Tout ça, c'est des conneries, fit Aligny. Si Bach vivait aujourd'hui, il jouerait de la guitare et laisserait les orgues et le clavecin au grenier. Ce serait un yé-yé, c'est sûr!

— Moi j'aime assez le classique», fis-je en cherchant à détourner définitivement la conversation.

Lecoq mima un haut-le-cœur.

«C'est certain que la fumée lui a endommagé des cellules, lança-t-il à l'intention d'Aligny qui répliqua par une grimace mutine avant de lancer, hilare:

— Du classique! Il est troublé par la disparition du dirlo, le mec.

— Merde! Vous me faites chier! Vous comprenez rien, foutez le camp!»

Surpris, Aligny et Lecoq m'observaient sans comprendre. Trop tard, je réalisai au milieu de ma colère en train de retomber que mon excès verbal avait allumé un doute chez mes camarades. Je tentai de me reprendre:

«Je vous ai eus, hein? Vous vous êtes fait prendre.

— Ouais...

— Ouais...»

Nous nous observâmes, embarrassés.

«Bon, dit Aligny; on va y aller si on veut avoir le temps d'aller aux *Galeries* avant de reprendre le train.

— Ouais, continua Lecoq. On va aller voir les nouveaux disques. Et les nanas.

— Oui! les nanas aussi, approuva Aligny.
— Chanceux!» leur lançai-je.
Nous nous saluâmes de la main, puis ils se retirèrent sans avoir recours à la cohorte de farces qui aurait dû normalement précéder la séparation. Chacun avec le sentiment d'une perte stupide mais obligatoire.

13

Ce fut lors des vacances de Pâques de cette année-là que je vis Mamie se fâcher, puis le regretter.
Pour se rapprocher de nous durant ces vacances, elle avait loué une petite maison à Fécamp et engagé une jeune fille pour s'occuper de Mélissande, de moi et du ménage. Peu après le dimanche pascal, ayant appris que l'on projetait *Les dix commandements* dans le petit cinéma à caractère éducatif jouxtant l'orphelinat, ma grand-mère demanda à Danielle (alors familièrement appelée «la bonne») de nous y conduire pour la représentation de quinze heures. Partis de chez mes grand-parents dans cette optique, il n'était nullement prévu qu'en passant devant le *Rex* nous verrions, comme c'était encore la coutume de les afficher, les photos du *Salaire de la peur*.
«J'aimerais mieux voir ce film-là, déclara ma sœur.
— Moi aussi, ajoutai-je.
— C'est vrai que ça a l'air bien...» opina Danielle.
Je la revois encore en train de regarder les photos en se rognant un ongle, l'air pensif. Juste à la voir je savais qu'il ne faudrait pas grand-chose pour l'inciter à opter pour ce cinéma.
«*Les dix commandements*, on pourra toujours le revoir... commençai-je.
— Et ça doit être un peu barbant, continua Mélissande.
— Vous voulez voir ce film-là? demanda Danielle qui semblait vraiment aussi désireuse que nous d'entrer. Qu'est-ce que dirait votre grand-mère?
— Elle serait contente que nous soyons contents, argumentai-je avec logique.
— Oui, renchérit Mélissande, et puis le film avec Moïse, Mamie nous envoie le voir juste parce qu'elle croit qu'on aimerait ça. C'est vrai qu'on l'aimerait bien, mais pas autant que celui-là.

— Bon... si c'est comme vous dites, si vous êtes certains que votre Mamie ne sera pas fâchée...»

C'est ainsi qu'un eskimo Miko à la main, un sac de bonbons Kréma coincé entre les cuisses, ma sœur et moi nous retrouvâmes de part et d'autre de Danielle pour suivre l'odyssée de deux camions chargés de nitroglycérine quelque part au Venezuela. D'abord, avant que les camions ne partent, ça nous a paru un peu long. Mais après! Danielle était encore plus prise que nous par le suspense, je sens encore ses doigts s'agripper à mes genoux. J'aimais ça.

À la fin du film, deux scènes m'avaient particulièrement marqué: celle où Charles Vanel se fait écraser la jambe alors qu'il est dans la mare de pétrole, et, bien sûr, la dernière image, celle où l'on aperçoit le billet de métro désormais inutile dans la paume d'Yves Montand. Évidemment ce n'était pas encourageant, mais pourtant j'avais humé le parfum épicé de l'aventure virile. J'en voulais encore. Tellement que le projet de devenir commandant de navire s'estompa au profit d'un autre qui me voyait en aventurier sans peur parcourant les régions sauvages du globe. J'ignorais encore que ce n'était pas une profession.

Mais l'aventure tourna court pour Danielle. En rentrant, plutôt que de dissimuler, comme après mûre réflexion nous le lui avions conseillé sur le chemin du retour, elle rapporta sans hésiter à Mamie le changement de programme. Je n'ai toujours pas compris pourquoi ma grand-mère se fâcha ainsi. À tel point que dans un mouvement un peu théâtral elle invita Danielle à faire sa valise:

«Mademoiselle, vous n'avez plus rien à faire ici!

— C'est de ma faute, essayai-je de l'amadouer. C'est moi qui ai dit à Danielle que ça ne te ferait rien si on allait voir l'autre film...»

Mamie secoua la tête avec intransigeance.

«Quand je donne des instructions à mes employés, j'entends à ce qu'elles soient respectées. Jamais je ne vous aurais autorisés à aller voir ce film.

— Mais pourquoi? demandai-je. Il n'y avait rien de mal...

— Tu es trop jeune pour comprendre. Mais Danielle, elle, devait savoir.»

En fait je comprenais fort bien ce qu'exprimait ma grand-mère: elle était courroucée à l'idée que notre innocence d'enfant ait put être mise à mal. Les adultes redoutent cette perspective non pas tant pour l'innocence elle-même, mais de crainte de se retrouver sur le même pied que leurs jeunes et perdre ainsi une partie de leur pouvoir. À voir l'expression de Danielle, je devais même comprendre mieux qu'elle ne le faisait. Impossible cependant d'expliquer cela à ma grand-mère; elle n'aurait pas voulu l'admettre.

Sur le pas de la porte, j'ai regardé s'éloigner Danielle qui portait sa petite valise brune en carton. Ça me faisait mal et j'en voulais à ma grand-mère; je ne comprenais pas que l'on puisse être aussi intransigeant à l'endroit d'une personne qui, au plus, n'avait fait qu'une erreur. Seule la méchanceté à mon avis aurait pu mériter un tel châtiment. C'est ce dont je fis part le soir à table en m'adressant directement à Papi qui, depuis le départ de Danielle, s'il n'avait rien dit, n'en paraissait pas moins préoccupé:

«Elle n'était pas méchante, la bonne; elle a juste voulu nous faire plaisir. C'est pas tout le monde qui peut comprendre ce qui est bien ou non pour notre âge...»

Papi hocha gravement la tête, plongea machinalement un morceau de pain dans sa soupe puis regarda fixement Mamie. Ils eurent un signe d'assentiment commun.

«C'est bon, dit-il, j'irai la rechercher demain.»

C'est ainsi que de bonne heure le lendemain matin je montai dans la *Transfluide* à côté de Papi, direction Allouville.

Sur le plateau cauchois, des nappes de brouillard couraient au-dessus des champs, s'accrochaient comme des lambeaux de gaze dans les arbres des hameaux, stagnaient comme un mystère sur la route en bas des côtes. Par la vitre légèrement entrouverte, pour laisser s'échapper les volutes âcres du *Caporal* de Papi, s'engouffrait l'odeur capiteuse de la terre lourde et riche du pays de Caux, celle de l'herbe grasse étincelante de rosée, celle de l'asphalte mouillé, celle de l'écorce humide des platanes qui bordaient la chaussée comme une haie d'honneur. Cette conjugaison d'odeurs était mienne, ce pays était mien. Le calcium de ses falaises avait fait mes os, l'oxygène qu'exhalaient ses plantes nourrissait chacune de mes cellules; j'étais chez moi et j'étais bien. Et peut-être au fond est-ce cela qu'on doit appeler son pays; non pas une patrie, un drapeau, un peuple ou une allégeance, mais le lieu vaguement circonscrit où virtuellement l'on se reconnaît, celui qui le premier a alimenté notre chair.

Le Plateau! Plat, vert, brun, gris et bleu, il est sévère et prospère. Ce matin-là, je le vis sans fard; un pays qui plaît à ceux qui aiment mordre leur propre existence pour ensuite en chérir la blessure à l'abri de leurs contemporains, derrière le rempart d'un individualisme pétri d'orgueil.

À Allouville, nous empruntâmes une toute petite route coupant à travers des bocages dignes de figurer sur des cartes postales. Chaumières véritables dont le caractère authentique ne pourra jamais être singé par des citadins en mal de racines. Étangs à canards dont les eaux douteuses semblent cacher quelque sombre secret, paysans au teint vivifié par un vent venu du large, à la démarche pesante d'une terre généreuse, et au sempiternel regard évaluateur envers l'étranger soupçonné de venir chambouler l'ordre des choses.

Au fond d'une cour boueuse où se dandinaient des volailles, la chaumière des parents de Danielle ne payait pas de mine. Le chaume avait besoin d'être remplacé et le mortier ocre allait en s'effritant entre les colombages. Papi arrêta la voiture juste devant la porte, mais personne ne s'y montra, pas davantage aux petites fenêtres. Papi descendit, cogna à la porte, demanda tout haut s'il y avait quelqu'un, sans réponse. Pour ma part, amusé par sa démarche, je suivis un canard qui longeait la façade. La dernière fenêtre était ouverte à l'espagnolette et c'est par cette ouverture que j'entendis un appel étouffé. J'en prévins mon grand-père. Intrigué il colla son oreille contre le battant de la porte puis eut un signe affirmatif.

«Qu'est-ce qui se passe là-dedans? soliloqua-t-il sur un ton perplexe avant de lancer un haut et fort: Y a quelqu'un?

— Je suis là», entendis-je comme de très loin, mais en reconnaissant toutefois la voix de Danielle.

Sourcils froncés, Papi me regarda, haussa les épaules – sans doute pour faire taire une voix lui enjoignant de ne pas violer le domicile d'autrui – et tourna la poignée de porte, mais sans succès, la serrure était fermée. Il s'approcha de la fenêtre où je me tenais.

«Danielle? demanda-t-il. Vous êtes là? La porte est fermée à clef...

— Je suis enfermée, Monsieur... dans le placard.

— Recule-toi», m'ordonna aussitôt mon grand-père qui, à présent, semblait très déterminé.

Ahuri, je le vis enrouler son cache-nez autour de sa main, fracasser la vitre de la fenêtre, actionner la poignée à crémaillère et enjamber le rebord pour passer à l'intérieur. J'attendis quelques secondes (je ne voulais pas qu'il me dise non) puis le suivis. À première vue, je devais me trouver dans la chambre des parents. Même si je ne m'y suis pas attardé, je me rappelle toujours la mélancolie qui me gagna à la vue de cette pièce qui, comme le reste de la maison, avait un sol de terre battue. Les murs étaient tapissés d'un papier jauni, les meubles grossiers, en bois très foncé. Face au lit, dans un cadre ovale, la photographie brunie d'une grand-mère à la mine rébarbative. Sur la commode juste en dessous, une pendule dont j'entends encore le tic tac s'égrener comme la mesure inexorable du temps qui s'écoule vers un néant attendu.

Je rejoignis Papi dans la cuisine en train de débarrer une porte. La stupéfaction bouleversa son visage lorsqu'il l'ouvrit.

«Sacré bon sang! Mais que vous est-il arrivé, ma pauvre fille?»

Avant qu'elle ne réponde, je la découvris à mon tour et compris le pourquoi des jurons, inhabituels dans la bouche de mon grand-père. Son visage avait la même teinte que les fesses que Nathan et moi avions si outrageusement affichées à Saint-Aubin. Mais je comprenais trop bien qu'elle ne s'était pas infligé cela par simple curiosité. La figure tordue du monde que l'on voulait m'épargner en cherchant à me soustraire à des *Salaire de la peur* fit irruption dans ma perception du quotidien lorsqu'elle expliqua à Papi:

«Mon père n'était pas content que je sois renvoyée...»

Comme plus tard, lorsque je découvrirai en feuilletant *Paris Match* tout un champ de têtes tranchées par les soins des partisans de Tchang Kaï-chek, puis dans des livres de l'abbé à JB, les fours d'Auschwitz en action, et enfin, à partir du 22 novembre 1963, le lot quotidien des exactions de l'inhumanité, j'eus la nausée pour la première fois sans que ma gourmandise n'y soit pour quelque chose.

Nous nous regardions toujours, Papi et moi, sans vouloir croire à ce que nous voyions, lorsque la porte d'entrée s'ouvrit sur les parents. Aucun des deux n'avait l'air d'un monstre. Je ne comprenais pas.

«Qu'est-ce que vous faites chez moi? s'écria le père, les yeux luisants de crainte. Comment que vous êtes entrés?

— Par la fenêtre, répondit froidement Papi, et à présent nous allons ressortir par la porte et Danielle nous accompagnera...

— C'est ce qu'on va voir!»

La mère avait un fichu à carreaux sur la tête, elle s'était légèrement reculée dans un coin. Je la vis se tordre les mains l'une contre l'autre. J'aurais voulu que son regard exprime le désarroi, mais il n'exprimait que de la peur.

«Qu'allez-vous voir? demanda Papi à son mari.

— Danielle restera ici...

— Dans ce cas, je n'aurai d'autre choix que d'aller déposer au commissariat de police...»

Papi avait visé juste, le père baissa la tête puis chercha à se justifier.

«C'est une bonne à rien, la preuve, vous l'avez renvoyée. Il y a rien à faire avec elle, elle est juste bonne à courir les blousons noirs qui fréquentent les bistros.»

Dans un geste qui lui était habituel, mon grand-père souleva son Borsalino et salua les parents.

«Madame, monsieur... Je crois que nous n'avons plus rien à nous dire.»

C'est ainsi que nous sortîmes et que Danielle entra au service de mes grands-parents jusqu'à ce qu'elle épouse le projectionniste du *Rex* et devienne ouvreuse dans le même cinéma.

Durant la même période, Youri Gagarine fit l'incursion que l'on sait hors de notre planète. Nombreux s'écrièrent au gâchis monétaire, plusieurs s'émerveillèrent de la prouesse technique, certains firent remarquer que les Soviétiques venaient de prendre de l'avance sur les Américains, d'autres encore que ce devait être du cinéma. Pour ma part, cela m'amena à la lecture d'un gros livre relié noir où Camille Flammarion traitait de l'univers. Je ne sais comment ce livre avait abouti chez ma grand-mère (elle ne s'intéressait absolument pas aux secrets physiques de l'univers), toujours est-il que le hasard voulut que je le découvre le lendemain ou surlendemain de l'exploit du premier cosmonaute. Stupéfait, fasciné, j'y appris ce qu'était une année-lumière, les distances difficilement concevables séparant les étoiles, la probabilité qu'il y ait des milliards de planètes dans l'univers, de quoi étaient faits les astres, que les éléments de ma personne n'avaient d'autre origine que le foyer de soleils éteints; tout ceci se révéla à moi comme un véritable conte de fées d'autant plus extraordinaire que c'était un scientifique (donc quelqu'un de sérieux et crédible selon ce qu'on m'avait appris) qui me l'affirmait. L'univers était là qui nous attendait, des multitudes de planètes à coloniser, d'innombrables conquêtes spatiales en perspective – des westerns galactiques; un potentiel d'aventures inépuisable. N'était-ce pas merveilleux! Comment des grincheux pouvaient-ils s'offusquer de l'argent «gaspillé»? Pourquoi tout le monde ne s'unissait-il pas pour travailler à cette épopée perpétuelle? Allant plus loin, j'appris que notre soleil un jour s'éteindra à son tour, dans très longtemps il est vrai, mais cela arrivera inévitablement, il fallait donc tout de suite commencer à essaimer l'univers si l'humanité voulait survivre.

Il ne m'en fallut pas davantage, je ne voulais plus devenir commandant dans la marine, ni simple aventurier des tropiques; non, je vivrais l'aventure en tant que «pilote de fusées».

Le soir, avant d'aller me coucher, je sortis dans le petit jardin clos en arrière de la maison. L'air était frais, les feuilles noires d'un magnolia se découpaient sur l'encre de l'espace où je fixais les étoiles comme je ne l'avais encore jamais fait. Les simples éclats lumineux étaient devenus les phares de mondes étranges. Puis soudain toute cette immensité froide me fit peur, quelque chose de trop vaste pour ce que je suis chercha à s'insinuer en mon esprit; je sentis m'effleurer le souffle d'une connaissance paralysante, d'une liberté que je n'étais pas en mesure d'assumer. Frissonnant de crainte, mais aussi d'un bonheur tout à fait nouveau (et de la crainte de celui-ci), je rentrai dans l'exiguïté rassurante et dorée du salon où, tirant rêveusement sur sa pipe, Papi paraissait écouter un concert à la T.S.F. Mais là encore quelque chose était différent; était-ce à cause du chœur à la radio qui, dans la musique sacrée, allait chercher des ondes me laissant un goût de sel sur la langue et des frissons sur les joues? Mes genoux me semblaient appartenir à un autre, posées à plat sur mes cuisses mes mains étaient trop petites, et les motifs compliqués du tapis Chiraz cherchaient visiblement à me révéler une vérité. Soudain, contre toute attente, j'y vis une fille presque femme, je rencontrai son regard bleu-violet et tout s'effaça, me laissant un tel besoin de pleurer que je m'empressai de dire bonsoir et allai me réfugier sous les draps de mon lit pour m'abandonner à d'étranges sanglots.

14

Mercredi, le 31 mai 1961. J'avais douze ans en m'éveillant ce matin-là, et j'étais surexcité car ma grand-mère m'avait promis une bonne surprise. J'avais confiance en Mamie, mais me demandais bien ce que pourrait être la surprise. Entre les murs de JB, j'imaginais difficilement un événement heureux.

Je m'attendais à tout (dans le style nouvelle paire de patins à roulettes ou poste transistor), mais, lorsque peu avant l'appel en classe, on me fit demander au parloir, j'étais loin de me douter que Mamie m'y attendrait. Encore moins qu'elle se serait entendue avec le nouveau frère directeur pour m'emmener.

Un peu plus de joie et c'eût été pour moi la mort lorsque je montais dans la *Transfluide* tandis que la cloche appelait les autres pour la classe.

«Voilà le programme, m'expliqua Mamie; d'abord on va à Versailles visiter le château, ensuite Paris, la tour Eiffel, l'arc de triomphe et l'obélisque de la Concorde, dîner dans un grand restaurant et enfin théâtre, ton papi a réservé des places à Mogador.»

Quitter JB en pleine semaine de classe était déjà fabuleux en soi, aller visiter les monuments qui sont à la France ce que les boules sont au sapin de Noël ne faisait que donner du relief au rêve que j'étais en train de vivre. Seule petite ombre au tableau, j'imaginais qu'il allait falloir revenir tard le soir.

«Je vais rentrer quand les autres vont être couchés?

— Non, non, me répondit Mamie en secouant la tête et en souriant comme on le fait lorsqu'on a plaisir à annoncer une bonne nouvelle, tu ne reviendras que lundi. D'ici là, nous irons dans la maison de Papi à Vers-le-Grand.

— Lundi!»

Nous étions le mercredi, le lundi en question me paraissait très loin dans les dédales du temps. Sans compter l'occasion de voir enfin la fameuse maison de Papi dont j'avais si souvent entendu parler. Tout cela était vraiment beaucoup pour une seule journée.

J'ignorais que ce serait encore plus fantastique.

Pour tout dire, Versailles me déçut un peu. Bien sûr je fus étonné par la taille des lieux ainsi que par l'abondance de fioritures dorées, mais je trouvais en fin de compte que ce château manquait de magie, de mystère et même, curieusement, de grandeur. Devoir choisir, je lui aurais nettement préféré les ruines austères de Quéribus.

Plus que la chambre du roi, que la galerie des Glaces ou que le petit Trianon, je garde davantage en mémoire les escalopes de veau à la viennoise commandées au restaurant *Le Londres*, situé à quelques minutes des écuries du roi. Je ne sais si c'est un trait de caractère qu'il importe de prendre en considération, mais, oui, je dois l'avouer: la sauce crème aux trompettes de la mort et aux petits lardons m'a laissé plus de souvenirs que le château du Roi Soleil. Cependant, de crainte de la décevoir, je me gardai bien de faire part de mes impressions à Mamie pour qui Louis XIV et son règne représentaient ce qu'il pouvait y avoir de plus évolué en ce bas monde. Cela dit, à voir les palais élevés de nos jours à la gloire des transactions financières, je me demande si finalement il ne vaut pas mieux les construire pour le plaisir d'un souverain et la gloire de son peuple.

«La démocratie! La démocratie! s'exclamait parfois ma grand-mère comme elle le fit au *Londres* ce jour-là. Comme si le peuple pouvait savoir ce qui lui convient...

— Si le peuple se trompe, lui répondait alors invariablement Papi, il subira les conséquences de ses choix.»

À cela Mamie répliquait:

«Le problème n'est pas là, et tu le sais bien, mon pauvre Dominique; un président n'a pas le pouvoir de faire ce qui doit être fait. Le roi travaille pour la grandeur, un président pour les prochaines élections.

— À moins que ce ne soit un bon président ou un mauvais roi, ma pauvre Léontine...»

Je retenais de tout cela que, puisque l'une ou l'autre

pouvait être imparfaite, monarchie ou république n'était pas le fond du débat; trop jeune (ou trop idéaliste si ce n'est synonyme) pour me contenter d'un pis-aller, il me fallait un point de vue radical, un système dans lequel je ne verrais (ou ne voudrais voir) aucune faille.

Tel que promis, presque au pas de charge, nous grimpâmes dans la tour Eiffel. Au deuxième étage, un brusque coup de vent s'engouffra sous la robe à pois trop légère d'une femme dans la cinquantaine et la lui releva jusqu'au cou, dévoilant jarretières, petite culotte satinée et une lisière de ventre à la chair blanche qui m'impressionna davantage que l'ascenseur vitré dans lequel Mamie avait fermé les yeux et soupiré qu'il fallait vraiment qu'elle m'aime pour m'accompagner «là-dedans». Au troisième étage, ce fut la taille du monde en bas qui m'étonna. Pour la première fois, je réalisais que la distance physique agit directement sur l'importance que nous pouvons accorder aux autres. Quelle honnête personne pourrait tranquillement aller se coucher alors que des enfants seraient en train de mourir de faim dans son jardin, c'est pourtant ce qui se produit à la télévision. Trois cents mètres plus haut, je m'étonnais du regard presque entomologiste – et grisant! – que je portais sur les badauds-fourmis du Champ-de-Mars.

Colossale, la masse monolithique de l'arc de triomphe pour un seul soldat inconnu m'émut. Je me répétais que tout cela était particulièrement stupide, mais néanmoins je me plaisais presque à imaginer qu'un jour, comme n'importe quel autre enfant de la Patrie, je pourrais être le Soldat inconnu. Je voyais de la noblesse à marcher bravement au combat dans l'ombre de Samothrace puis, touché, le fracas des armes s'altérant dans mes oreilles, le regard plongé dans l'azur léger, verser le fluide vermeil de ma vie dans la terre nourricière de mon pays. Je me demande même si toute cette représentation ne m'arracha pas une larme, comme parfois l'on en voit briller au coin de l'œil de ces anciens combattants portant croix de bravoure, drapeaux à franges dorées et bérets basques le jour du 11 novembre, lorsque le tambour roule dans la vallée des morts.

Beaucoup d'émotions donc en ce jour faste, mais rien

qui puisse se comparer avec ce qui se produisit bien fortuitement en début de soirée. Peut-être pour humer un peu l'air du pouvoir, mes grand-parents et moi marchions le long du mur dissimulant la cour de l'Élysée. Passant devant le portail, un officier de la garde nous intima péremptoirement de circuler. Je ne compris pas que l'on s'adresse ainsi à mes grands-parents; après tout, nous étions en république! Liberté, égalité, fraternité. Au lieu d'obtempérer, je m'arrêtai tout net sur place. Je n'étais pas sorti de JB pour m'en laisser imposer par des Josephaillons.

«Éric! Qu'est-ce que tu fais, demanda Mamie, tu n'as pas entendu l'agent?»

Je n'eus pas le temps de lui répondre. De l'autre côté de la cour, je vis apparaître le visage de celui dont le journal qui traînait sur le bureau du frère directeur avait annoncé l'élection à la présidence des États-Unis. Qu'est-ce qui m'a pris? Surprenant les gardes, je courus en direction du président en criant:

«Je vous connais! Je vous connais, Monsieur le président!»

Cependant je n'arrivai pas jusqu'à lui; à moins de deux mètres, un costaud en civil m'attrapa au vol. Il s'apprêtait à me rendre aux gardes en uniforme lorsque, visiblement plein de mansuétude à mon égard, le président s'approcha et me dit quelques mots que je ne compris pas. Parce qu'elle parlait un peu l'anglais, je me tournai dans la direction de Mamie qui, restée sur le trottoir, m'appelait de toutes ses forces. Un mot du président, quelques signes et mes grand-parents furent invités à venir me rejoindre. S'approchant, Mamie semblait presque commotionnée, et lorsque le président s'adressa à elle, je crois que si elle avait assisté à une apparition céleste elle n'aurait pas eu l'air plus transfiguré. Nettement, Louis XIV était momentanément relégué aux communs.

«Le président demande pourquoi tu as couru comme ça vers lui? me traduisit-elle en tenant la paume de sa main sur sa poitrine.

— Parce que c'est le plus grand homme!» dis-je sans ménager mon éloge pour l'excellente raison que je le pensais réellement.

Mamie lui répéta ma réponse, ce qui le fit sourire encore davantage et interpeller son épouse qui nous regardait, elle aussi avec le sourire, debout près d'une impressionnante voiture noire. Elle s'approcha à son tour, cependant que, rictus timoré aux lèvres, les officiels semblaient s'interroger sur la façon de nous ôter du décor. Rien à faire, entre moi et le président le dialogue se poursuivit par l'intermédiaire de ma grand-mère:

«Le président demande ce qui te fait dire qu'il est le plus grand homme?

— C'est celui que l'Amérique a choisi, et puis ça se voit...»

Comme je le pouvais, j'exprimais ce que je ressentais en présence de cet homme qui, je l'assure, n'aurait pas eu besoin de mourir assassiné pour devenir une légende.

Ils parlèrent un peu, ma grand-mère fit plusieurs fois oui de la tête puis se tourna de nouveau vers moi:

«Te rends-tu compte, Éric, le président t'offre de l'accompagner dans sa voiture?

— Moi!»

Je crois que j'étais trop heureux pour parvenir à dire oui. Jackie Kennedy me prit par la main et me conduisit à la limousine. Avant que je ne réalise pleinement ce qui m'arrivait, je me retrouvai sur la banquette arrière, entre le président des États-Unis et la première dame. Je ne savais quoi dire, bafouillais que mon grand-père était américain, que j'étais né en France par accident et qu'un jour je retournerais dans mon vrai pays: l'Amérique.

À travers les vitres teintées, je me souviens avoir aperçu la place de la Concorde, mais Paris me paraissait très loin. Comme dans un rêve (un vrai), tout se passait trop vite et semblait manquer de consistance. Comme dans un rêve, l'histoire se termina abruptement. Après des mots que j'entends encore (en français le président m'invita à venir les voir lorsqu'un jour j'irais en Amérique), je me suis retrouvé sans trop savoir pourquoi devant le tambour d'un grand hôtel où je fus confié à un inconnu en civil, le temps que mes grands-parents arrivent. Entre mes doigts, je tenais une grosse douille de cuivre donnée par le président lui-même. Lorsqu'à son invitation je lui avais naïvement répondu qu'il ne se souviendrait certainement plus de moi, il a sorti l'objet de sa poche et m'a fait comprendre que je n'aurais qu'à le lui remettre lorsque j'irais en Amérique. Il avait machinalement ramassé cette douille de mitrailleuse sur le pont du patrouilleur 109, un peu avant que celui-ci ne fût coulé. L'ayant gardée dans sa poche, ce fut le seul souvenir qu'il avait pu en ramener.

Cette douille reste la preuve tangible d'un serment que je n'ai pas voulu rompre: l'Amérique est ma patrie. Une patrie pour laquelle je veux bien être le Soldat inconnu.

À partir de ce jour, ma folie n'a cessé de croître. Un continent est devenu ma raison d'être, ma passion, mon but. Par lui tout me serait donné ou retiré.

Il était trop tard pour aller à Mogador (après ce que je venais de vivre, je m'en fichais), mais comme cela avait été prévu, nous mangeâmes à *La Tour d'Argent*, où ma grand-mère rêvait de s'asseoir depuis qu'elle avait entendu dire que c'était l'endroit où se retrouvaient les «têtes couronnées». Sûrement étais-je encore trop jeune pour que mon palais saisisse toute la subtilité de ce qui nous fut servi, toujours est-il que, ironiquement, alors que je me rappelle les plats du *Londres* à Versailles, impossible de me souvenir de ce que j'ai pu avaler ce soir-là. Mais ça devait être bon, car Papi, qui était un émule d'Escoffier, ne cessa de pousser des «hum!» extasiés en fermant à demi les paupières comme pour mieux se concentrer sur le message que lui envoyaient ses papilles gustatives.

Il me reste le ruissellement mordoré des lumières sur les couverts, les cloches et le couvercle bombé des tables chaudes. Il me reste les conversations feutrées, presque félines, s'entremêlant dans les volutes bleutées du tabac turc. Il me reste le son clair du cristal où s'alanguit moelleusement le jus pourpre de la vigne, comme tache luxurieuse sur la blancheur immaculée des nappes. Et puis en sortant, repu, l'onde obsidienne de la Seine électrisée d'or et charriant sans bruit vers la mer les intimités profanées qui suintent des murailles fenêtrées de l'île Saint-Louis, aussi le poids du temps que retient la grande prière de pierre.

À moins d'une heure du cœur de la cité, dernière construction d'un village couleur ciment, avant l'étendue herbeuse d'un pâturage, la demeure ancestrale de Papi portait en toutes ses pièces les stigmates des voyages africains de son père. Arrivé de nuit, je ne pus tout de suite en mesurer l'ampleur. Toutefois, après le grincement de la grille d'entrée, après le frisson éprouvé au contact de cette humidité froide qui envahit les maisons inhabitées, lorsque je découvris ma chambre, que l'on appelait la chambre turquoise en opposition à la chambre abricot qu'occuperaient mes grands-parents, je sus que ma première nuit en cet endroit risquait d'être agitée. En effet, enfoui sous un énorme édredon satiné bleu, les pieds au chaud sur une bouillotte, je me trouvais vraiment seul au centre de l'immense lit-bateau de bois noir, n'arrivant pas à me décider à prendre la poire d'ébonite qui pendait à la tête du lit pour éteindre le lustre; j'appréhendais de me retrouver dans l'obscurité avec les masques africains qui, accrochés au mur, n'exprimaient rien de bien sympathique, et surtout, encadrant le lit, presque aussi hauts que moi, avec les deux personnages au crâne de bois poli et luisant, vêtus chacun d'une longue tunique congolaise couleur paprika. Sans parler de la «négresse» d'ivoire aux seins anormalement pointus qui m'observait depuis la tablette en marbre de la cheminée. Sur l'air de Westminster, j'entendis sonner une heure au carillon que mon grand-père avait remonté en arrivant. Sans compter l'énervement résultant de ma rencontre avec John Fitzgerald Kennedy, impossible de me faire à l'idée de m'endormir au milieu de ces masques et figurines que je n'étais pas loin de considérer comme des entités aptes à influencer sinon les événements tout au moins le cours de mes pensées. Je me demandais même si un quelconque sorcier, là-bas dans la jungle africaine, ne les avait conçus pour véhiculer je ne sais quel sort jusqu'à moi. Je me levai et allai voir quels genres de livres étaient alignés sur la tablette de part et d'autre de la «négresse». À coup sûr, il n'avait pas été prévu que cette chambre serve à un enfant; entre divers ouvrages reliés consacrés principalement aux grands explorateurs, je découvris un petit livre noir écrit par Restif de La Bretonne. Si ce livre n'avait été agrémenté de dessins à l'encre de Chine, certainement ne m'y serais-je pas davantage attardé, mais lorsque le feuilletant je tombai sur des images représentant femmes et hommes en diverses situations équivoques, il alla de soi que je poursuive plus consciencieusement cette exploration. Les dessins dépassaient, et de loin, mon imagination, quant au texte... Avant que deux heures ne sonnent, écœuré – je crois que c'est le mot qui convient –, j'avais jeté le livre à travers la chambre. Du sexe, je ne connaissais que l'amour comme je l'avais rencontré dans les westerns, et – l'ayant écarté de ma mémoire – la dépravation du frère directeur. Souvent aussi il m'arrivait d'essayer d'imaginer ce que cela devait être de se retrouver couché avec une fille que l'on aime bien, comme j'avais aimé Eulalie; une communion des cœurs facilitée par l'intimité physique. Mais ce que je venais de lire n'avait rien à voir avec l'amour tel que je le concevais, le seul adjectif qui me venait à l'esprit était: sale.

Cela n'empêchait pas que le livre noir avait aiguillonné ma chair. Lorsque le carillon sonna trois heures, j'éprouvais un besoin irrésistible de me gratter le sexe. Je dis gratter, car cette nuit-là, c'est à peu près la sensation que j'avais. Quelque chose me démangeait et il fallait que j'en vienne à bout. L'aboutissement de cette activité me surprit par son ampleur et me fit peur. N'osant regarder sous les couvertures, très nettement, j'avais la conviction de m'être abîmé, d'avoir rompu quelque chose. Je ne comprenais pas du tout ce qui venait de m'arriver. Peut-être en était-ce trop pour une seule journée, préférant l'oubli à l'idée de m'être pour ainsi dire châtré, je m'endormis enfin.

Rien à l'extérieur n'aurait pu le laisser supposer, c'était une maison extraordinaire. Lorsque je m'éveillai dans un trait blanc de soleil filtré par les persiennes, sans que rien de précis ne vienne me l'affirmer, je le compris immédiatement. Une odeur de croissants et de Banania se faufilait jusque dans la chambre, les masques et statues d'Afrique semblaient à présent en complète harmonie avec moi – des vieux amis! Je sautai du lit, enfilai des mules de cuir et, guidé par les odeurs appétissantes, descendis l'escalier tout étonné de me sentir chez moi dans cette maison inconnue. En tablier bleu, petit chignon gris, courte et forte, une femme se trouvait dans la cuisine. Elle m'appela «Monsieur» (ce qui n'était pas pour me déplaire), m'apprit que c'était elle qui s'occupait de la maison et de la «popote» lorsque «Monsieur et Madame» étaient là. Suite à cette présentation elle m'invita à passer à la salle à manger où elle m'apporterait mon petit déjeuner.

«Et prenez les patins pour marcher dans la salle!»

J'appris ainsi que c'était une loi en cette maison de ne circuler dans cette superbe pièce que les pieds posés sur des patins de feutre. Je compris pourquoi en y entrant. Grâce à deux très larges portes vitrées, la salle à manger s'ouvrait généreusement sur la fantastique roseraie extérieure qui faisait l'orgueil de mon grand-père, aussi, pour protéger le parquet aux reflets de miel des gravillons qui auraient pu rester accrochés sous les souliers, résidants et convives se devaient d'y glisser sur des patins. Je me souviens de ce détail anodin, car le lendemain mes grand-parents reçurent un couple de vagues connaissances qui, au cours du repas, s'employa à ridiculiser les Algériens. Alors que l'homme s'était toujours présenté à mes grand-parents comme «administrateur» aux colonies, nous apprîmes au dessert qu'en fait il administrait les «Renseignements» à Alger. Sans rien connaître de l'Algérie, des colonies ou des «Renseignements», je détestais ce couple. Du reste, depuis le début du repas, je ne comprenais pas pourquoi mes grand-parents avaient invité ces deux «gueules de raie», comme les qualifierait ultérieurement Mamie. Entre le café et le calvados, l'homme s'absenta pour aller aux lavabos. Lorsqu'il revint, juste avant qu'il ne s'assoie, sans réfléchir, du bout du pied, je reculai subrepticement sa chaise. Le «Gestapo» ne s'en aperçut pas à temps comme je l'avais préalablement supposé et il tomba. Mais pas sur son postérieur; emporté par les patins sur le parquet ciré, il s'étendit de tout son long, entraînant avec fracas, dans un geste de rétablissement bien inutile, la nappe et tout ce qui s'y trouvait. À en juger de ses grimaces, il se fit mal. Et même nous sûmes plus tard qu'il s'était fracturé ou démis une vertèbre et avait dû porter un collier cervical. Cet incident condamna ce qui s'annonçait comme un ennuyeux après-midi de salon.

Parlant du salon, un mot à son propos. Longue pièce tapissée d'or aux tentures de satin fuchsia, lui aussi s'ouvrait sur la roseraie, où l'on pouvait circuler à travers de petites allées de gravier blanc. Dans un coin, noir et brillant, un grand piano à queue Steinway. Sur un guéridon Louis XV, un grand vase de baccarat contenait une gerbe de blé en verre où se miroitait la lumière. Le dernier jour, il faisait doux, un vent léger, un peu sucré, faisait danser les rideaux, j'étais assis dans le voltaire, plongé dans un nouveau livre arraché à la bibliothèque. Heureux. Avec *Pas d'orchidées pour Miss Blandish* de James Hadley Chase, je venais de découvrir un nouveau genre littéraire qui, l'année suivante, allait m'enrichir: la *Série Noire*.

15

J'exagère peut-être en alléguant que tout était noir (ou plutôt gris) à JB. Pour quelques privilégiés dont j'étais, il existait un oasis au cœur de ce désert de rigueur: la maison et le jardin de l'aumônier. L'abbé Augustin et moi avions fait connaissance au cours d'une de ces fins de semaine où je restais en retenue.

Un dimanche matin, tout de suite après le petit déjeuner, Joseph m'avait proposé un marché intéressant:

«Cet après-midi, il y a une réunion des anciens à la salle des fêtes. Si tu transportes toutes les chaises de la salle des sciences à la salle des fêtes avant midi, je ne te donnerai pas tes exercices d'arithmétique habituels.»

Pour moi, tout plutôt que de calculer le temps de remplissage d'une piscine en forme de fayot ou l'heure à laquelle un train en rencontrera un autre (exercices qui ordinairement occupaient tous mes dimanches en dehors de la messe et des vêpres). Bien avant midi, en nage, je me présentai à Joseph pour lui signifier que ma mission était accomplie.

«Déjà! fit-il, l'air dubitatif.

— Oui, cher frère, j'ai tout rangé comme vous me l'avez demandé.

— Et tu as trouvé le temps d'aller à la messe en plus?

— Heu...»

Je le vis lever sa baguette de bambou, aussi, bras levés, je me mis en position de défense passive. Mais il ne me frappa pas.

«Et puis non, décida-t-il, va plutôt me chercher ton livre d'arithmétique.

— Mais... Vous aviez dit que si...»

Il leva de nouveau sa baguette.

«Tu veux y goûter?»

C'est ainsi que je me retrouvai avec une kyrielle d'exercices. Je ne me rebiffai pas (de toute façon cela ne m'aurait conduit qu'à la trique), mais cette fois j'étais bien décidé à ne faire aucun des problèmes que je devais lui remettre pour le soir avant de pouvoir aller me coucher. Évidemment je me sentais terriblement malheureux. Puni pour des fugues ou des semblants d'ironie passe encore, mais là, selon moi, j'avais affaire à un cas patent d'injustice délibérée. Aucun Américain digne de ce nom n'accepterait pareille tyrannie. Aussi, résolu quoi qu'il arrive à ne pas faire les exercices imposés, je tournais en rond autour des quatre tilleuls de la cour, sans parvenir à étancher des larmes de rage. C'est là que l'abbé Augustin me rencontra.

«Eh bien, eh bien, jeune homme, on dirait que ça ne va pas?»

Heureux de rencontrer une oreille à qui conter les exactions de mon chef de division, une oreille qui pourrait compatir à ma condition, je lui expliquai comment Joseph avait manqué à sa parole.

«Le frère Joseph est parfois un peu sévère...» admit l'abbé pour ma plus grande surprise.

Jusque-là, j'avais toujours été persuadé que les adultes, tout au moins ceux de JB, devaient automatiquement se soutenir. Je profitais de cette brèche pour essayer d'obtenir son aval moral dans ma résolution de désobéissance:

«Il fera ce qu'il voudra, en tout cas, moi, je ne ferai pas ce qu'il m'a demandé, y a pas de raison!

— Je te l'accorde, m'appuya l'abbé avant d'ajouter: Que dirais-tu de venir passer l'après-midi chez moi; ma bonne te préparera un goûter à quatre heures, tu pourras regarder la télévision et pour finir, ce soir, tu diras au frère Joseph que tu n'as pas pu faire tes exercices car c'est moi qui t'ai demandé de venir faire quelques travaux chez moi?»

C'était tellement attentionné que, tout en acquiesçant, je me demandais si ce n'était pas un piège.

Mais ce n'en était pas un, et ce qui aurait pu n'être que l'escale d'un dimanche, devint mon lieu de prédilection durant presque chaque récréation du midi. Non pas tant à cause de l'abbé, je dois l'avouer, (même si j'appréciais les conversations régulières que nous avions, conversations «d'homme à homme» que l'on pourrait qualifier à tendance philosophique), pas davantage à cause de sa télévision que finalement je ne regardai même pas. Non, ce qui me captiva dès cette première visite fut la bibliothèque qui couvrait les murs de son bureau. Bibliothèque à laquelle, désormais, tout le temps que dura mon incarcération (c'est le mot qui convient), je fus admis chaque fois que l'envie m'en prit. Ce n'était pas son importance en nombre qui faisait que cette bibliothèque était spéciale, mais la rareté des livres qui s'y trouvaient. Il y avait quelque chose de piquant à y éplucher le compte rendu intégral de Vatican II, l'histoire médiévale de l'hôpital de Fécamp en quelque dix ou douze volumes, la saga d'Éric le Rouge, les mémoires de Benjamin Franklin, la retranscription d'échanges épistolaires entre le Vatican et le Troisième Reich, les Évangiles de Pierre et de Marie, et aussi un petit bouquin intitulé *Le Plan du Diable* expliquant à quel point, à l'aube du vingt et unième siècle, chaque homme sera devenu l'adorateur de lui-même, cet ego effréné devant entraîner le genre humain dans une barbarie qu'il n'a pas encore connue, dans des territoires de cendre où, dans l'œil de l'autre, plus personne ne voudra ou ne pourra déceler la peur du néant, l'incompréhension terrifiée du vide, l'appel muet de l'Amour.

Si je peux me faire une image approximative de cet abîme, c'est peut-être grâce à cette bibliothèque. Un jour – j'étais alors seul dans le bureau de l'abbé – je tombai sur deux petits albums plus larges que hauts. Jusqu'alors j'avais entendu parler comme tout le monde des camps nazis, ce jour-là j'en découvris le portrait impitoyable (encore que ce mot me paraisse bien faible). Je crois que j'étais trop jeune pour voir ce que j'ai vu, l'abbé n'aurait pas dû m'en laisser la possibilité. Tout le monde a vu les images tournées par les Alliés à la libération des camps, mais qui a vu des photos prises par les SS eux-mêmes et pour leur propre bénéfice? Pendant trop longtemps, ne voulant pas y croire, cherchant la supercherie, j'ai regardé des collines de cadavres nus sur lesquelles allaient des chiens; un homme, avec une étoile, regard noir, tout sourire, poussant du bout d'une gaffe fourchue la dépouille d'autres hommes dans un four; un soldat, regard noir, tout rire, désarticulant de façon grotesque le corps d'une fillette; d'autres soldats, regards noirs, dents blanches, pissant joyeusement sur le cadavre pathétique d'une femme qui aurait pu être leur mère, bien d'autres clichés encore dont il serait vain de faire le détail. Il me semblait que la fumée des crématoires formait une boule de ciment dans mon cœur tandis que je retournais en classe. COMMENT? Sans y répondre de façon définitive, je m'étais posé le pourquoi lorsque j'avais appris l'existence de ces camps où pourtant mon grand-père avait été envoyé, mais ce jour-là dans la bibliothèque, j'ai eu l'intuition qu'aucune cause n'avait d'importance, que ce qui importait était de tenter de comprendre comment un être humain pouvait être ainsi dépourvu de toute compassion? Se pouvait-il qu'il ne soit pas humain et même, en fin de compte, qu'il n'ait pas d'âme? Cela pourrait-il m'arriver?

Le premier cours en rentrant en fut un de musique. J'aimais ces cours où, durant la seconde partie, après l'étude du solfège, le professeur de musique mettait un disque sur le phono et nous demandait de saisir l'esprit de la musique qui, disait-il, était un océan saturant l'univers, un océan où les compositeurs avaient accès. Ce jour-là, comme si – encore une fois – le hasard n'était pas ce qu'il prétend être, alors que nous aurions pu tout aussi bien avoir *Carmen* ou *Le Beau Danube bleu*, au programme, nous eûmes le *Requiem* de Fauré. Immédiatement, alors que s'élevaient les chœurs, je les associais en imagination aux cendres crachées dans le ciel de Pologne. Dernier appel jailli du fond d'une souffrance presque minérale. J'avais mal. Ici, au centre de la poitrine, une rose noire s'épanouissait. Là, au centre de mon front, un vide. Mes yeux se brouillèrent. Entre mes doigts crispés un crayon cassa. Tous les regards convergèrent vers moi. Je ne pus rien faire pour contenir un cri parti je ne sais d'où au fond de moi et qui, s'enflant de douleur, jaillit, aigu et interminable.

Plus tard à l'infirmerie, le chant vibrait toujours dans ma tête. Quelque part en Pologne, mélangés à la terre noire de ce pays, se trouvait quelques minéraux venus des montagnes rouges du Nouveau-Mexique. Un jour une vache brouterait l'herbe de cette terre, du lait jaillirait de ses mamelles et un enfant le boirait. Qui sera-t-il?

Seule lueur d'espoir au-delà de ce chagrin qui emplissait l'infirmerie d'ombres sinistres, un tout petit halo bleu: l'Amérique. «Là-bas, me disais-je, ça ne peut pas arriver!»

Il fallait que je me raccroche à quelque chose. Même si j'avais compris que ce qu'il y a de plus douloureux n'est pas tant la souffrance que l'on reçoit, celle-là porte en elle le germe de la rédemption; non ce qu'il y a de pire est de faire ou de laisser souffrir. Mon grand-père a souffert mais, s'il y a autre chose que l'oubli, sa souffrance l'a racheté. Ses bourreaux, eux, restent à l'être. Si je ne parviens pas à les prendre en pitié, est-ce que ce ne sera pas à mon tour de devenir bourreau?

La crainte des fables de La Fontaine ne m'empêchait pas de refaire le mur. Régulièrement, en compagnie de deux ou trois «mauvais exemples» de mon espèce, j'allais prendre un lait grenadine au *Bar des Suédois* sur le port en souhaitant, comme cela arrivait fréquemment, qu'il y aurait une bagarre entre matelots de diverses nationalités. J'allais aussi rêver devant la Jaguar du propriétaire de la boîte de nuit en bas de la rue Saint-Gervais, ou je partais à la découverte de nouveaux quartiers. C'est ainsi qu'un soir nous investîmes la place déserte du marché couvert. Découvrant un échafaudage au pied duquel s'amoncelait une pile de bâches, nous voulûmes nous démontrer mutuellement notre courage et, chacun son tour, nous entreprîmes de sauter. Je fus le dernier. J'y allai sans crainte, sautai sans hésitation, mais alors que je me reçus, l'amoncellement de vieilles toiles glissa et je me retrouvai nez-à-nez avec un inconnu. Me dégageant d'un bond, je poussai un cri, puis m'excusai. Ce faisant je me rendis compte que l'individu ne bougeait pas. En fait il ne bougeait pas du tout. Aligny fut le premier à dire tout haut ce que nous étions en train de réaliser:

«On dirait bien qu'il a clamsé...»

Je poursuivis, effrayé par ce qu'impliquaient mes mots:

«On a dû le tuer en lui sautant dessus.»

Hébrard, le plus vieux d'entre nous, secoua la tête et s'approcha du bonhomme.

«Il est raide comme une barre, ça doit faire un bout de

temps qu'il est crevé. (Il se pencha et mit le dos de sa main sur sa joue.) On y est pour rien, les mecs, il est complètement froid, le clodo. Il devait être tubard ou un truc du genre...

— Qu'est-ce qu'on fait?» demanda Aligny.

Ce qu'il nous demandait était clair, devions-nous le signaler et risquer des tas d'ennuis. Je répondis:

«Faudrait peut-être mieux faire comme si on était jamais venus...

— On a peut-être laissé des empreintes, des traces? s'inquiéta Aligny. Si on nous retrouve après, les flics voudront peut-être pas croire que le mec était déjà froid?

— Je sais ce qu'on va faire! fit Hébrard, on file comme on a dit, mais en route on appelle une gonzesse des P.T.T. et on lui signale le macchabée...»

Nous convînmes que c'était la meilleure solution et fîmes aussitôt en conséquence. Devant le premier café, après tirage au sort, c'est à moi qu'échut la mission de parler au téléphone. Comme je l'avais vu faire dans un film, j'enroulai le micro de mon foulard avant de parler, puis, lorsque j'eus la téléphoniste, d'une voix rauque je lui expliquai tout d'un seul trait et raccrochai avant qu'elle ne pose des questions.

Ce n'est qu'une fois dans mon lit que je pris conscience que ce vagabond avait été un être humain tout comme moi. Un homme qui avait eu des parents, sûrement des amis, une histoire, une vie. Je commençais à me reprocher de ne pas avoir éprouvé plus de compassion envers ce qu'il avait été, de ne pas avoir montré plus de respect envers sa dépouille. Tout ce qui m'avait importé était d'échapper à une fable de La Fontaine. Étais-je un lâche? Pas plus que l'idée d'avoir abandonné la dépouille d'un homme, je ne pouvais accepter cette éventualité. Prenant ma décision, je me relevai, allai m'habiller dans une des toilettes du palier, refis le mur et retournai vers le marché couvert.

J'espérais un peu que la police serait passée et qu'il n'y eût rien d'autre à faire que de repartir sur mes pas. Mais tel n'était pas le cas. À peine de retour près du monticule de bâches, une estafette s'arrêta à l'extérieur, des portières claquèrent et, le cœur battant, je vis arriver deux policiers.

«Qu'est-ce que tu fais là? C'est toi qui as appelé?...»

J'avais l'impression que chaque question était une accusation. Je bredouillais des réponses évasives. L'un des deux se pencha vers le clochard quelques instants et hocha la tête.

«... fini», marmonna-t-il.

Ainsi c'était ça une vie! Cette mort banale semblait ôter son prix à l'existence. Un beau jour on mourait, un policier se penchait sur nous et tout était fini. Terminé. Pourquoi en faire toute une histoire?

Dans un sens j'étais content qu'ils m'emmènent à la gendarmerie; cela donnait un certain sens à la mort du vagabond. Les ennuis que j'anticipais étaient en quelque sorte la preuve que sa disparition ne se ferait pas sans rien changer à la vie de personne. C'est tout ce que je pouvais pour cet inconnu, et surtout pour le principe qu'une vie devait avoir son importance.

Et puis je n'étais pas mécontent de me retrouver dans une gendarmerie. Les murs étaient jaunes, la lumière triste et ça sentait le pet, la grosse étoffe et le saucisson à l'ail. Dans cette ambiance, je vis défiler quelques individus appartenant à une faune que je ne connaissais pas encore mais qui m'intriguait. À tel point que l'idée d'aller en maison de redressement (j'étais loin d'être certain de ne pas être mis en accusation dans la mort du clochard) me dérangeait moins en ce sens que je me disais que je pourrais y rencontrer des gens étranges.

Mais je ne fus pas accusé. Pas une seule fois je ne mentionnai le nom ou la présence des autres (et j'en fus plutôt fier). Pour finir, je n'écopai même pas d'une fable dans le ciroir; cette fugue me valut trois colles successives, ce qui ne changea absolument rien à mes habitudes.

Cette mésaventure me laissa néanmoins avec des questions sur la mort et, par contrecoup, sur le sens de la vie. Je ne saurais affirmer si c'est à cause de ces interrogations, mais le fait est que je finis par passer la plus grande partie de mes récréations (à l'exception de celle du midi consacrée à la bibliothèque de l'abbé) en compagnie de certains «grands» de terminale qui finirent par m'accepter comme un des leurs à l'intérieur de leur cercle de philosophes. C'est ainsi que bien avant mon tour (qui ne viendrait jamais), par entendre dire, je fus initié à Kant, Platon, Socrate, Hegel, Spinoza, Bergson ou Nietzsche. Assez (ou pas assez) pour décider empiriquement que toute philosophie serait bonne à condition que ceux qui la mettent en pratique le soient. Ce qui me conduisit, en passant par Freud, à réfléchir sur ce qu'est le bien ou le mal et, avant même de l'avoir défini autrement que par: «le mal est ce qui ne fait pas de bien», je me demandais comment le mal, puisqu'il est le mal, peut-il paraître agréable au point de nous attirer.

16

En juillet vint le temps d'une autre colonie. Dans le Cotentin cette fois, plus exactement à Denneville. Un mois dans les dunes sans cesse déplacées par des brises chargées d'iode et de photons. Entre le ciel moutonneux et les bleu-gris de la Manche. Entre le volley-ball, la nage et la traque de pauvres lapins affligés de maxitomatose.

Les journées s'écoulaient, inconsciemment heureuses et remarquablement monotones. Mais les nuits avaient le goût de l'aventure. Feux de bois sur la grève où, à tue-tête, près de l'extase, nous chantions des chants virils des steppes du genre: «Nous aimons vivre sur nos chevaux dans les plaines du Caucase.» La lune avait voyagé lorsque, officiellement, nous regagnions les tentes, mais pour ma part, je repartais vite à l'abri d'une autre dune, emportant le «transistor» que j'avais réussi à me faire offrir avant le départ. Que de belles heures sous les étoiles et dans le bruissement des hauts brins d'herbe folle à écouter la musique de l'Amérique, là-bas de l'autre côté de l'océan. Nat King Cole chantait *Route 66* et j'en étais le voyageur. J'imaginais que ma dune en était une de Californie et que la Manche était le Pacifique. Tout à l'heure je remonterais dans ma longue décapotable et, au milieu de tous les autres, enfin pareil à eux, dans le flot fluide des feux arrière, dans la nuit veloutée et la voix suave de Dionne Warwick, je reprendrais la route de la Cité des anges où m'attendait une vie que je n'aurais pas besoin de différencier de celle de mes contemporains. Enfin libre.

Il me semblait que seulement ainsi je serais parfaitement heureux. Ne l'étais-je pas assez? Non, il me manquait ce que j'appelais l'Amérique. Elle me manquait d'une manière presque douloureuse.

Sur le flanc d'une de ces dunes du Cotentin, dans l'aube violette peuplée du cri des mouettes, je m'endormis un jour de la plus belle façon. C'était le quatorze juillet (encore un) et, pour l'occasion, les moniteurs avaient organisé les «feux des citadelles de sable». En clair, nous avions été divisés en deux équipes, une pour le nord d'un point donné, l'autre pour le sud. Chacune avait investi la plus haute dune de son côté et le jeu consistait à y allumer le feu le plus haut et le plus durable. Pour ce faire, toute la journée nous avions écumé les dunes à la recherche de bois mort et de tout ce qui pouvait alimenter un brasier. Lorsque la nuit fut totalement tombée, les feux s'élevèrent comme un hymne. Je dois dire que le spectacle et la joie furent au-delà de nos espérances. Un feu dans la nuit c'est beau, mais juché au sommet d'une haute dune, cela touche au fantastique. D'autant plus que sur la grève un autre petit feu avait été allumé afin d'y suspendre une marmite pleine à ras bord d'un vin auquel avait été ajouté quantité de sucre. Lorsque le vin fut chaud, chacun avec son quart d'aluminium, nous défilâmes en rond jusqu'à ce que la marmite soit vide. Pas assez pour être ivres, mais suffisamment pour être euphoriques (d'ailleurs, je salue encore une fois les moniteurs qui, au risque de se le faire reprocher, ont permis cette extravagance). Et nous dansâmes au pied de nos dunes respectives, aussi déchaînés que des Zuñis après une orgie de peyotl.

Beaucoup n'étaient pas encore rentrés aux tentes lorsqu'au point du jour je me suis rendu vers ma dune de prédilection, bien décidé à profiter de cette nuit jusqu'à son terme. Au zénith le ciel était saphir, vers l'Orient il évoquait l'améthyste. Tout semblait pur et je me suis assoupi.

De nouveau Saint-Aubin. Ma chambre était au premier et sa vaste fenêtre était ouverte en permanence sur la mer et l'horizon qui alimentaient mes rêves de nouveaux mondes. Mon lit était la passerelle d'un grand navire et, chaque soir, saoulé d'iode, hypnotisé par le clapotis répétitif des vagues, j'appareillais pour des rivages où rampaient des nappes de brumes dorées.

De nouveau, durant tout un mois, peut-être pour me venger de JB, j'étais le maître de mes heures, le tyran du bonheur.

Et je ne sais pas si je m'en rendais compte!

Partagées entre les baignades, les jeux de plage, les goûters à répétition, les éclats de soleil et les embruns salés, les journées étaient tragiquement brèves. D'autant plus qu'avec Nathan (celui des fesses bleues), nous avions monté une entreprise destinée à nous rapporter de quoi nous payer des parties de «baby» et de la «guigui» autant que notre gourmandise en redemandait. La «guigui» était une sorte de sucre d'orge chaud enroulé autour d'un bâton. Je la prenais toujours à la banane.

Notre gagne-pain consistait, moyennant un forfait hebdomadaire, à déblayer le varech que chaque marée venait déposer devant les cabines de plage des estivants. Évidemment, il y a toujours ceux qui ne veulent pas acheter un service. Pour ceux-là, étrangement, la mer n'était pas tendre car, jusqu'à ce qu'ils se décident de faire appel à nos services, certaines marées nocturnes déposaient un monceau de fourrage aquatique juste devant leur cabine.

Et il y a eu également celui qui n'a pas voulu payer...

«On ne peut laisser faire ça, dis-je à Nathan. Imagine que d'autres apprennent et fassent pareil...

— Ouais, on ne peut pas laisser faire...»

C'était le crépuscule, nous étions assis tous les deux sur le parapet de la digue, face à la mer, ruminant notre manque à gagner qui, dans notre tête, prenait des proportions catastrophiques. Nous évaluions la perte en parties de «baby-foot» perdues. C'était intenable.

«Il faut lui donner une leçon, déclarai-je.

— Qu'est-ce qu'on peut faire?»

Je ne voyais rien qui puisse étancher mon besoin de vengeance, tout ce que je pouvais imaginer me paraissait soit trop doux soit trop radical. Fatigués de balancer nos jambes au-dessus du sable, nous quittâmes le parapet, décidés à longer la digue sur toute sa longueur. Nous devions avoir toute une allure: je me souviens que cet été-là nous avions adopté tous les deux le style «blouson noir». Nous n'avions pas le blouson, mais nous portions un foulard noué sur le côté du cou, mettions de la gomina dans nos cheveux et marchions en roulant les mécaniques, les pouces passés dans les ganses de nos culottes courtes, mâchant du chewing-gum en prenant soin de garder un côté de la bouche ouvert.

Nous avancions derrière deux hommes dont j'entendais les paroles:

«Croyez-moi, disait l'un, tout cela finira par une guerre, et je n'ose pas imaginer laquelle...

— Les Américains vont encore gagner, répondit l'autre, et tout rentrera dans l'ordre.

— Je ne parierais pas là-dessus, les Russes sont forts, très forts...»

Je savais que les récents événements de Berlin motivaient cette conversation. Je ne comprenais pas grand-chose à l'actualité, tout ce que j'en retenais était que les «Rouges» avaient édifié dans l'ancienne capitale du Reich une ligne de barbelés et de chevaux de frise qui coupait la ville en deux. Et puisque les «Rouges» étaient les ennemis déclarés de Kennedy et de l'Amérique, par le fait même, ils étaient également les miens.

«Les Russes ne peuvent pas gagner contre l'Amérique, dis-je à l'adresse du sceptique qui se retourna.

— Et qu'est-ce qui te permet d'affirmer cela, jeune homme?

— L'Amérique est imbattable!

— Tu veux dire qu'elle n'a jamais été battue jusqu'à présent...»

Il me regardait sans méchanceté, mais avec un petit sourire satisfait qui m'exaspéra:

«Si vous ne croyez pas en l'Amérique, c'est que vous êtes communiste! lançai-je, certain de clamer la pire des insultes.

— Bien sûr que je suis communiste, ce n'est pas une tare...»

J'étais tellement surpris que je ne trouvais plus de mots. Jamais, dans mon entourage, quelqu'un avait prétendu être communiste. Je regardais l'homme comme s'il débarquait d'une autre planète. Finalement je lui ressortis ce que m'avait raconté l'abbé Augustin à propos des apparitions de Fatima:

«Vous savez ce que la Vierge Marie a dit à Fatima, elle a dit que si le monde ne priait pas plus, toute la terre deviendrait communiste...

— Personnellement, ça ne me dérange pas.»

J'eus la vision des rues de New York envahies par des Soviétiques portant la chapska de fourrure noire. Plus de lumières, plus de Cadillacs rutilantes, plus de musique, plus de jazz, rien qu'une espèce de silence gris et morne, comme de la poussière de ciment.

«Vous êtes un traître! m'écriai-je. Un traître!»

Et presque au bord des larmes tellement j'enrageai de découvrir qu'il pouvait y avoir des gens capables de penser tout le contraire de moi, devançant Nathan qui n'y comprenait rien, j'allongeai le pas, frustré de me trouver impuissant contre cet individu.

«Mais qu'est-ce qui t'a pris? me demanda mon compagnon en me rattrapant.

— Rien du tout; il y a juste que je peux pas blairer les cocos. Il faudrait tous les tuer!

— Tu y vas fort, ils ne font pas plus de mal que les autres...

— T'es communiste aussi?

— Non, évidemment, mais faut savoir être réaliste. Toi-même, j'aurais cru que tu étais plutôt communiste...

— Moi!

— Oui, toi. Tu es toujours à dire qu'il faudrait partager, que c'est pas juste qu'il y en ait qu'une petite poignée qui possède tout, qu'il n'est pas normal qu'il y ait des mendiants, que tout le monde devrait vivre dans des belles maisons. Ce sont des paroles de communiste.»

Je tombais des nues.

«Sûrement pas! Un communiste c'est quelqu'un qui veut que tout le monde soit dirigé comme des moutons. C'est quelqu'un qui se fout de la liberté. Moi, je ne parle que du Grand Rêve américain.

— C'est quoi, ça?»

En fait, je l'ignorais; la formule me suffisait. Je tâchais néanmoins de répondre:

«C'est quand tout le monde regarde dans la même direction, travaille au bonheur des autres et touche la récompense qu'il mérite.

— Tu es un rêveur...

— C'est une insulte?
— Non, une constatation.
— Comme tu l'as dit, ça paraît quand même négatif.
— C'est négatif dans le sens où tu te leurres toi-même. Pour le reste, ça démontre au contraire que tu es plutôt quelqu'un qui cherche la justice.»

Ce mot me ramena sur-le-champ à notre préoccupation première:

«La justice ça serait que l'autre nous paye ce qu'il nous doit.»

Nathan ferma un œil et leva le doigt, comme nous le faisions lorsque nous avions une idée.

«On va démolir sa cabine, en morceaux, et on enterrera tout...

— Démolir sa cabine, mais ça va faire un boucan terrible, on va se faire repérer.

— Non, il y a au moins deux arrache-clous dans la remise de mon père, c'est silencieux. Dans une heure au plus, il fera complètement nuit, on sera tranquilles.»

L'idée avait la saveur un peu âcre de l'aventure. J'acquiesçai et l'on se donna rendez-vous pour plus tard dans la nuit, alors que tout le monde nous penserait sagement au lit.

Il n'y avait pas de lune du tout. J'ignore toujours d'où provient cette lumière qui, en l'absence de tout luminaire, semble émaner de la mer. Tout juste utilisions-nous une lampe de poche pour repérer la tête des clous. Les outils apportés par Nathan remplissaient leur office à merveille; sans trop de bruit, nous ôtions les planches les unes après les autres et les empilions sur le sable. À chaque clou arraché, j'imaginais la tête du propriétaire lorsqu'il arriverait le lendemain. Cela seul valait autrement plus que ce qu'il nous devait.

Le plus dur fut de transporter les planches, les clous et les tôles loin en direction de la mer qui achevait son reflux. Nous enterrâmes le tout dans le sable humide, y compris le parasol, les maillots et les matelas gonflables trouvés à l'intérieur. Puis nous revînmes vérifier s'il ne restait plus aucune trace de ce qui avait été la cabine.

«Ça lui apprendra, déclarai-je en finissant de ratisser le sable avec mes pieds.

— Ça, j'en suis moins sûr... répondit Nathan.
— Comment ça?
— Je ne crois pas que la leçon suffise.
— Tu veux dire qu'on a fait tout ça pour rien.
— Pas pour rien, la vengeance c'est le plaisir de savoir qu'on va emmerder le salopard.»

Je ne savais que répondre, il me semblait que notre acte aurait été plus justifié s'il avait pu servir à ce que notre mauvais payeur prenne conscience de ses torts. Je fis part de ce sentiment à Nathan.

«Je te l'ai dit, tu es un rêveur, me répondit-il. C'est pas le châtiment qui fait qu'on regrette ce qu'on a fait.
— Quoi donc alors?
— Peut-être le pouvoir d'imaginer que ça puisse nous arriver et de mesurer le mal que ça fait.
— Tu me fais chier, Nathan, t'as toujours une réponse juste à tout.
— T'avais qu'à être juif, comme moi.
— Raciste.»

Il rit. Même si nous ignorions de quoi nous parlions, parce que dans la bouche des adultes ces propos étaient ceux du mépris, nous les reprenions régulièrement à notre compte comme gage de notre amitié.

Ces événements à eux seuls auraient suffi à ce que je me souvienne de cette nuit, mais ce qui suivit fut beaucoup plus mémorable.

De retour à ma chambre (en empruntant le gros tuyau d'évacuation le long du mur), je n'eus pas l'occasion de me poser de questions sur ce que nous venions de faire; du remue-ménage à l'étage supérieur captait mon attention. Ma chambre était située juste sous celle des serveuses, dont j'entendais le poste de radio, des rires étouffés et des pas qui glissaient sur le plancher. Que pouvaient-elles bien fabriquer à cette heure? Voulant en savoir davantage (toujours mon insatiable curiosité), je me rendis sur le palier puis, sans allumer dans le souci de demeurer invisible, je grimpai les marches. Parvenu sur le palier supérieur, je devais savoir que je n'étais pas dans mon droit le plus strict car, dans ma poitrine, mon cœur battait du rythme agréable qui accompagne les escapades. Je ne distinguais qu'une seule lueur, celle de la lumière passant par le trou de serrure; ces merveilleux trous de serrure d'alors qui permettaient, lorsqu'on y glissait un œil, de savoir ce qui se passait de l'autre côté de la porte.

Au premier regard, je clignai de la paupière puis changeai d'œil. Je devais mal interpréter ce que ma rétine renvoyait à mon cerveau. Mais non! au second regard je dus admettre que j'étais bel et bien en train de reluquer les serveuses du salon de thé dansant entre elles aussi dévêtues que les statues antiques dans le *Larousse illustré*. Aujourd'hui je me demande si j'aurais gardé le souvenir de leurs prénoms si je ne les avais vues ainsi. Josette, Paulette et Paula dansaient en rond, s'observant les unes et les autres en riant, chacune une paume appuyée sur la hanche et l'autre posée sur la nuque.

Je pourrais dire: inutile de vous décrire l'effet que ça m'a fait, mais ce serait, dans un élan de pudibonderie, passer sur l'essentiel, à savoir les impressions d'un garçon soudain confronté à un trio de femmes intégralement nues et surtout, surtout! dansant entre elles et s'observant mutuellement. Passée la première stupéfaction, vint un court temps de réprobation, celle, atavique, du futur mâle découvrant des femelles s'amusant sans lui, puis, sans aucune retenue, un jaillissement impétueux de désir. Un désir encore inconnu, qui ne correspondait en rien à l'image romantique que je m'étais construite des relations homme-femme. Seul comptait mon désir. Une seule et brutale idée, m'introduire en l'une ou l'autre (toutes de préférence) des filles qui évoluaient de l'autre côté du trou de serrure. Mais quel abîme entre le besoin et la réalité!

Sur le palier ténébreux, je me souviens encore de l'odeur de coquillage, je pressentis avec douleur toute l'étendue de la nuit d'assouvissement lubrique qui me séparait du jour où, homme, je m'étendrais tout contre la femme pour moi, comme moi, pour découvrir ensemble, enfin deux, enfin vivants, l'incommensurable grandeur du Temps. Les yeux mouillés, frissonnant sans avoir froid, tout l'air et les parfums du monde en soi, le cœur comme une caverne, immense; la reconnaissance où deux se dissolvent pour n'être plus qu'un.

Comment ont-elles su ou deviné que j'étais là? Toujours est-il que la porte s'est brusquement ouverte, avant que je ne retire ma main de ma culotte, ce qui les a fait rire gaiement.

«Tiens, tiens... Qu'est-ce qu'il fait là ce garçon?» m'a demandé Josette, souriante et aussi sûre d'elle-même que si elle était vêtue.

À part un bredouillage quelconque, je ne parvins pas à formuler de réponse. Pas plus lorsqu'elles m'ont fait entrer dans la chambre et ont refermé la porte.

«Ça ne se fait pas de regarder dans les trous de serrure, a poursuivi Josette.

— Ça faisait du boucan et j'arrivais pas à dormir...
— Tu aurais dû frapper.
— Je sais...»

Comment leur expliquer que la situation me dépassait totalement?

«Tu veux peut-être danser avec nous?» proposa Josette après avoir échangé avec les autres un regard qui ne m'échappa pas.

J'étais mal à l'aise et ma réponse trahit mon état d'esprit: «Danser!

— Oui, danser... Mais c'est comme tu veux, tu es libre, mais il faut pas être timide, tu sais...»

Pourquoi est-ce que ça me rappelait soudain les paroles du frère directeur? J'avais pourtant cette fois affaire à des femmes. J'avais déjà une fantastique histoire à raconter aux autres quand je retournerais à JB, ils allaient en baver d'envie.

«Tu ne diras rien à ta grand-mère, hein?» me demanda Paulette.

Même si je l'avais voulu, je ne sais pas comment j'aurais abordé le sujet. Je secouai vivement la tête:

«C'est pas mon genre!»

Elles eurent l'air soulagé, mais peut-être aussi était-ce une idée de ma part. Quoi qu'il en soit cette impression fit s'évanouir une partie de mes craintes. Une partie seulement, car, après l'avoir tant désirée de l'autre côté de la porte, à présent leur nudité me plongeait dans une appréhension difficile à définir, dont la crainte de ne pas être à la hauteur y était certainement pour quelque chose.

«Tu es gentil, affirma Josette. C'est pour ça que ça nous gêne pas d'être comme ça devant toi. Comment tu nous trouves?
— Bien...
— Rien d'autre?
— Si...
— Jolies?
— Oui, jolies...
— Laquelle de nous trois tu trouves la plus jolie?»
Je préférais Josette, mais ne voulais pas peiner les autres.
«Vous êtes toutes aussi bien.
— Allez, sois franc, fit Paulette.
— Je suis franc!
— Tu dis tout, tout, tout?
— Bah, oui.
— Même ce qui pourrait être embarrassant?
— Oui...
— Alors dis-nous qu'est-ce que tu faisais la main dans ta culotte, tout à l'heure derrière la porte?»

J'ai toujours aimé le mensonge, mais uniquement lorsqu'il est gratuit. S'il doit servir à couvrir mes craintes, il me dégoûte. Avec aussi en arrière-plan l'intention un peu vengeresse de les choquer, je démontrai que je pouvais tout dire:
«Je me branlais.»

Cette fois, pas de doute, c'est elles qui étaient surprises. Du regard, elles s'entre-demandaient quelle attitude adopter.

«À ton âge? finit par demander Josette.
— Je suis assez vieux...»
Ce qui les fit de nouveau sourire.
«En tout cas, c'est vrai que tu ne caches rien, poursuivit-elle. (Elle regarda le réveil posé sur une commode.) Eh! il est tard, il va falloir songer à dormir maintenant.»

Ce fut comme si elle m'avait dit: je ne te crois pas.
«Tu ne me crois pas? lançai-je, fâché.
— Si, si bien sûr...

— Alors pourquoi tu dis qu'il est l'heure d'aller se coucher?
— Parce que c'est vrai. On travaille demain matin.»

Je me rendis compte que je ne voulais absolument pas retourner dans ma chambre. Je ne voulais pas me retrouver seul dans mon lit. Je voulais rester avec elles. Je voulais que dure cette situation qui, pour équivoque qu'elle fût, n'en était pas moins des plus intensément vivantes. Il fallait que je dise quelque chose si je ne voulais pas me retrouver sur le palier dans la minute qui allait suivre.

«Est-ce que je peux coucher dans ton lit, avec toi? demandai-je à Josette en ressentant sur le coup comme une paralysie cérébrale devant ma propre audace.
— Dans mon lit! Ça, je ne sais pas... Tu viens de dire que tu étais assez vieux pour...
— Pour me branler, c'est tout!»

À peine j'eus fini de prononcer ces paroles que Paula se mit à rire au point de devoir s'accroupir sur le plancher.
— En tout cas, Josette, résuma Paulette qui riait elle aussi, ça prouve que c'est toi qu'il préfère.»

Il n'en fallut pas davantage et Josette me sourit très gentiment.
— D'accord, tu peux coucher dans mon lit, dit-elle, mais puisque tu es assez vieux, tu gardes ton slip, d'accord?»

J'étais tout à fait d'accord. Pas une seconde, depuis que j'avais franchi la porte, je n'avais songé à l'ôter.

Sinon en pensées, la nuit fut très sage, à peine un instant nous nous frôlâmes des jambes. C'était très doux. Tourné de mon côté, le nez enfoui sous le drap, évoquant le lait, le miel et les coquelicots dans les champs, je découvrais un bouquet d'odeurs inconnues.

J'étais persuadé que Josette dormait lorsque que je me suis recroquevillé sur moi-même dans la vaine tentative d'imaginer que je n'étais pas seul et qu'elle était dans mes bras. À ce moment ses doigts se sont refermés sur mon épaule.

Comme si pour elle ils disaient: dommage qu'il doive en être ainsi.

Et je me mis à penser à Josette pour le restant de l'été.

Elle était partout, dans les châteaux de sable, dans le sel des embruns dorés, à la pêche aux crevettes, dans mes bouteilles de Vittel Délice, dans mon bol de Banania et à la place de l'oreiller que j'étreignais chaque soir avant de m'endormir, en écoutant la mer me parler d'un continent où...

Un après-midi, j'étais assis sur la digue, mélancolique en pensant à elle qui allait bientôt disparaître dans une «micheline» rouge et jaune, avalée par la vie. J'ignore pourquoi, elle quitta soudain le salon de thé, traversa la digue dans ma direction d'un pas décidé et me soutint sans préambule:

«Tu penses trop, Éric. On se fait du mal quand on pense trop, tu devrais arrêter ça.»

Je ne l'ai jamais revue. Pas plus que je n'ai mis son conseil en pratique. Le soir de son départ, je suis allé au cinéma voir *West Side Story* en compagnie de Paulette qui restait encore pour quelques jours. Deux heures plus tard, l'image de Josette s'estompait au profit de celle de Natalie Wood. Comme j'aurais voulu être là-bas, à Brooklyn, au pied de l'escalier de fer, en train de chanter «Maria, Maria...» Et, comme tous les Porto-Ricains sur les toits de la ville, je fredonnais désormais: «Me I want live in America.»

17

Le jour de la rentrée, je ne devais pas être décidé plus qu'il ne fallait à prendre mes études au sérieux; au kiosque de la gare, j'achetai deux livres de la *Série Noire*, ceux avec la couverture cartonnée jaune et noire. Je me souviens toujours des titres, de l'histoire et même de l'ambiance. *Méfiez-vous, fillettes!* de James Hadley Chase, dont j'avais lu un livre chez Papi à Vers-le-Grand, et *À contre-voie* de Gertrude Walker. Dans les deux cas il s'agit d'un récit où le protagoniste narrateur se fait blouser (pour employer le langage du genre) par une vamp au regard d'acier qui, par sa seule force d'attraction sensuelle, conduit le narrateur à supprimer le vieux mari riche et invalide. Ce qui est étonnant dans ce genre de livre, c'est que tout de suite l'on prend fait et cause pour le pauvre type dont la moralité, s'il en avait une, se trouve balayée par les charmes d'une poupée d'enfer (toujours pour rester dans le genre). Mais quand je repense à ces livres et aux dizaines qui ont suivi, ce n'est pas tant l'histoire ou la mentalité du personnage qui me passionnait réellement, non, c'était surtout des phrases comme: «Lorsque le train de marchandises à destination de Minneapolis quitta la petite gare de Middletown (Minnesota)[1]...» Ouah! Quel vent de liberté lorsqu'on lit cela à l'ombre grise des murs de JB. À partir de ces quelques mots, j'imaginais tout un univers: la voie ferrée qui s'enfonce à travers un continent sans limites, les wagons de marchandises dans lesquels j'aurais pu sauter afin d'aller, comme bon me semblait, à Mobile, Seattle ou Topeka; le vent de la Prairie, qui sentait bon la pluie, l'herbe et le fer; la petite ville du Middle-West où, tout en me rendant au comptoir-lunch avaler mes œufs-saucisses du matin, je saluais amicalement les commerçants de la Main Street. Durant des heures, je pouvais conti-

---

1. *À contre-voie* (*So Deadly Fair*), Gertrude Walker.

nuer comme cela à me construire des mondes imaginaires en Amérique, des mondes qui en aucun cas ne devaient me rappeler JB, Rouen ou même la France qui les contenait.

Ce sont ces évasions et le besoin d'évasion, je crois, qui m'ont amené à écrire mes premières histoires qui, par je ne sais aujourd'hui quelle magie, finissaient pile à la dernière ligne de la trente-deuxième et dernière page des cahiers Glatigny que j'utilisais. Il s'agissait d'histoires surchargées d'aventures rocambolesques auxquelles, rapidement, pour que ça passionne les copains et donc puisse se vendre – toujours mon côté mercantile –, je trouvais une héroïne principale prénommée Barbara qui avait la particularité, passionnante pour les pensionnaires, de ne pas porter de petites culottes. Ça devait effectivement les captiver, car il ne me reste plus aujourd'hui aucun de ces cahiers. Pour tout dire, bientôt je ne suffisais plus à la tâche et je dus me fournir au kiosque des gares pour combler les appétits d'aventures interdites de ce qu'il n'est pas exagéré d'appeler mes codétenus. Je dis aventures interdites, car, à moins qu'il n'ait été emprunté à la bibliothèque de division, chaque livre que nous lisions devait porter la signature du frère Joseph. Évidemment la *Série Noire* était proscrite, ce qui était très embêtant… Du moins, jusqu'au jour où, ayant monté une bibliothèque clandestine, je tourne cet embarras en avantage pécuniaire. Très vite, je me suis retrouvé à la tête d'une véritable petite entreprise. Je cachais mes livres dans un souterrain condamné dont l'entrée se trouvait dans le jardin de l'abbé Augustin. À la location, il était convenu que le livre serait transporté dans le dos, maintenu dans la ceinture de culotte. Pas question de le lire pendant les cours ou les heures d'étude, seulement durant les récréations ou la nuit dans les toilettes du palier (j'ai déjà vu trois lecteurs par toilette). S'il était pris avec mon livre, l'emprunteur devait, bien sûr, faire le serment qu'il me rembourserait le prix du volume, mais aussi qu'il déclarerait au frère ou au surveillant éventuel qu'il était à lui. Pour ceux qui auraient pu être tentés de pousser la vérité trop loin, je donnais chaque semaine un petit pourcentage des recettes à deux «gros bras» qui, le cas échéant, étaient chargés de faire regretter leurs paroles aux bavards. Heureusement, ces deux-là ont toujours gagné leur argent à ne rien faire, je reconnais néanmoins dans le procédé l'influence néfaste de la *Série Noire* sur les jeunes cerveaux.

Ce n'est pas avec les livres que je me suis fait prendre, mais avec une lettre. Une stupide lettre où, dans des termes parfois très fleur bleue, parfois plus explicites, je déclarai ma flamme à Natalie Wood.

Pour envoyer une lettre, il suffisait, une fois cachetée, de la déposer dans la boîte située à la porte du bureau de Joseph. Malgré tout ce que je savais sur lui, j'étais loin d'imaginer qu'il pouvait s'octroyer le droit de les lire, et de ne pas s'en cacher. Il est vrai qu'il a dû être intrigué par une adresse libellée ainsi:

MISS NATALIE WOOD
Hollywood, Los Angeles, Californie
USA

Nous étions au beau milieu d'un cours (je devais donc rêvasser) lorsque toutes les têtes se tournèrent avec un bel ensemble vers notre frère de division qui entra en brandissant une enveloppe.

«Je vais prendre un peu de votre temps pour leur lire un texte édifiant», avertit-il l'institutrice qui s'empressa d'acquiescer de son sourire mièvre.

Un rictus cynique aux lèvres, il monta sur l'estrade devant le tableau et sortit la lettre de l'enveloppe. J'ai eu un sursaut au cœur en la reconnaissant.

«J'ai tenu à vous lire cette lettre que Monagan a écrite à l'intention de l'actrice Natalie Wood, commença-t-il, afin que vous sachiez ce qu'il convient de ne pas faire dans une rédaction épistolaire... Je commence: Natalie, Mon Aimée, (une vague de rires sourds balaya la classe. Joseph était visiblement ravi de son effet). Immédiatement, reprit-il, nous nous sentons fiers de compter parmi nous, nul autre que l'ami de cœur de l'actrice. En tout cas, c'est ce que nous apprennent ces trois premiers mots. Est-ce que je me trompe, Monagan?

— Heu... non, cher frère. (Me resaisissant, je me jurai qu'il n'était pas question que je me laisse humilier par Joseph.)

— Non! Alors je suppose qu'elle va bientôt te rendre visite?»

Sans réfléchir, je tins ma position initiale de ne pas m'en laisser imposer:

— Pas tout de suite, cher frère, elle est sur un tournage.

— Un tournage! Et peux-tu nous dire de quel film il s'agit?»

Je sentais bien que les autres étaient à présent indécis. Ils ne savaient plus trop quel parti prendre, s'ils devaient rire des questions de Joseph en se foutant de moi ou, plus discrètement, de mes réponses en m'appuyant. J'inventai:

«Un film policier, cher frère. Ça se passe dans une prison et il y a un gardien vraiment mauvais dont les prisonniers voudraient se débarrasser...»

Je le vis pâlir dangereusement.

«Et tu vas nous dire que Natalie Wood est un de ces prisonniers?»

J'étais en pleine improvisation.

«Non, bien sûr, cher frère, c'est la petite amie d'un des prisonniers, celle qui va apporter le poison... Mais elle va se faire prendre et...

— Bon, bon, d'accord, reprenons plutôt ta lettre... Tu me connais pas, mais moi je te connais. Oh! quelle phrase! Quelle puissance dans le style! Immédiatement la destinataire, si elle parle français, voit à qui elle a affaire. Donc, Monagan, après nous avoir prétendu, à nous, que tu la connaissais intimement, tu lui dis, à elle: Tu me connais pas... Peux-tu nous expliquer cette contradiction?

— Pour tout vous dire, cher frère, c'est un jeu entre nous. On fait ceux qui ne se connaissent pas pour... Comme pour jouer le rôle de gens qui ne se connaissent pas.

— Je vois... Très palpitant comme jeu... Je continue: Tes lolos me font beaucoup d'effet, surtout là où je pense... (Toute la classe éclata de rire et certains, dont l'institutrice, étaient écarlates. Joseph releva la tête comme s'il était étonné.) Lolos, répéta-t-il en fronçant les sourcils, j'ai cherché dans le dictionnaire, je n'ai pas trouvé.

— Bien... (Je sentais que j'étais en train de perdre la face.) Bien... vous savez...

— Non, pas du tout, je ne sais pas.
— C'est la poitrine, cher frère.
— Ah! alors les lolos c'est la poitrine?
— Oui, la poitrine d'une femme.
— Donc tu parles des seins?
— Heu... oui, cher frère.
— Ce qui implique que nous avons là une lettre obscène?»

Je n'étais pas certain de la signification exacte du mot, aussi hésitais-je. Comme si mon silence confirmait, Joseph continua:

«...surtout là où je pense. Là aussi j'ai cherché, je ne suis pas arrivé à trouver à quoi tu fais allusion?»

Je savais qu'il allait me poser cette question, je répliquai du tac au tac:

«Ça, c'est quelque chose entre nous...
— Entre Natalie Wood et toi?»

Je réalisai soudain toute l'énormité de la situation et baissai piteusement la tête. Comprenant que je ne pouvais plus me défendre sur ce front, je m'en prenais mentalement à son indiscrétion. De quel droit ouvrait-il le courrier!

«Entre Natalie Wood et toi? répéta-t-il.
— Mon courrier est privé! lançai-je avec violence.
— Et c'est toi qui as décidé ça?
— C'est comme ça partout!
— Partout, sauf lorsqu'un jeune imbécile de ton genre, plutôt que d'étudier le bon français, écrit des lettres licencieuses à une actrice qu'il n'a vue qu'en film.»

Il savait que le qualificatif imbécile était celui qui entre tous me mettait le plus en rogne. Dans ma famille, la paresse a toujours été considérée comme le pire de tous les maux, ou en tout cas celui qui conduisait aux plus graves. Joseph me la servait quelquefois, mais à cela j'étais capable de me trouver de bonnes excuses. Comment cependant accepter de passer pour un imbécile? Impossible! Il me fallait une parade et j'en trouvai une (ou plutôt il s'en échappa une de mes lèvres) qui stupéfia tout le monde, y compris moi-même:

«Je ne suis pas plus imbécile que ceux qui font le vœu de se passer de femme pour le plaisir de passer leur vie à persécuter des pensionnaires...»

Toute la classe se tourna vers moi, yeux écarquillés, la tête un peu rentrée dans les épaules, comme dans l'attente du fracas qui suit l'éclair. Pour ma part, incapable de comprendre d'où m'était venue la témérité de prononcer ces paroles qui représentaient exactement le fond de ma pensée, j'essayais de me préparer à faire face à la tempête que je m'imaginais avoir déchaînée. La lèvre supérieure tremblante, Joseph me fixait en cherchant visiblement à travers sa fureur par où commencer et jusqu'où il pouvait raisonnablement aller.

«J'ai l'impression que la vocation religieuse dépasse Monagan, railla-t-il, pas étonnant! Écoutez ce qu'il écrit un peu plus loin dans sa lettre à une jeune femme qu'il n'a jamais rencontrée et qu'il ne rencontrera jamais: ...tes yeux me déchirent, ton corps me fait pleurer, et de penser que tu ne pourrais jamais m'appartenir me tue littéralement. J'emporterai cette cicatrice de douleur dans l'au-delà car tu m'as blessé jusqu'à l'âme. (Je vis l'institutrice entrouvrir légèrement les lèvres en O, comme lorsqu'elle avait découvert Aligny penché sous son bureau en train de regarder sous sa robe. Joseph me toisa, certain de son fait puis reprit la parole:) Monagan affirme sur ce chiffon que le fait de ne pouvoir posséder Natalie Wood le tue littéralement. Je vous le demande, ne vaut-il pas mieux vouer sa vie à l'éducation des générations futures qu'à se lamenter – surtout à son âge! – sur de la chair qu'il n'a seulement jamais vue en trois dimensions?»

Plusieurs hochèrent affirmativement la tête, même s'ils devaient bien faire partie de la grande majorité pour qui les conversations tenant lieu d'éducation sexuelle meublaient chaque récréation non vouée au football. Ces conversations où les mots: fente, cramouille, pine, braquemart, zob, gonzesse, à poil, jouir et bander représentaient la base du vocabulaire.

«C'était juste une lettre pour rire, cher frère, dis-je.
— Et pour faire rire qui?
— Quand je dis pour rire, je veux dire pour passer le temps.
— Passer le temps! Monagan a du temps à tuer! Ses résultats nous le prouvent, n'est-ce pas, Monagan?»

Le voilà qui remettait ça avec mes résultats. Combien de

fois allait-il falloir que je répète que tout le temps qu'on me détiendrait à JB, je ne fournirais aucun travail qui pourrait leur permettre de se louer de l'éducation qu'ils dispensent?

— Mes résultats sont le résultat de l'éducation que je reçois ici, cher frère. J'aimais l'histoire, vous avez réussi à m'en dégoûter. Pareil pour la géographie, les sciences naturelles et le reste. Mes résultats ne changeront pas tout le temps qu'on me gardera à Jean-Baptiste. J'ai jamais voulu venir dans ce bahut. Je ne ferai rien ici, jamais! Et si j'ai envie d'écrire à Natalie Wood, Marilyn Monroe ou Brigitte Bardot, j'écrirai comme j'en ai envie! Y a personne qui pourra m'en empêcher, même si vous me tapez dessus! Un jour, je serai trop vieux pour que vous puissiez continuer à me garder, tout ce que vous aurez réussi aura été de me faire perdre mon temps, mais c'est pas grave, après j'irai en Amérique et là-bas je regagnerai tout ce que j'ai perdu ici. Vous pouvez me taper maintenant, j'ai l'habitude, ça n'empêchera pas Natalie Wood de recevoir mes lettres, et ça ne m'empêchera pas de faire ce que j'ai à faire.

— Non, Monagan, non je ne vais pas te frapper, permets-moi plutôt juste une question à laquelle tu répondras franchement? dis-nous ce que tu as vraiment à faire?

— Il faut que je trouve la place où je serai chez moi, cher frère. Quand j'y serai, je crois que je pourrai faire tout ce qu'on attend de moi.

— Et as-tu une idée où se trouve cette place?

— Je crois qu'elle est en Amérique, cher frère.

— En Amérique! Pourquoi en Amérique? Qu'est-ce qu'il y a de plus là-bas qu'ici?

— Y a peut-être rien de plus, mais j'y serai chez moi. (Devançant sa question suivante, j'ajoutai:) C'est comme si à ma naissance j'avais pris l'avion pour aller quelque part mais que j'aie été obligé de sauter en parachute avant la destination finale parce que le moteur aurait été en feu.

— C'est charmant pour tes parents qui t'ont mis au monde.

— Mes parents n'ont rien à voir là-dedans. Je suis venu au monde dans la bonne famille, c'est elle au départ qui n'était pas à la bonne place.»

Il m'a regardé longuement, a secoué aussi longuement la tête de gauche à droite et a finalement ajouté:

«Tu as peut-être raison en fin de compte, je ne peux rien faire pour toi; ton cas relève d'un spécialiste...»

Je savais ce qu'il voulait dire par spécialiste. Je venais d'être franc comme il me l'avait demandé et lui continuait à m'insulter. Revanchard, je lui lançai cet amendement de l'Article XIII de la Constitution américaine que j'avais appris par cœur parce que je trouvais que notre condition de pensionnaire s'y rapportait:

«Ni esclavage ni servitude involontaire, si ce n'est en punition de crime dont le coupable aura été dûment convaincu, n'existeront aux États-Unis ni dans aucun des lieux soumis à leur juridiction.»

— C'est ainsi dans tous les pays civilisés, me répondit-il.
— Alors on est pas dans un pays civilisé.
— Nous ne sommes pas. Tu aurais dû dire: nous ne sommes pas. On est un pronom imbécile. Les fourbes l'utilisent pour désigner sans précision.»

Lorsqu'il quitta la classe dans une attitude laissant entendre que mon cas était irrécupérable, je savais avoir flirté avec le ridicule, mais aussi j'avais la conviction que grâce à l'Amérique je m'étais tenu debout, en son nom. Je n'en aimais que davantage ce continent qui, j'en étais convaincu, m'attendait, comme dans l'Évangile le père attend le retour du fils prodige.

Quelques jours plus tard, j'écrivais de nouveau à Natalie Wood (en faisant attention à mon style). Non pas que j'en sois réellement tombé amoureux-fou comme mes envolées semblaient le prétendre, mais plutôt dans le but de jouer à l'amour comme d'autres de mon âge jouaient à la guerre, et aussi, par ces quelques mots écrits de ma main, d'envoyer un peu de moi en Amérique.

Cela dit, je dois avouer que je créais autant d'ennuis à mes éducateurs qu'eux-mêmes pouvaient me faire la vie dure. Qu'il me suffise de mentionner par exemple la nuit où, muni d'un petit seau de ciment frais fabriqué à partir de sable et de ciment ramené petit à petit de la maison, j'avais colmaté un grand nombre des serrures du pensionnat. Et comment oublier la mauvaise farce faite à l'abbé Augustin, qui pourtant m'ouvrait la porte de sa bibliothèque. Ce matin-là, c'était à mon tour d'être enfant de chœur à la messe de six heures trente; juste avant l'office, je vidai la burette de vin de messe dans le pot d'un ficus à côté de l'autel et en remplaçai le contenu par du vinaigre de vin. J'avais eu cette idée farfelue la veille avec mon copain Aligny. Je me revois en train d'agiter les clochettes pendant l'élévation, partagé entre le comique du tour que je venais de jouer et, plus en retrait, l'idée que ce n'était peut-être pas tellement respectueux vis-à-vis de la sainte communion. Toutefois le désir de rire était le plus fort et, lorsque faisant suite à la consécration, l'abbé porta le calice à ses lèvres, Aligny et moi, qui échangions force mimiques complices, étions sûrs qu'il allait tout recracher en s'étouffant. Mais non! pour notre plus grande surprise (et désappointement) il avala le tout sans seulement sourciller puis, toujours sans que son visage n'exprime quoi que ce soit de particulier, nettoya méticuleusement le calice. Que s'est-il passé? Je me le demande encore souvent. Piteux, nous ne savions s'il fallait nous sentir amoindris par une étonnante force de caractère (nous avions ensuite goûté au vinaigre et conclu qu'il fallait au moins être saint pour tout boire sans broncher), ou, beaucoup plus angoissant, Dieu avait-il rechangé le vinaigre en vin et, ainsi, démontré qu'il désapprouvait totalement notre geste? Pour tout dire nous n'en menions pas large; être repris par un frère, même directeur, ça pouvait passer sans poser trop de cas de conscience, mais par Dieu lui-même...

18

C'est en janvier 1962 que se déroula le souper chez les amis parisiens de mes parents. J'ignore où et en quelles circonstances ils s'étaient rencontrés, tout ce que je me rappelle à propos d'eux est la boulangerie-pâtisserie qu'ils possédaient aux alentours de la rue du Bac, et surtout qu'ils avaient une fille qui, selon ce que j'ai toujours su, était «morte d'amour». Après que son fiancé l'eut laissée tomber, elle serait devenue anorexique au point d'atteindre un point de non-retour et de s'endormir à jamais. J'ai toujours trouvé cette tragédie à la fois infiniment triste et terriblement belle. Je me demande même si ce n'est pas à son propos que j'ai commencé à me demander si la pérennité du genre humain n'était pas assurée par les plus vils du fait que les meilleurs semblaient ne pas pouvoir survivre à ce monde.

Toutefois, ce jour-là fut marqué par tout autre chose. D'abord, le matin, Papa, qui venait d'acheter une nouvelle Peugeot – la *404* –, voulut passer par le Havre afin de voir ce nouveau paquebot dont on faisait tant de cas: *Le France*. Pour ma seconde visite au Havre, je ne m'attendais pas à un tel choc. Le découvrant amarré le long du quai, j'eus presque l'impression, de par sa masse, qu'il était une insulte aux puissances d'en haut. Parcouru de frissons (agréables), je ne tenais plus du tout à poursuivre vers Paris. De penser que j'aurais pu me faufiler à l'intérieur de cette coque et sûrement, vu sa taille, m'y ménager une cachette, puis six jours plus tard me retrouver à New York, d'imaginer cela me grisait et, il faut l'avouer, me donnait des idées du genre de celles qui font souffrir les mères. Outre le vague projet de reprendre à mon compte le rôle de l'immigrant début de siècle débarquant clandestinement des flancs d'un navire avant d'aller se perdre dans l'enchevêtrement du Grand Continent, je dois également faire un autre aveu à propos de cette journée: elle fut celle où j'ai idolâtré la force que symbolisait le paquebot. Cette force qui avait pourtant fait dire à certains insensés que même Dieu ne pourrait couler le *Titanic*. Oui, je l'ai ressentie, j'ai joui de la puissance que je voulais bien lui prêter et, durant quelques heures, en ai fait une idole digne d'être vénérée. Il suffit d'en mettre suffisamment, le métal, le béton ou la vitesse n'ont pas fini d'abuser les hommes.

En face du navire construit pour traverser l'Atlantique, Papa aussi parla de son Amérique. Il fut question de Louis Armstrong, de Big Bill Bronzy et de Perdido à la Nouvelle-Orléans où, d'après ce qu'il m'expliqua, des Noirs avaient renouvelé le folklore cajun selon leur sensibilité. À travers ses yeux, je pouvais presque voir le paquebot accoster aux abords de Storyville et, pourquoi pas, tant qu'à rêver, remonter nonchalamment le Mississippi, et réveiller le fantôme d'Huckleberry Finn en éclaboussant la nuit des notes de *Mood Indigo* ou de *Lazy River*.

En route pour Paris, la Peugeot résonnait des voix conjuguées de Papa et moi chantant *When the Saints Go Marchin'in*, tandis que Maman et Mélissande, avec des demi-sourires mal dissimulés, affichaient l'air de ne pas nous trouver sérieux.

C'était une boulangerie-pâtisserie traditionnelle, dont les odeurs oscillaient entre la mie chaude, le croissant, la crème pâtissière et le baba au rhum. Le comptoir de marbre blanc débordait un peu au-dessus du trottoir et, à travers une vitrine légèrement bombée, sur des plateaux en inox, tous leurs mystères révélés par une double rangée de fluorescents criards, s'alignaient les jalousies luisantes et dorées, les millefeuilles nacrés, les religieuses obèses de chantilly et les tartelettes multicolores sur lesquelles l'œil de la gustation s'attarde en ne sachant s'il faut opter pour les cerises, les mirabelles ou les abricots, puis, toutes inhibitions jetées au rancart, affirme que la seule façon de se satisfaire est de tout prendre.

Tandis que les adultes échangeaient à toute allure ce qui avait pu se produire depuis leur dernière rencontre, Mélissande et moi ne cessions de jauger tout ce qui s'offrait à notre gourmandise en nous disant qu'ici nous allions sûrement pouvoir nous goinfrer sans avoir à débourser un seul centime.

Pour cela il nous fallait cependant passer par tout le repas et ses interminables conversations tournant sans cesse autour des aléas du commerce. Dans la salle à manger au premier, dont le mur surmontant la cheminée était orné d'un tableau «triste» pouvant faire penser à l'Angélus de Millet, assis sur des chaises cannées, en paille, qui me laissaient les cuisses toutes striées, nous dûmes, toujours en attendant les gâteaux, passer par les asperges chaudes enveloppées dans des serviettes, les «cochonnailles» dont l'andouille de Vire «vient réellement de Vire», le roast-beef saignant accompagné de pommes dauphine qui, j'en avais peur, risquaient de ne «plus me laisser de place».

Mais il était inutile de m'en faire; rouspétant sur les charges sociales, le gouvernement qui les votait et les ignorants qui avaient élu ce même gouvernement, se demandant où allait le pays et «si une guerre en fin de compte ne remettrait pas les choses à leur place», les adultes attaquaient un pont-l'évêque puant à souhait lorsque la bombe de l'O.A.S. explosa.

Il y eut un grand BOUM, comme au quatorze juillet, suivi immédiatement du vacarme plus prolongé et beaucoup plus aigu de milliers de morceaux de vitre retombant en pluie, le tout accompagné d'ondes vibratoires au terme desquelles Maman, Mélissande et madame Pinteau poussèrent un cri encore plus aigu. Papa resta figé – comme moi – et monsieur Pinteau lança un:

«Bon Dieu, qu'est-ce que c'est? Mais, bon Dieu, qu'est-ce que c'est! qu'est-ce qui se passe?»

Les deux hommes descendirent les premiers et nous entendîmes:

«Bordel de bordel de merde, ils ont bousillé mon magasin!»

Puis monsieur Pinteau eut comme un sanglot vite réprimé, mais qui en déclencha une cascade chez sa femme qui n'était pourtant pas encore descendue. Pour ma part, ne comprenant toujours pas exactement ce qui venait de se passer, avec l'écho du déplacement d'air dans les oreilles, je regardais vers la fenêtre dont les vitres avaient volé en éclats en me demandant s'il y avait des morts dans la rue.

D'une part je le craignais et même en souffrais d'avance; de l'autre j'étais excité de me trouver au cœur d'une pareille aventure et une voix cynique cherchait à me laisser entendre que s'il n'y avait pas de victimes, ce ne serait pas vraiment la grande aventure dont je pourrais dire plus tard: «J'y étais.»

En descendant je compris que je ne devais plus espérer de gâteaux. Ce qu'il en restait maculait la pièce dans un spectacle nauséeux. Chantilly, mirabelles, pâte à choux déchiquetée et cerises éclatées s'accouplaient aux éclats de marbre, de vitre et de plâtre. Alors que l'art guidant la main avait suscité l'appétit, figurant l'absence d'humanité et donc l'absence d'amour, le chaos provoquait le dégoût.

«Isabelle! fit madame Pinteau en portant ses mains au visage, mais pourquoi tu nous as quittés, ma chérie? Pourquoi?»

Curieusement (aujourd'hui je le comprends mais à l'époque ce n'était pas vraiment le cas), les Pinteau ne pleuraient pas les dégâts causés à leur magasin, non, au lieu de cela ils plongeaient à corps perdu dans la douleur causée par la disparition de leur fille. Comme si leur commerce n'avait été qu'une passerelle couverte posée sur l'abîme au fond duquel battent tranquillement les flots noirs de l'absurde.

Il n'y avait pas de victime, mais bien vite retentirent des sirènes, arrivèrent des pompiers, des policiers et des curieux, le tout dans le clignotement de phares rouges; ça devenait passionnant. Trop peut-être, car redoutant je ne sais quel traumatisme pour nos jeunes esprits, Papa nous conduisit, Mélissande et moi, chez notre grand-père maternel, dans la grande maison de la rue de Charonne, où nous pourrions passer la nuit dans la chambre où avait grandi Maman.

Apprenant ce qui s'était passé, Grand-père avait secoué la tête d'un air découragé.

«Ça ne finira donc jamais, avait-il dit avant de s'adresser directement à ma sœur et moi. On vous dira: le monde s'améliore, les hommes sont meilleurs, n'allez jamais croire une pareille affirmation. Chacun veut être aimé, chacun exige sa part d'amour, mais nous croyons pouvoir exiger sans nous rendre compte qu'il faut d'abord donner. Et comme nous sommes des enfants gâtés, parce qu'on ne reçoit pas ce qu'on exige, on se fâche. Voilà pourquoi les hommes se font du mal, il n'y a pas d'autres raisons.

— Léon! Léon! s'était exclamé sa nouvelle femme, tu vois bien que ces enfants-là sont trop petits pour comprendre tes grandes histoires.

— Pas du tout, Arlette, pourquoi voudrais-tu qu'ils soient trop jeunes pour comprendre les vérités de la vie?»

Elle éclata d'un rire aussi niais que sonore et secoua la tête à son tour.

«N'écoutez pas votre grand-père, mes petits chéris, il déraille un peu, vous savez; il a trop travaillé...

— Grand-père ne déraille pas, répliquai-je, et je comprends très bien ce qu'il dit. Il faudrait être cornichon pour ne pas comprendre...»

Nouveau rire aussi sonore.

«Hohoho, non mais l'entends-tu, Léon! Ah! celui-là, il te ressemble, tu peux y aller, va.

— Je comprends aussi, fit Mélissande.

— Toi! toi, ma petite chérie, tu comprends les discours compliqués de ton grand-père?

— Pas toi? lui demanda ma sœur.

— Moi? oh! moi si, mais c'est pas pareil, j'ai pas ton âge...»

La vulgarité de cette femme m'énervait. Désavantagée sur presque tous les plans, en particulier celui de l'esprit, je voulais croire que Grand-père l'avait épousée dans un de ces élans de compassion qui lui faisaient donner refuge aux clochards, aux profiteurs ou aux chats blessés. Mais moi, je ne me sentais pas cette grandeur d'âme. Je voulais qu'elle comprenne que nous n'avions rien de commun.

— Tu sais, Mémé (nous l'appelions ainsi autant par dérision que pour bien marquer qu'elle n'était pas notre grand-mère), certains peuvent comprendre à dix ans des pensées incompréhensibles pour d'autres à soixante...

Grand-père comprit que j'avais voulu être méchant. Il me désapprouva en des termes que son épouse ne dut même pas saisir:

«Le boomerang est sûrement très agréable à lancer, Éric, mais c'est autre chose lorsqu'il revient à son point de départ... Je viens de te le dire, si on ne sait pas aimer, inutile d'attendre des autres quoi que ce soit de gentil.»

La leçon m'atteignit et je m'en voulus immédiatement. À tel point que, moi dont le côté sombre un peu plus tôt tablait secrètement sur un ou deux cadavres anonymes pour meubler ses souvenirs, j'eus brusquement envie de pleurer à cause de la peine qu'avaient pu causer mes mots à une femme qui, après tout, n'était pas coupable de sa nature. Ce fut, à ce que je m'en souviens, la première fois où je réalisai que l'intellect n'a rien à voir avec la mentalité. Si cette femme avait l'esprit lourd, elle n'était pas cependant ce que l'on peut appeler méchante – même si la bêtise conduit souvent à la méchanceté. Mais il s'agit là d'une autre forme de bêtise, celle de se croire plus fort ou meilleur: l'orgueil.

Et de celle-là je n'en suis malheureusement pas dépourvu.

Le reste de la chambre demeurant dans l'obscurité, la lumière blafarde du réverbère s'étalait dans le cadre rectangulaire de la fenêtre dont les vitres ne parvenaient pas tout à fait à contenir un air d'accordéon qui devait s'échapper d'un bistrot de la rue. Vraiment triste. Allongé sur le dos, j'avais le corps écrasé sous un immense édredon de plume. Reniflant les odeurs, traquant des sensations, j'essayais de retrouver l'univers de Maman petite fille, d'imaginer ce qu'avait pu être sa jeunesse ici. Mais il n'y avait que des odeurs de naphtaline, de vieux bois et, pour toute sensation, celle d'une affreuse oppression. Le fait que Mélissande était dans le même lit, réveillée elle aussi, ne suffisait pas à me rassurer. J'ignorais pourquoi, mais j'éprouvais l'impression d'être isolé dans un piège froid, ténébreux et lugubre. Pire, j'eus bientôt la sensation que la lumière du lampadaire de la rue baissait, que la pièce, douée d'un quelconque savoir mauvais, se refermait sur moi pour m'enfermer à jamais dans ses ombres. Pourquoi cette malveillance qui sourdait des murs? Mêlée à des mouvances grises, la peur s'insinua en moi, se logea au niveau de mon plexus et se mit à m'entretenir de la mort, des ténèbres et de l'oubli.

«Est-ce que tu sens quelque chose? demandai-je à Mélissande.

— J'aime pas cette chambre...

— Pourquoi?
— J'en sais rien, elle est triste...
— Si tu veux mon avis, elle est plus que triste. As-tu peur?»

Je me tournai vers elle et elle fit de même.

— Moins que chez les Pinteau, ce soir. Est-ce que t'as eu peur, toi?
— Pas chez les Pinteau, mais maintenant, là, je ne suis pas tellement rassuré...
— À cause de l'explosion?
— Pas du tout! Ça, ça ne me fait pas peur. Ce qui me dérange c'est cette chambre; on dirait que... Je ne sais pas...
— Moi je sais, Éric...
— Qu'est-ce que c'est?
— Tu ne savais pas que c'est dans cette chambre que Grand-mère est morte?
— Bah! non, pas du tout. Qu'est-ce que ça fait qu'elle y soit morte?
— Ça, j'en sais rien, je t'ai dit ce que je savais, c'est tout. C'est peut-être la peur de la mort qui est restée dans la chambre...
— La peur, ce n'est pas quelqu'un, c'est pas vivant, comment veux-tu que ça reste quelque part?
— J'en sais rien, moi. Peut-être que, quand on éprouve quelque chose de très fort, ça se détache de nous et ça s'incruste dans les lieux. Ou peut-être que les sentiments sont des petits diables ou des petits anges qui s'amusent dans nos têtes...
— C'est ridicule!
— As-tu une meilleure idée?»

Je n'en avais pas. Tout ce que je savais était que j'avais encore plus peur. Peur de la mort. Car si ce que nous ressentions était la peur qu'avait éprouvée Grand-mère dans cette chambre, la mort était vraiment quelque chose d'affreux. Allant plus loin, je décrétais même qu'il n'était pas normal qu'elle existe.

— Imagine, me dit Mélissande, peut-être que Grand-mère était couchée dans ce lit, qu'elle a senti venir la mort, qu'elle a senti son cœur s'arrêter de battre, un grand vide dans la poitrine, son sang arrêter de circuler, son corps se refroidir, la lumière s'en aller, qu'elle s'est rendu compte que rien, plus jamais, n'existerait pour elle. Que tout finissait là. Ça doit être épouvantable...

— Arrête! ai-je dû crier. Mais où vas-tu chercher tout ça?
— Tu as peur?
— Pourquoi j'aurais peur? Et toi, t'as peur?
— Un peu...»

Je gardai quelques secondes de silence avant d'ajouter: «Moi aussi...

— Tu vois, tu es comme moi.
— Qu'est-ce que tu veux dire?
— Qu'on est tous pareils et qu'on a tous peur parce qu'on sait parfaitement que quand viendra le moment, tous ceux qu'on aura connus resteront sur place pendant qu'il faudra partir tout seul, vraiment tout seul, puis qu'il faudra tout laisser derrière, même l'affection. Et sans affection...
— Oui, mais il y a quelque chose de l'autre côté...
— Ça on y croit, mais on en est jamais sûr.
— Mais comment ça se fait que tu as pensé à tout ça?
— Je n'y avais pas pensé, c'est juste depuis que je suis couchée dans ce lit.
— Bah! alors il doit vraiment y avoir quelque chose, parce que moi aussi je pense à ça depuis que je suis là.»

Nous nous prîmes les mains sous les draps et soudain ça alla beaucoup mieux.

«Vivement demain matin, fit-elle.
— Oui, tu as raison, vivement demain matin. (J'hésitai un moment avant d'avouer:) Je suis bien content que tu sois là, tu sais.
— Moi aussi, Éric, je suis bien contente.»

Parce qu'ils nous prouvaient que chacun n'était pas seul devant l'inconnu, ces mots nous réconfortèrent et je pus glisser lentement dans la nuit qui clôtura cette étrange journée.

19

L'année de la lettre à Natalie Wood, l'institutrice nous avait demandé d'apprendre les départements français avec toutes leurs préfectures. Je ne pouvais imaginer pire ennui. Qu'est-ce que ça pouvait bien me faire qu'Auxerre soit la préfecture de l'Yonne? Depuis l'Ain jusqu'aux Yvelines, les départements français n'évoquaient pour moi qu'une succession ininterrompue de JB, de rues blafardes, de murs gris, d'institutions aux odeurs de poireaux, de petits gros ricanant sur les défilés américains et des crottes de chien sur les trottoirs. Pourquoi, me disais-je, je devrais perdre mon temps à apprendre cette longue litanie de noms évocateurs d'une morne tristesse?

Lorsque vint la première interrogation écrite, je ne pris même pas la peine de répondre à une seule question. Évidemment, peu de temps après, Joseph est arrivé dans la classe en brandissant mon zéro et vitupérant contre le poil énorme qui, à son avis, poussait dans ma main.

Pour l'interrogation suivante, j'avais appris par cœur tous les états américains ainsi que leurs capitales. J'étais même capable de les placer sur une carte. Plutôt que de répondre aux questions posées, en commençant par l'Alabama (Montgomery) et en finissant par le Wyoming (Cheyenne), j'y allais de mon énumération. Ceci donna cela: Nouvelle arrivée impromptue d'un Joseph écarlate d'emportement.

— Monagan, il va falloir que ça cesse! Non seulement tu n'apprends pas ce qu'on te demande d'apprendre, mais pour nous narguer, tu apprends autre chose. (Il s'adressa à tous:) Si ça continue, il nous dira bientôt qu'il n'aime pas sa patrie!»

Encore une fois j'étais persuadé que j'avais l'Amérique de mon bord et je me sentais assez fort pour répliquer à Joseph:

«Ça dépend de ce que vous entendez par ma patrie, cher frère?

— Tu le demandes!
— Oui, parce que si vous croyez que c'est la France, vous vous trompez.»

Il y eut un «Oh!» d'indignation dans toute la classe. Durant un instant, Joseph nous laissa même entendre que la stupéfaction l'empêchait de trouver ses mots.

— Et quelle est la patrie de Môsieur Monagan, si ce n'est pas trop indiscret?
— Je l'ai déjà dit, cher frère, l'Amérique.
— L'Amérique! Eh bien! ça ne m'étonne pas! On a toujours dit que les Américains étaient une bande de grands gamins sans culture, maintenant je comprends mieux...»

Cette fois c'est moi qui étais indigné. Au risque de mettre mes oreilles en péril, je répondis comme mon père le faisait à ceux qui aiment évoquer l'Amérique en prenant le ton qu'emploient certains adultes lorsqu'ils parlent des enfants:

«Sans ces gamins, cher frère, cet endroit porterait son vrai nom: Dachau. Sans eux, vous ne nous demanderiez pas d'apprendre les départements français; il n'y en aurait plus. Les Français, qui n'ont même pas été capables de se défendre après avoir présomptueusement déclaré la guerre, seraient au mieux des sous-Boches, sinon de l'engrais pour la Gaule transformée en champs de *Kartoffeln*!»

Durant quelques interminables secondes, il me regarda sans rien dire. Je savais qu'il cherchait la pénitence susceptible de laver l'outrage. Il commença d'une voix très posée:

«Je note avec satisfaction que tu as employé judicieusement l'adverbe présomptueusement. Aussi, pour le présomptueux que tu es, tu vas aller à l'office chercher un seau, une brosse à main et du savon noir, puis tu iras faire reluire toutes les tinettes du préau. Ça te donnera de l'entraînement pour la vie de vagabond que tu es en train de te préparer.

— Et si je refuse, cher frère?
— Si tu refuses! Mais si tu refuses tu subiras la trique jusqu'à ce que tu obéisses.
— Ou jusqu'à ce que je sois mort...
— Ne rêve pas, la trique n'a jamais tué personne.
— Alors je refuse, cher frère.
— Très bien.»

Il est sorti d'un pas rapide. L'institutrice devait attendre son retour car le cours n'a pas repris, du moins pas avant qu'il ne revienne en balançant une de ses baguettes de bambou.

«Approche!» m'a-t-il intimé alors qu'il restait près du tableau.

Je n'ai pas bougé. «Qu'il vienne, me disais-je, moi je n'ai rien demandé. Et puis il aura beau taper, je céderai pas. Tu entends, Monagan, tu ne dois pas te rendre, tu dois tenir contre ce fumier. Si tu flanches, tu te retrouves en train de frotter la merde dans les chiottes et ce sera mérité!

«Il risque de me faire mal...

«Pas grave! Tiens, à chaque coup tu n'auras qu'à crier vive l'Amérique, ça te donnera du courage.»

Si j'avais dû faire mon introspection à ce moment, je me serais certainement rendu compte que j'essayais de prendre à mon compte le lourd héritage de tous ces héros pétris d'indépendance que j'avais vus défiler sur les écrans de cinéma, ainsi que dans les pages de mille romans. Je ne voyais aucune alternative, je devais être un héros ou rien. C'est ce que le cinéma nous apprenait encore. Peut-être était-ce pour cette raison que les salles essayaient de se donner l'apparence de temples. Où sont passés ces vastes halls imposants, ces larges escaliers couverts de tapis vermillon, ces salles obscures où l'on pénétrait avec déjà le sentiment d'accéder à un monde plus riche à tout point de vue? Nous n'allions pas seulement voir un film, nous allions nous forger des mentalités de héros.

Et ce jour-là, face à Joseph, je me prenais pour tel. J'avais presque l'impression d'entrer dans un film. La vie devenait plus palpitante. Jusqu'à ce que les premiers coups pleuvent sur mes oreilles. Aussitôt, bien sûr, il est instinctif d'y porter les mains afin de les protéger. Mais Joseph était un expert et c'était au tour des doigts de recevoir les coups vifs et cinglants. Vite on essaie de protéger ceux-ci en cachant ses mains dans son dos, mais de nouveau ce sont les oreilles qui écopent. Face à un virtuose de la trique, il n'y a pas d'échappatoire; on souffre ou on se rend. Mais je ne voulais pas me rendre. Tel que je me l'étais conseillé, à chaque coup, plutôt que de crier «ouille!», j'y allais à pleins poumons d'un «Vive l'Amérique!», comme si à travers moi Joseph était en train de martyriser le Nouveau Monde.

«Alors, me demandait-il, vas-tu y aller nettoyer les tinettes?
— Non!» répondais-je invariablement.

À travers la douleur, je sentais que pour les autres le duel devenait intéressant. J'imaginais que chacun devait commencer à se demander qui aurait raison de l'autre. Malheureusement, Joseph devait se dire la même chose et se dicter de continuer à me frapper en se donnant pour argument que toute faiblesse serait une porte ouverte à l'anarchie. Mais, nettement, mes «Vive l'Amérique!» lui posaient un problème. Au bout d'un certain temps, il suspendit ses coups pour me le demander:

«Pourquoi cries-tu «Vive l'Amérique!»?
— Parce que c'est le continent de la liberté, cher frère.
— Quelle liberté, celle de tirer sur son voisin quand la tête de celui-ci ne nous revient pas? Tu ne sais pas que c'est le pays de la violence?
— La violence, cher frère, c'est moi qui est en train de la subir...
— Qui suis! Tu aurais dû dire qui suis et non qui est. Tu n'apprends rien! Tu es un cancre! Un cancre qui voudrait nous donner des leçons. On en a tous assez de tes lubies...»

Il venait de dire on! je m'empressai de lui retourner ce qu'il nous répétait sans cesse:

«On pronom imbécile, cher frère.»

Les coups redoublèrent. Cette fois, il était évident qu'il était furieux; il me faisait vraiment mal et je devais me concentrer sérieusement pour lancer des vivats à l'Amérique plutôt que de hurler ma douleur. Plusieurs fois la trique dévia sur mes joues, provoquant à chaque fois une cinglante brûlure. L'institutrice elle-même dut prendre peur de la colère de Joseph car elle risqua un:

«Je crois que...
— Ce voyou mérite une correction! hurla le frère. Nous n'allons tout de même pas nous en laisser imposer par des jean-foutre de son espèce... Hein! est-ce que tu vas y aller maintenant laver les tinettes?»

J'étais presque plié en deux sur le plancher. Une force de plus en plus vive m'ordonnait de crier «Assez!». J'avais besoin de toutes mes ressources pour continuer à jouer les héros, même si je n'étais plus certain de pouvoir aller jusqu'au bout. C'est alors qu'à travers la douleur et ce dilemme une autre idée est venue s'interposer: «Peut-être que maintenant, me suis-je dit, si tu lui balances quelque chose de vraiment grossier, peut-être qu'ils se décideront à te renvoyer. Si tu l'humilies devant les autres, il n'aura pas le choix.

«Il risque aussi de me tuer...

«T'inquiète pas, il est ou trop sadique ou pas encore assez fou pour ça.»

Attrapant l'extrémité de la baguette à pleine main, je me redressai brusquement et hurlai:

«J'en ai marre de vos conneries! Marre de dire cher frère à des trous-du-cul en soutanes. Plein le cul de me faire chier dans cette putain de pension à la con. Ras le bol de me faire emmerder par des cons à bavette qui n'ont même pas assez de couilles pour se marier. (Au fur et à mesure que je débitais ces insanités, je voyais le ravissement passer dans le regard de mes condisciples qui devaient s'imaginer qu'enfin tout allait changer, que le pouvoir allait être renversé. Entretenir leur plaisir me donnait de l'impulsion:) C'est pas parce qu'on est pas majeurs qu'on va se laisser emmerder par une bande d'enculés et de pédérastes! Y en a marre de se faire tabasser sans rien dire, juste parce que vous portez des soutanes. On devrait tous vous pendre par les couilles jusqu'à ce que vous gueuliez pitié...»

Stupéfait, Joseph avait gardé la bouche carrément ouverte. Après ces derniers mots, il recula d'un pas et je vis sa pomme d'Adam monter et descendre rapidement.

«Tu es possédé du démon... articula-t-il avant de crier très fort en quittant la classe: Il est possédé du démon!»

À ces mots, l'institutrice dut penser comme lui car elle s'adossa au tableau de la même façon que si j'avais été King Kong marchant sur elle. Mais je ne bougeais pas d'un pouce. Celui qui avait le plus peur, c'était moi. J'étais littéralement terrifié à l'idée d'être possédé du démon.

En larmes, refusant de toutes mes forces la simple idée

de servir d'abri au diable répugnant, appelant Jésus et Marie à mon aide, j'étais toujours debout et j'avais pissé dans ma culotte lorsque Joseph revint, accompagné du frère Charles et du frère Jean qui me prirent chacun par une épaule pour me conduire sans ménagement chez l'aumônier.

Sur un signe de tête de l'abbé Augustin, les quatre hommes me laissèrent seul dans la bibliothèque et se retirèrent dans le bureau. Les cloisons cependant ne m'empêchaient pas de percevoir leurs propos.

— Vous avez perdu la tête ou quoi! lança l'abbé d'une voix chargée de reproches. Possédé! Je le connais bien, ce garçon n'est pas plus possédé que moi je suis cul-de-jatte...

— Vous ne l'avez pas entendu, fit Joseph, aucun enfant normal n'aurait pu prononcer le quart des ordures qu'il a débitées. Un vrai torrent d'abjections, ça ne peut pas venir tout seul...

— Tous les gars normaux que je connaisse ne se parlent entre eux qu'avec des mots volontairement orduriers. C'est l'âge qui veut ça, pour eux c'est une façon d'affirmer leur virilité. Nous sommes tous passés par là, même si on a tendance à vouloir l'oublier...

— Qu'ils se parlent ainsi entre eux, je veux bien, mais c'est à moi qu'il s'adressait. Jamais, en vingt ans d'éducation, un élève ne m'a dit qu'on devrait être pendu par – excusez l'expression – les couilles!

— Il a dit ça?

— Oui, il a dit ça.

— Évidemment, c'est assez... brutal. Mais je connais Monagan, et je reconnais que c'est un cas plutôt spécial, toutefois je peux vous certifier qu'il n'est absolument pas possédé. (J'eus l'impression que d'horribles nuages pourpres se dissipaient brusquement au-dessus de ma tête pour laisser place à une trouée de ciel bleu.) Violent, révolté, enfant à problèmes, il est tout cela, je vous l'accorde, mais à coup sûr pas ce que vous prétendez. Si vous voulez mon avis, plutôt que de lui tomber sur le dos à tout propos, mieux vaudrait, pour lui et les autres, tâcher de cerner son problème.

— Je connais son problème, fit Joseph. Il est paresseux

comme un âne et comme en conséquence rien ne fonctionne à sa guise, il a décrété qu'il ne vivait pas dans le bon pays et qu'il ne serait chez lui qu'en Amérique.

— Il doit y avoir d'autres raisons à cela. Un traumatisme de prime jeunesse, un événement familial; il n'en sait sûrement rien lui-même.

— S'il n'est pas possédé, reprit Joseph, je persiste à penser que c'est un gros problème de paresse.

— Joseph, entendis-je la voix du frère Charles, tu sais bien que la paresse a des causes dépressives.

— À vous entendre, vous allez bientôt me dire qu'il est parfait. Mais moi, je vous le dis, je ne sais plus quoi faire avec. Il faudrait peut-être songer à l'orienter vers un établissement spécialisé... De toute façon, vis-à-vis des autres, ce serait saper toute mon autorité que de le retourner à ses occupations comme si rien ne s'était passé.

— Ces considérations dépassent le cadre de mes attributions, dit l'abbé. En ce qui me concerne, tout ce que je peux vous affirmer est qu'il n'est pas possédé. Le reste...»

En dehors de cette fatigante histoire de paresse, je jubilais. Ça y était, j'avais gagné; ils allaient me renvoyer.

«Le renvoyer, ce serait aussi reconnaître notre échec, affirma le frère Jean en remettant du coup tous mes espoirs en jeu. Si on se met à renvoyer chaque élève chaque fois qu'une difficulté se présente, nous ne vaudrons guère mieux que le secteur public. Et puis je vois d'ici les propos de certains parents lorsqu'ils apprendront qu'on a renvoyé l'élève qui a risqué sa vie pour en sauver d'autres... Non, pour ma part, je suggère une punition exemplaire.

— Quoi? demanda Joseph. Il a déjà des retenues pour des années d'avance. Et n'oublions pas que nous en sommes là parce qu'il a d'abord refusé d'exécuter ma dernière sanction.

— Pourquoi pas le cachot? proposa le frère Charles. Nous avons délaissé cette méthode au début du siècle, mais elle a fait ses preuves...

— Ce serait peut-être une solution», approuva Joseph.

C'est ainsi qu'escorté des frères Charles et Jean, je fus conduit dans un réduit d'environ deux mètres sur deux situé au sous-sol, non loin du quartier des douches. L'endroit n'avait d'autres sources de lumière que trois minuscules trous ronds percés dans la porte et situés trop haut pour que je puisse seulement regarder à l'extérieur. Aucun ameublement sinon un grand pot de chambre à couvercle et la couchette pliante que l'on m'apporta dans la soirée. Pour toute nourriture un pot d'eau, du pain et (peut-être contre le scorbut) de la moutarde de Dijon. Je ne peux plus manger du pain et de moutarde sans que me revienne en mémoire l'odeur du cachot. Car, au-delà de l'obscurité, de l'ennui et de la perte angoissante de tous repères, c'est l'odeur s'échappant du pot de chambre que j'ai trouvé le plus difficile à supporter.

«Tu sortiras de là lorsque tu te seras décidé à nettoyer les tinettes du préau, m'avertit Joseph, pas avant.»

Je ne répondis pas. J'étais toujours décidé à ne pas céder.

Il ne revint lui-même que le lendemain et me demanda si j'étais prêt à obtempérer. Il n'obtint de ma part qu'un «sûrement pas». Le surlendemain il me fit d'abord valoir que si je cédais je pourrais repartir à neuf en ce qui concernait mes retenues et aussi dans l'opinion qu'il s'était faite de moi. Nouveau refus de ma part (même si j'étais convaincu depuis longtemps que l'odeur des tinettes eût été moins pire que celle de mon cachot). Le troisième jour, son ton était nettement plus amical:

«Allez, Éric, dix minutes de tinettes et c'est fini. Je n'irai même pas vérifier... Alors?»

J'étais étendu sur la couchette. Depuis la veille, petit à petit, laissée totalement à son libre cours, mon imagination me faisait me sentir dans la matrice d'un monde en gestation. J'étais à la fois partie de ce monde et son spectateur. L'obscurité devenait refuge, l'absence de temps mesurable, une île au milieu du temps, l'odeur elle-même me devenait tellement familière que, comme toute chose rencontrée dans l'adversité, j'étais pour ainsi dire en train de m'y habituer. «Ici je suis le maître, me suis-je dit en entendant les paroles de Joseph. Ici ils ne peuvent rien de plus contre moi. Ici je décide, je domine, j'ai tout mon temps.» Je me revois encore, sourire dans l'obscurité et ne pas juger bon répondre.

«Tu m'entends, Monagan?

— Ouais...»

Mon ouais volontairement lymphatique a dû le contrarier.

«Bien! reste là-dedans puisque tu y es dans ton élément.»

Le lendemain, Miss Giro, l'infirmière spartiate, est venue s'assurer que je tenais le coup physiquement.

«Ça pue, là-dedans, a-t-elle dit en plissant le nez. Comment fais-tu pour rester là?

— La porte est barrée...»

Elle a secoué lentement la tête, posé sa main froide et osseuse sur mon front, déclaré que je me portais comme un charme puis, plus bas, m'a demandé:

«Combien de temps crois-tu pouvoir leur tenir tête?

— J'en sais rien.

— Pourquoi tu ne veux pas faire ce qu'ils te demandent?

— Parce que si je me laisse faire, ça sera encore pire. Tout ce que je veux, c'est quitter Jean-Baptiste. Rien d'autre. Ils ne sont pas obligés de me renvoyer, ils n'ont qu'à simplement expliquer à mes parents que ce serait mieux pour moi d'aller dans une autre école.

— Je peux bien répéter ce que tu viens de me dire au frère directeur, mais...»

Le silence qui suivait était désolant.

«Je sais, fis-je, il y a toujours un mais pour empêcher que ce soit facile. Vous voulez que je reste dans vos pensionnats à la gomme afin que plus tard je puisse dire des mais à mes enfants.

— Mais qu'est-ce que tu lui reproches à ce pensionnat?

— La même chose que vous reprocheriez si on vous mettait en prison pour rien.

— Mais tout le monde y est en prison, mon pauvre garçon. La seule manière qu'il y a d'en sortir plus ou moins est d'étudier afin d'en devenir l'un des gardiens.

— C'est pas gai!

— Qui a dit que la vie devait être une partie de plaisir? Quand même tu me diras qu'il faut faire comme si, la nature des choses te replacera vite devant l'inéluctable réalité. Naître, souffrir et mourir; il n'y a pas d'autre issue, mon garçon. La seule parade à la souffrance est d'aimer.»

Je n'en revenais pas. Que cette vieille femme aussi martiale que sèche puisse parler d'aimer me paraissait presque aussi absurde que si le frère Joseph lui-même l'avait fait. Je n'aurais jamais pu imaginer que celle qui nous tapait les fesses si on la «dérangeait» en dessous de trente-huit et demi puisse seulement prononcer le verbe aimer. D'autant plus qu'à l'époque, ce mot ne revêtait pour moi que deux apparences: l'amour que l'on portait à ses proches et celui, très idéalo-romantique, que je rêvais de pouvoir vivre un jour avec une plus-que-fille, comme seule l'imagination peut en concevoir. Pour le reste, il pouvait y avoir soit la camaraderie (souvent intéressée), soit l'admiration béate que je portais envers ceux (comme Kennedy, Charlie Chaplin ou Gary Cooper) dont je n'aurais pas été vexé de revendiquer l'influence. Mais il ne m'était jamais venu à l'idée qu'aimer puisse être un état d'esprit vis-à-vis de ce qui nous entoure. Implicitement, l'amour devait se justifier par des liens possessifs. Et cette femme qui, sans jouer, aurait pu prendre le rôle d'une méchante douairière dans un film de série B, voilà qu'elle me laissait brusquement entrevoir que le chemin du bonheur n'est pas dans ce qu'on retire mais dans ce qu'on donne. Ou, plus prosaïquement sur le moment, je me rendis compte que si j'allais tout de suite nettoyer les tinettes du préau, j'ôterais un gros souci de la tête à Joseph, et qu'il n'en tenait qu'à moi qu'il ait ou pas ce souci. D'en prendre conscience me fit découvrir le frère sous un autre éclairage: il devenait plus humain, donc davantage pareil à moi-même et ainsi, d'une certaine façon, digne d'être aimé. Ceci pouvant s'étendre à tous mes contemporains.

Bien sûr, une autre voix m'affirmait qu'il serait plus judicieux que je m'occupe de mes propres soucis plutôt que de ceux de Joseph, qui me les créait. Cette voix semblait plus logique, toutefois, pour déjà ressentir des effets de paix à l'idée de procurer un peu de cette même paix à celui qui me gardait dans ce cachot; je pressentis qu'en fin de ligne la logique était un concept limité.

Je regardai Miss Giro. Sous sa blouse blanche elle était sèche comme un bout de bois, sous son grand chignon blanc les traits de son visage étaient anguleux et le dessin de sa bouche sévère, sous ses sourcils blancs son regard aurait pu évoquer un trou noir où, comme le reste, la simple notion de tendresse serait immédiatement engloutie. Qui était-elle sous cette apparence? Seuls ses mots et le souvenir de sa main lisse, froide et osseuse sur mon front me renseignaient: une femme trop solitaire. À elle aussi je voulus faire plaisir.

«Vous avez raison, lui dis-je. Vous pourrez dire au frère Joseph que je vais les nettoyer, ses tinettes.

— Bon! tu as compris qu'il ne sert à rien de s'obstiner.

— Non, grâce à vous, j'ai compris que ça ne sert à rien de vouloir gagner sur les autres.»

Au coup d'œil qu'elle me lança, je vis qu'elle ne comprenait pas très bien ce que je venais de lui dire. Il est vrai que ça entrait en contradiction avec l'enseignement qu'en interlignes nous recevions des frères des écoles chrétiennes, à savoir que nous étions l'élite et que nous devions dominer.

J'étais loin de me sentir comme tel en frottant les tinettes. D'autant plus que Joseph, loin d'imaginer les raisons qui m'avaient poussé à céder, s'était frotté les mains et avait affiché le sourire de la victoire. Au point que sur le moment j'ai dû me faire violence pour ne pas lui dire d'aller se faire voir et retourner dans mon cachot.

Encore une fois, il ne faudrait surtout pas croire que j'avais entrepris de devenir un saint. Loin de là! Dans les jours qui suivirent, alors que pour le bénéfice de Frédérique (avec qui j'avais l'habitude de jouer aux aventuriers) j'évoquais ma folle nuit à Saint-Aubin dans la chambre des serveuses, celui-ci m'affirma qu'il voyait tout le temps sa mère dans le plus simple appareil. À cela, je ne voyais qu'une sombre hypothèse:

«Tu la regardes pas par les trous de serrure!?

— Sûrement pas! Et puis j'aurais pas besoin, elle est à poil toute la journée.

— Je te crois pas!

— T'auras qu'à venir chez moi un samedi, je t'invite, tu verras...

— Tu veux dire que ta mère se balade à poil dans la maison quand tu es là?

— Tout le temps. Ça arrive même qu'elle mange à poil.»
 Je savais que ses parents étaient divorcés et qu'il vivait seul avec sa mère. J'avais déjà du mal à imaginer, mais ce que j'entendais là me dépassait en ce sens que je ne savais comment le prendre. Était-ce le signe d'une famille «terriblement dans le vent» ou, plus vraisemblablement, celui d'un drame larvé. Ne sachant que dire, je m'informais davantage (d'autant plus que c'était excitant à souhait).

«Et toi?
— Moi?
— Est-ce que tu te balades à poil aussi?
— Ça m'arrive...
— Merde, alors tu dois bander?
— Ça arrive aussi.
— Et puis? Qu'est-ce qui se passe? Qu'est-ce qu'elle dit, ta mère quand tu bandes?
— Rien, elle rit.
— Elle rit!?
— Oui, même qu'elle m'appelle son grand monsieur.
— Et puis?
— Et puis quoi?
— Qu'est-ce qui se passe? Est-ce que... est-ce que tu te couches sur elle, des trucs comme ça?
— Ça va pas, non! C'est ma mère!
— Je sais bien que c'est ta mère, mais c'est toi qui me dis qu'elle se promène toute nue devant toi, que tu bandes et que ça la fait rire. Moi, quand je bande, j'aimerais bien qu'il se passe quelque chose, pas toi?
— J'ai pas dit qu'il se passait rien...
— Bah! quoi alors?
— On prend un bain et elle me dilate le gland. Ça fait vachement du bien.
— Tu veux dire qu'elle te branle?
— Non! branler je sais ce que c'est. Elle, elle me dilate. Pour l'hygiène.
— Si elle te ramène la peau sur le nœud d'avant en arrière, moi j'appelle ça branler.
— Bah! tu n'y es pas, Éric! Branler c'est faire ça avec la main à toute vitesse. Ma mère, elle, elle me dilate, c'est pas

pareil! D'ailleurs, il faut que ça se fasse, ma mère me l'a dit. Elle te fait pas ça la tienne?»

Je n'ai pas réfléchi, je lui ai expédié mon poing sur la figure. L'idée même qu'il ait pu imaginer ma mère dans cette situation m'était insupportable. En le frappant, je n'ai pas voulu le punir, j'ai voulu qu'il se taise. J'ai voulu effacer les mots qu'il avait prononcés et qui à eux seuls salissaient Maman dans mon imagination.

«T'apprendras que ma mère n'est pas une salope!» ai-je crié.

Il avait l'air très triste et ne m'adressait aucun reproche pour l'avoir boxé. Simplement il me regardait tandis que des larmes roulaient sur ses joues. Je n'étais pas fier de moi.

«La mienne non plus», dit-il.

Je m'en voulais. J'avais encore réagi impulsivement.

«Mais non, mais non, Frédo, la tienne non plus. Excuse-moi, vieux. C'est l'idée que...

— Putain, tu m'as fait mal... Tu fais chier, Monagan.

— J'ai pas voulu, je te jure. C'est juste que chez moi c'est pas du tout comme chez toi.

— Je te jure qu'elle est sympa, ma mère.

— J'ai jamais dit le contraire, j'en suis sûr... Tu disais qu'il fallait être dilaté, pourquoi au juste?

— Pour l'hygiène. Autrement il y a plein de saletés qui se mettent là-dedans et on risque des infections.»

Lorsque je repense à la suite aujourd'hui, je me rends compte du fossé qui me sépare de cette époque. Comment ai-je pu poser une telle question? À croire qu'il s'agissait d'un autre moi.

«Crois-tu que ta mère, elle me dilaterait comme toi? J'ai pas envie d'avoir des infections.

— Merde alors! tu me cognes, et tu me demandes ensuite si ma mère te rendrait service...

— Je te l'ai dit, c'est parti tout seul.

— Ouais... En tout cas, je te l'ai dit aussi, je t'invite chez moi le samedi que tu voudras.

— Je suis tout le temps collé.

— Joseph saurait pas que tu es chez moi. T'aurais tout le temps de t'expliquer le lundi. Une volée de plus ou de moins, pour toi ça ne changera pas grand-chose.

— T'as raison, samedi je partirai avec toi. (Un soupçon me traversa l'esprit.) Peut-être que ta mère ne se mettra pas à poil si je suis là?
— Y en a d'autres qui sont déjà venus chez nous, ça ne la dérange pas à condition qu'on ne le dise pas partout. Elle dit qu'elle est naturiste.
— Et toi, ça ne te fait rien?
— T'es mon copain, non?
— Sûr, que je suis ton copain!»

Le samedi, à seize heures trente, plutôt que de me diriger vers la salle d'études comme à l'habitude, j'ai quitté le pensionnat avec Frédérique en profitant de la cohue à la sortie. Sa mère l'attendait dans une vieille *DS*, place Saint-Gervais. Des cheveux miel retenus par un ruban de velours émeraude, un tailleur beige (j'ai tout de suite regardé ses jambes), elle m'a souhaité la bienvenue avec un grand sourire rose fuchsia. Puis nous sommes partis en direction de Duclair, où leur petite maison de plain-pied bordait la Seine.

Le samedi soir s'est déroulé comme ça aurait pu l'être dans n'importe quel foyer. Après un bon repas (avec des chandelles), une émission de télévision et une partie de jeu de l'oie, chacun s'est retiré dans sa chambre, celle «des invités» quant à moi. Travaillé par la chair, je me suis relevé plusieurs fois durant la nuit pour regarder le flot lent du fleuve. Des arbres noirs, la nuit marine. Dans l'obscurité de la chambre, j'élaborais des scénarios dans lesquels la mère de Frédérique ouvrait la porte, venait me demander si j'avais peur ou faim ou froid et, sous un prétexte quelconque, se glissait sous le drap et s'allongeait tout contre moi. Ensuite, plus rien; je ne savais plus jusqu'où je pouvais imaginer.

Le pâle soleil hivernal inondait ma chambre lorsque je me suis éveillé. J'entendais des bruits et des voix de l'autre côté de la porte. Je voulais me lever, mais ne parvenais à me décider si je devais sortir nu où m'habiller. «Si je m'habille, me disais-je, je n'aurai plus de raison de me déshabiller... Et si j'arrive à poil et qu'elle est habillée, de quoi je vais avoir l'air?» Ce dilemme pitoyable m'empêchait de me lever pour aller profiter de ce dimanche volé à Joseph. Heureusement, après ce qui me parut une éternité, la mère trancha pour moi en me demandant à travers la porte si je voulais aller à la messe.

«À la messe!»

Ma surprise était totale. Je m'attendais à tout sauf à la messe. Que venait faire la messe dans cette histoire? Elle n'y avait aucune place, je ne voulais pas en entendre parler. Est-ce que Frédérique s'était fichu de moi? J'étais là pour voir la nudité de sa mère, il était question que je me fasse «dilater», pas que j'aille écouter un sermon!

«C'est juste une proposition, me répondit la femme, tu n'es pas obligé...
— Est-ce que vous y allez, vous?
— Bien sûr!»

C'était vraiment déprimant. Je répondis que j'irais avec eux, sur quoi elle m'informa que si je voulais prendre un bain, il y avait une serviette sur la commode. Je m'enroulai la taille avec et, certainement avec une mine déconfite, ouvris la porte pour me diriger vers la salle de bains.

Surprise en passant devant la porte en arche de la salle à manger: dans le miroir au-dessus de la cheminée j'entrevis des seins. Le cœur battant, je stoppai net.

«Heu... Bonjour, lançai-je d'une voix qui me sembla totalement fausse.

Elle disparut du miroir pour apparaître en réalité. J'avais vu la monitrice en Allemagne, j'avais vu les serveuses à Saint-Aubin, mais aucune n'était rasée (ou épilée). Pour la première fois, je contemplais le sexe féminin dans sa terrible simplicité. Je devais avoir l'air de ce que j'étais: hypnotisé et stupide. J'éprouvais un furieux besoin d'aller me réfugier contre ce ventre légèrement bombé, de sentir cette peau, de poser ma tête contre ces seins, d'embrasser, d'embrasser encore, presque de mordre.

«Bonjour, Éric! Bien dormi?
— Oui... Oui, bien, madame.
— Tu dois avoir faim?
— Non... Oui...
— Est-ce que je me trompe ou tu as l'air un peu perdu? Est-ce que ma tenue te gêne?

— Non! Non pas du tout!

— Tu vois, je crois que si tout le monde était nu, nous serions bien moins portés à nous mentir...»

Je ne voyais pas ce que le mensonge venait faire là-dedans et, à vrai dire, je m'en fichais totalement. Ce n'est que pour la forme que je lui demandai pourquoi. Mais avant qu'elle ne réponde, je vis arriver un Frédérique aussi peu vêtu que sa mère. Il m'adressa un clin d'œil complice.

Brusquement je voulus fuir. Voir une femme nue, parfait. Être en présence d'une mère et de son fils nus était une tout autre affaire. J'avais soudain l'impression d'évoluer dans un tableau insensé.

«Parce que nous jouons tous un rôle sur cette terre, me dit la femme. Parce qu'il faudrait revenir à ce que nous sommes et ne pas nous raconter des histoires. Tiens, par exemple, tu portes ta serviette autour de la taille, peux-tu dire pourquoi?

— Parce que... Pour me cacher.

— Voilà le mot; pour te cacher! Mais cacher quoi?

— Je ne sais pas...

— C'est pourtant très simple, pour cacher ton pénis. Non pas parce que tu penses qu'il est affreux ou difforme, mais parce qu'au fond de toi tu veux – remarque bien que tout le monde le veut, tu n'es pas seul – tu veux laisser entendre que le tien est mieux que celui des autres. Tout ça fait partie du grand jeu de la séduction.

— J'ai jamais pensé que mon... mon pénis était mieux que celui des autres.

— Alors n'aie pas peur de le montrer.»

Je fis oui de la tête, mais rien pour ôter la serviette. La femme parut désolée.

«Frédérique m'avait dit que tu étais un garçon qui n'aimait pas les faux-semblants.»

Je ne savais pas pourquoi, mais je me sentais dans mon tort. C'est pour cette raison que, tout en disant «voilà», j'ôtai la serviette, ce qui fit apparaître un sourire sur les lèvres de la femme.

«Eh bien, tu vois, me dit-elle, tu es beau comme un cœur!»

Comme pour vérifier cette affirmation, je baissai la tête et me rendis réellement compte que j'étais nu. Instinctivement je voulus remettre la serviette, mais avant que je ne puisse faire un geste, elle s'approcha de moi et se pencha en disant:

«Alors c'est vrai, ce que m'a dit Frédérique, tu n'es pas dilaté?

— Non... Je ne sais pas. Je ne crois pas.

— C'est incroyable! de nos jours...»

Et, comme s'il s'agissait de quelque chose d'aussi banal que mon nez ou mon oreille, posant un genou sur le sol, elle prit mon sexe entre ses doigts afin de vérifier par elle-même. Évidemment, j'entrai aussitôt en érection, ce qui eut pour résultat, comme me l'avait dit Frédérique, de la faire rire et de s'exclamer: «Oh! oh! un autre grand monsieur, on dirait...»

Je n'avais jamais été dilaté, aussi la peau n'alla pas loin sans douleur. Elle s'en rendit compte, ramena et recommença. Comme je l'avais prétendu à Frédérique, cela ressemblait fort à de la masturbation. Ou en tout cas l'effet était le même. Tant et si bien que soudain, cédant à une impulsion incontrôlable, je croisai mes bras autour de son cou et je me plaquai contre elle.

Elle ne se dégagea pas. Au contraire, elle dit:

«C'est ça, mon garçon, c'est bien, laisse-toi aller, oui, comme ça... ça fait du bien.»

Ses cheveux sentaient comme des fleurs de jardin après la pluie. Sa peau était douce et j'avais envie de la dévorer. Me fondre. Me fondre en elle, en une femme. À travers elle, à deux devenus un dans une étincelle de plaisir, une fois sentir la vie, une fois avant l'oubli. Une seule fois pour retrouver... Mais qui?

Levant les yeux, je rencontrai ceux de Frédérique qui visiblement nous reprochait de l'abandonner. Où étaient les aventuriers durs à cuire que nous incarnions tandis que nos patins à roulettes figuraient des Ferrari dans la cour de JB? Je ne pouvais tout de même pas me laisser aller comme ça sur sa mère.

«Frédérique...» dis-je en m'écartant.

Se redressant, le visage décomposé, sa mère a pris ma

main, celle de son fils et nous a conduits sur son grand lit où nous nous sommes allongés tous les trois, lui et moi contre elle, chacun son côté.

Pour la première fois j'étais vraiment nu contre une femme nue, mon visage contre son sein, mes doigts sur sa peau, osant à peine bouger, surtout lorsqu'elle prit mon doigt et le promena sur cet étrange point surmontant son sexe.

«Continue comme ça», souffla-t-elle.

J'avais peur de ce que ça pouvait faire, mais, tremblant, je continuai tandis qu'elle recommençait à nous «dilater». La normalité semblait s'être dissoute, plus rien brusquement n'avait d'importance, que le désir impétueux d'aller jusqu'au bout, de répondre à l'appel du néant sans plus se préoccuper de l'avenir, même immédiat.

Tels des naufragés s'agrippant à un esquif ballotté par des flots furieux, nous nous accrochâmes à son corps emporté. Instinctivement, nous cherchions à prendre place, mais pendant que son bassin nous cherchait, dans une dernière convulsion sans doute inhibée par des millénaires de morale, ses mains nous contenaient.

Puis nous sommes restés là, dans une longue étreinte figée où se confondaient remords et abandon.

20

Un matin du printemps, avec Aligny, nous faisions le tour de la sinistre cour de JB (sûrement en nous demandant quel mauvais coup nous allions pouvoir inventer) lorsque nous tombâmes sur un autre de nos copains, assis sur les marches du perron, le front posé sur les genoux, les bras croisés autour de la tête.

«Qu'est-ce qui t'arrive, Dupuis? demanda Aligny. Tu chiales?»

Dupuis releva la tête et effectivement nous pûmes constater qu'il pleurait.

«J'ai rien... répondit-il.

— Tu dois bien avoir quelque chose, on chiale pas pour rien. Est-ce qu'il y en a un qui t'a fait chier? Tu nous le dis et on lui fait une tronche au carré.

— Non, non...

— Bah! quoi alors...

— Dimanche, c'est la fête des Pères...»

Je savais que Dupuis avait perdu son père. Je cherchais des mots pour lui remonter le moral, mais avant que je ne trouve quoi que ce soit, Aligny éclata d'un rire bruyant.

«Bah! merde alors! le voilà qui chiale son vieux...»

Je n'ai pas réfléchi, seul l'instinct a agi, mon poing est parti et Aligny s'est retrouvé assis par terre, sonné et stupéfait.

«T'es rien qu'un sale con», lui ai-je lancé.

Puis, indifférent à la réaction d'Aligny, je me suis assis à côté de Dupuis en lui assurant que je le comprenais et que moi-même, si je n'avais plus mon père, je trouverais ça terrible.

Bien sûr j'avais usé de violence, mais j'étais assez fier de ma réaction. Elle me prouvait que dans un western j'aurais été du côté des «bons».

L'Amérique! Toujours l'Amérique! Il y eut cette soirée à Fécamp où un ami de la famille, commandant dans la marine marchande, avait installé son projecteur et son écran dans notre salle à manger familiale afin de nous offrir un tour du monde en diapositives. Tandis que Maman débarrassait la table des restes d'un saint-pierre à l'armoricaine, les chaises furent alignées en une seule rangée et je fus nommé responsable de la lumière. En attendant la première photo, devant l'écran aussi scintillant qu'immaculé, un silence d'église s'installa autour du ronronnement du projecteur. Était-ce l'époque? Était-ce l'âge? J'avais réellement l'impression de partir en voyage. Où est passée cette faculté magique qui me faisait dire ou penser «on se croirait au...» et d'y croire?

«Ça, commença le marin, c'est la mer...»

En effet, sur l'écran nous apercevions deux tiers de mer séparés horizontalement d'un tiers de ciel. Je suppose que par cette image il voulait nous mettre dans l'ambiance, mais nous nous demandions surtout ce qu'il y avait à voir et si quelque chose ne nous échappait pas.

«Ah oui, c'est bien la mer, fit Maman comme si nous pouvions douter de la chose.

— Elle est vraiment bleue, ajouta Papa.

— Et on ne voit pas la terre», poursuivit Mélissande.

Pour ma part, désireux d'entendre un nom qui fasse rêver, je demandais de quelle mer il s'agissait. Je voulais entendre parler de la mer de Chine, de la mer Rouge, de celle des Caraïbes.

«C'est la Manche, nous apprit le commandant. Juste dans la rade du Havre.

— Ça pourrait être ailleurs, dit Papa.

— Pas du tout! le contredit l'invité. Chaque mer a ses couleurs, ses particularités; son caractère si vous voulez. Il me serait difficile de confondre une photo de la Méditerranée avec une autre de l'Atlantique par exemple...

— Vraiment? s'étonna Maman.

— Ah! tout à fait.»

Je voulus mettre mon grain de sel dans la conversation:

«C'est comme pour la terre, je peux tout de suite reconnaître, en voyant une photo ou un film, si c'est pris en

Amérique ou ailleurs. Je reconnais tout de suite quand c'est en Amérique.

— Tu n'y as jamais été... me dit mon père.

— Je sais, mais c'est comme ça.

— Eh bien! justement, me proposa le commandant, pour que ce ne soit pas lassant, je n'ai pas classé les diapositives par pays; l'Égypte peut aussi bien suivre la Côte d'Ivoire ou le port de Rotterdam. Alors si tu veux, quand tu reconnaîtras l'Amérique, tu nous le diras.

— D'accord, acquiesçai-je, je le dirai.

— Je te préviens, je n'ai pas toujours pris des gratte-ciel...

— Je trouverai pareil.»

La photo qui suivit nous montra une femme d'un certain âge, coiffée d'un grand chapeau de paille en forme de cône mais dont la pointe était aplatie. Elle était assise dans une longue barque chargée de légumes étranges, voguant sur des eaux vert jade. La magie opérait, j'étais transporté. Loin, très loin, dans des pays où certainement tout devait être agréable puisqu'ils se situaient aux antipodes. Il me semblait même percevoir les odeurs et la chaleur suggérées par la diapositive.

«Ça, c'est la Chine, crut reconnaître Mélissande.

— Pas tout à fait, la détrompa le marin, c'est à Bangkok, en Thaïlande. Ce que tu vois là, ce sont les canaux qui sillonnent la ville. À Bangkok on peut circuler en bateau.

— Comme à Venise alors?

— Oui, comme à Venise.

— Ça ne semble pas très propre, fit Papa.

— C'est l'Asie, vous savez...

— Ouais, bah! l'Asie...

— Je crois que ça vaut quand même le déplacement.

— Je ne dis pas non, mais personnellement, lorsque je vais en vacances, je ne suis pas de ceux qui raffolent de se promener avec leur appareil photo et leur chapeau de soleil au milieu de miséreux pour qui le prix de la seule pellicule signifierait plusieurs repas. Pour vous, c'est différent, vous y allez en service...

— C'est vrai qu'il arrive parfois que l'on se sente un peu coupable, approuva vaguement le commandant. Mais que pourrait-on faire...»

Il posait la question sans vraiment en attendre de réponse. Mais je crus alors qu'il en fallait une. Utopique de surcroît:

«Ce qu'il faudrait, c'est supprimer toutes les frontières et redistribuer toutes les richesses à part égale. Tout le monde pareil...»

Sur l'écran la femme au chapeau ne s'en allait pas. Je voyais ses pieds sales au milieu des fruits et pensais qu'elle serait plus à son aise avec des souliers.

«Tu es trop jeune pour comprendre, me dit mon père. Ça ne marche pas comme ça...

— Je sais que ça ne marche pas comme ça, c'est pas une raison.

— Alors tu voudrais que ceux qui ne fichent rien profitent autant que les autres? Tu voudrais qu'on vende le restaurant et qu'on distribue à part égale avec tous les bons à rien qui passent leur vie au bistro?

— Mais cette femme-là n'a pas l'air de passer sa vie au bistro...

— Non, ce n'est pas le cas, dit le commandant. À mon avis, ce qui est en cause dans ces pays, ce n'est pas une question de paresse, au contraire. Les Jaunes sont très industrieux, non, c'est plutôt que ce ne sont pas des chrétiens, ils n'ont pas les mêmes valeurs que nous. Si ici, en Europe ou même en Amérique, nous sommes plus prospères, c'est, je crois, parce que nous sommes des sociétés chrétiennes. Nos valeurs nous protègent – plus ou moins je vous l'accorde – de vices qui en d'autres pays conduisent à cette misère qui n'est que le reflet de la misère morale.

— Vous avez mis le doigt dessus, approuva mon père. (Puis à mon intention:) Tu vois, tout est juste.»

J'étais loin d'en être convaincu, je me demandais en quoi nous pouvions être meilleurs que les «Jaunes», mais me trouvais à court d'arguments verbaux pré-élaborés. C'est encore un de mes handicaps; je demeure toujours confondu par ces personnes qui à n'importe quel propos semblent capables d'envoyer un verdict, de toute évidence sagement réfléchi. Je soupçonnais que mon père et le commandant ne détenaient pas toute la vérité, mais ne savais comment le leur démontrer à l'emporte-pièce d'une repartie. D'autant plus que j'étais encore embarrassé par la simplicité de mon intervention sur la redistribution des richesses. C'était toujours ainsi: emballé par leur clinquant, j'étalais des idées avant même de les avoir examinées à la lumière de la réalité. Le seul problème ensuite est que chacun possède sa propre réalité.

L'image suivante montrait un pont un peu rouillé en relief d'un ciel bleu soutenu. Ça aurait pu être n'importe où.

«Ça, c'est l'Amérique! lançai-je avec la crainte d'être devancé.

— C'est juste, confirma le commandant. Un pont dans le New Jersey, près de Newark. Comment as-tu deviné, on ne voit que le pont et le ciel?

— J'en sais rien, je crois que c'est le ciel...

— Il est bleu comme ailleurs, fit ma sœur.»

C'est ce soir-là que je me suis rendu compte que justement, non, le ciel américain n'est pas du même bleu que celui de l'Europe. Du moins de l'Europe que je connais. Il est d'un bleu plus soutenu, moins dilué. Plus cru.

Cette année-là, je ne fis pas seulement des voyages par diapositives interposées, ce fut l'année du voyage familial en Suisse. Ce voyage, je crois, où j'ai acquis mes goûts de luxe (ceux qui entrent en compétition avec mes idées de partage évoquées précédemment). On ne sort pas indemne d'un périple où «pour voir ce qui se fait de mieux ailleurs» Papa nous offrit un véritable carrousel d'éclat, de finesse et d'élégance. Il y a eu tellement à voir et à saisir que, sans doute pour ne pas être débordée, ma mémoire a malaxé le tout en une espèce de grand poème d'images, de sons et de parfums où la Suisse des pics enneigés, des torrents et des vallées sapinières se confond à celle des sévères façades d'hôtels, des nappes immaculées, des somptueux plafonds deux fois plus hauts que nécessaire et des verres de cristal qui tintent au soir comme un appel aux sens. Comment ne pas se sentir au cœur de l'Histoire en train de se commettre à l'*Hôtel du Rhône* de Genève? Comment ne pas s'imaginer partie des élus temporels en s'éveillant dans les matins lumineux du

Beau Rivage de Lausanne? Comment ne pas ressentir cette sorte de pureté grandiose, obscure et cruelle vers laquelle tend l'âme germanique dans le vaste chalet du *Fiescherblick* de Grindelwald?

Mais de l'Helvétie, ma cicatrice mémorielle la plus profonde vient de Lugano. Une chambre qui donne sur le lac, un balcon, le soir mauve, des lumières qui clignotent sur l'eau obsidienne, des bateaux blancs. Trop beau pour être seul! Je crois que c'est la première fois où je me suis dit que tout ça ne servait à rien si je n'avais une fille avec moi pour le partager. Une fille qui me connaîtrait par cœur, sans fard, et m'aimerait vraiment pour ce que je suis. Comme pour appuyer mon sentiment de solitude, à la radio de la chambre, Sinatra se mit à chanter *Stranger In the Night*. Dans ma tête la Suisse se mua en une certaine Amérique. Des rues luisantes, la nuit écarlate, des néons blêmes, des voitures qui passent, pressées, en vous éclaboussant, le cri d'un train à l'est, une sirène marquant une fatalité. À la fois tentant et trop difficile à supporter. Je changeai de vision. J'étais toujours dans un hôtel, sur un balcon, devant un lac, mais quelque part dans les Rocheuses canadiennes. Et je n'étais plus seul; je m'étais inventé une compagne. Je la sentais contre moi, j'avais le bras passé sous son cou, ma joue contre la sienne, nous partagions la chaleur de nos corps, nous parlions en silence, des yeux, du bout des lèvres, des murmures de tendresse, c'était merveilleux! Pourquoi n'était-ce pas réel? «Ce le sera en Amérique», me disais-je lorsque la question se faisait trop lancinante. «Elle t'attend en Amérique.»

La preuve était faite: malgré tous ses attraits, la Suisse ne pouvait combler mes attentes. Et je ne comprenais pas que Charlie Chaplin pût y vivre en paix loin de l'Amérique. Sans jamais rien avoir entendu sur ce sujet, j'étais persuadé qu'il devait en souffrir. Comment ne pas souffrir d'être séparé de l'Amérique?

Une fois par année, un jeudi après-midi, au lieu d'aller au football ou dans la forêt de Darnétal, les frères nous lâchaient dans la fête foraine qui, chaque hiver, installait tout le long d'un boulevard ses autos tamponneuses, montagnes russes, trains fantômes et tout ce qui s'accroche à ces foires d'où l'on ressort nauséeux de trop de circonvolutions, de barbe à papa et de pommes au caramel. Quoi qu'il en soit, c'était un grand jour de liberté dont il était longtemps question avant et après.

«Entrez! Entrez voir le phénomène! Seulement un franc! Un seul malheureux franc pour pouvoir dire ensuite je l'ai vu, c'est vrai, ça existe...»

Curieux comme je suis, j'ai voulu voir. Mon franc versé, je suis passé derrière un rideau noir et là, dans une stalle minuscule, j'ai pu voir un veau à cinq pattes. Je m'attendais à tout sauf à ça, cette patte surnuméraire ne me semblait pas valoir un franc. À tel point que j'ai dû hausser les épaules et suis ressorti, peu impressionné par la patte qui jaillissait juste à côté de la queue. Ce n'est qu'un peu plus tard, dans un manège d'avions que je me suis mis à y repenser. Qu'est-ce qu'elle faisait là cette patte absurde? Était-il possible que des gens viennent au monde ainsi? Sitôt redescendu de l'avion, je retournai donner un franc afin de voir de nouveau le veau à cinq pattes. Cette fois je demeurai sur place, agitant dans ma tête des questions du genre: si c'est Dieu qui a créé le monde, comment a-t-il pu faire que ça arrive? Sans réponse. Ce spectacle avait quelque chose d'obscène. La pauvre bête était là, tête basse, comme consciente – et donc honteuse – de son état. N'ayant de réponse à ces questions d'ordre hautement philosophique, je me rabattis sur des plus terre à terre: Comment des gens peuvent-ils avoir le cœur de gagner de l'argent de cette manière? Soudain j'eus pitié du veau et me mis mentalement en colère contre les propriétaires. Comme je me trouvais seul tandis que le bonhomme faisait son boniment aux passants, sous le coup d'une impulsion, j'ouvris la barrière du petit clos, y entrai, fis sortir le veau et le poussai vers l'extérieur où tout à coup il se précipita, au milieu de badauds dont certains se mirent à crier. Alerté, le propriétaire se précipita et, à mon grand désappointement, maîtrisa rapidement son animal. Presque aussitôt, sans avoir réalisé exactement comment, je me suis retrouvé sous le feu des questions d'un gendarme:

«Où habites-tu? Où sont tes parents?»

Espérant pouvoir lui échapper, je lui donnai un faux nom, une fausse adresse et de faux parents.

«Et pourquoi as-tu libéré cet animal, hein?
— Parce que c'est pas normal que des gens gagnent de l'argent comme ça...
— Et qui t'a dit que ce n'était pas normal?
— Ma conscience.
— Et ta conscience ne t'a pas dit aussi qu'il n'était pas normal de disposer de ce qui ne t'appartenait pas?
— Non. Et vous, est-ce vous ne devez pas veiller à la justice?
— Justement, mon garçon, j'y veille.»

Je réalisai alors que la police n'était pas là pour veiller à la justice dans le sens noble du terme, mais bien plutôt pour veiller à la propriété privée. J'essayai néanmoins de le rallier à mon point de vue:

«Est-ce que c'est normal de faire souffrir une bête pour du pognon?
— Elle t'a dit qu'elle souffrait, peut-être?
— Je l'ai senti. (Puis j'y allai d'une esbroufe:) Savez-vous pourquoi Dieu a permis que ce veau ait cinq pattes?
— Parce que toi, tu le sais?
— Non, mais je pensais que vous alliez me le dire puisque vous trouvez normal que quelqu'un s'enrichisse avec.
— Mais c'est quoi enfin toutes ces histoires que tu nous fais pour rien! C'est juste un veau avec une patte de plus. Ça ne l'empêchera pas de finir en bifteck! Maintenant tu vas arrêter de nous casser les pieds et tu vas rentrer gentiment chez toi. Je ne veux plus te voir traîner par ici, tu m'as compris?»

J'ai dit oui et me suis rendu jusqu'au Palais des Glaces où je me suis dépêché de me perdre. Là ça passe. Bing. Non. Ça ne passait pas. Pourtant ça avait l'air de passer... Tout n'est qu'illusions. Ça semble exister, mais ça n'existe pas. Ou alors c'est le contraire. Dans un sens comme dans l'autre ce n'est qu'une illusion, la cinquième patte, le veau, le gendarme, les vitres, les étoiles et le reste. Mais illusions ou pas, ça ne change rien au fait que ça fait mal d'être toujours tout seul dans le manège, chacun avec sa cinquième patte qui fait rigoler les autres.

Joseph aussi avait sa cinquième patte. Ou son jardin secret, si l'on préfère.

Vers la même époque, un samedi soir où comme d'habitude j'étais en retenue, plutôt que d'aller me coucher, j'étais resté dans une des classes avec une pile du *Journal de Mickey*. J'aime toujours me plonger dans les histoires de tout ce petit monde qui de façon caricaturale nous ressemble tant. Il y a en particulier deux personnages de Disney qui m'enchantent : Géotrouvetou et Picsou. J'adore les découvertes du premier qui a le génie de fabriquer du rêve avec des tondeuses à gazon ou des pétrins électriques, et je suis captivé par le second parce qu'il assume son vice jusqu'au bout. Je sais que Picsou n'est jamais le gentil de l'histoire, pas plus que Willie Stark dans l'admirable roman de Penn Warren *Les fous du Roi*, ou encore le grand-père Pollitt dans l'inoubliable *La chatte sur un toit brûlant*, mais tous ces personnages ont en commun une force brute, une force vitale qui me fascine. Et, contrairement à beaucoup qui ne veulent l'admettre, je dois avouer qu'ils ne me sont pas antipathiques. Je ne sais si cet aveu éclaire quelque côté sombre de ma personnalité ? Peut-être au fond cela a-t-il une relation avec mes goûts pour le luxe et le pouvoir ? Mais je m'écarte...

Donc j'étais resté dans une salle de classe pour plonger à corps perdu (m'évader) dans cet univers qui est celui des habitants de Donaldville. Il était très tard lorsque j'ai eu fini toute la pile. Relevant la tête, j'aperçus la lune et des étoiles qui brillaient aux fenêtres entre les branches des tilleuls de la cour. Pour mieux en profiter et rêver, je suis allé fermer les lumières de la classe. Je restais là, à observer la lune dont la lumière argentée baignait la pièce, à rêver aux planètes et aux étoiles, réalisant avec émerveillement que tout ceci nous appartenait, comme autant d'Amériques en devenir. J'en étais donc à des colonisations de planètes aux couleurs étranges lorsque, comme une ombre dans les ténèbres, traversant la cour en rasant les murs, j'aperçus Joseph se dirigeant vers la sortie. Visiblement il ne tenait pas à être aperçu. J'avais trop souvent vécu cette situation pour ne pas la reconnaître.

Sans bruit, je quittai la classe et lui emboîtai le pas à distance, certain que si je parvenais à le suivre sans me faire remarquer, je risquais de faire une découverte qui pourrait m'offrir des arguments pouvant éviter qu'il ne vienne à nouveau lire mes lettres à Natalie Wood devant les autres.

À l'extérieur de JB, je le suivis qui descendait la rue Saint-Gervais. Mettant en pratique ce que j'avais appris avec Bob Morane puis dans la *Série Noire*, je gardais toujours une bonne distance derrière lui, me faufilant d'une encoignure de porte à une autre en avançant sur la pointe des pieds, essayant d'adopter cette allure féline dont il est souvent question dans les romans d'aventures.

Ce n'est que sur le boulevard des Belges qu'il s'arrêta enfin devant une porte cochère et frappa. Juste avant d'entrer, il regarda autour de lui, exactement comme s'il soupçonnait d'être suivi. J'eus juste le temps de me dissimuler dans un renfoncement. Lorsqu'il fut entré, j'attendis un long moment avant de me décider à aller me rendre compte. Sur la façade une seule fenêtre laissait passer de la lumière, elle se trouvait au premier. Comment faire? Si je voulais découvrir ce qu'il était venu faire ici, il était nécessaire que je grimpe. C'était risqué. J'hésitai un instant puis pris ma décision; la connaissance de ce qu'il venait faire ici pouvait acheter ma paix.

L'escalade n'était pas difficile, les pierres de taille qui entouraient la porte comportaient des rainures et des saillies qui me permirent de me hisser du bout des pieds et des doigts. En moins d'une minute je parvins à la hauteur de la fenêtre où je risquai un coup d'œil. Je ne m'étais pas trompé, Joseph était bien là. Par contre il n'était pas avec une femme comme je l'avais tout d'abord supposé. Au lieu de cela, en compagnie d'autres messieurs que l'on pourrait qualifier de «bien», tous assis autour d'une table ronde, il semblait écouter l'un d'entre eux dont je ne voyais que le dos. Il n'y avait rien là qui me parût suspect. Les adultes avaient le droit de se réunir où et quand ils le voulaient. Je l'avais donc suivi pour rien! Il semblait pourtant coupable en traversant la cour.

Je m'apprêtais à redescendre lorsque je les vis se mettre

tous debout d'un même élan et lever le bras droit, sèchement, un peu comme beaucoup de films nous montrent les SS le faire durant la Seconde Guerre mondiale. Je me demandais ce que cela pouvait bien signifier, lorsqu'à travers les vitres j'entendis distinctement un haut et clair «Vive le Roi».

Vive le Roi? Qu'est-ce que ça voulait dire? Est-ce que nous n'étions pas en république depuis belle lurette? Mamie se disait royaliste, mais j'avais toujours vu cela comme une fantaisie, jamais à ma connaissance elle ne se réunissait avec des chouans au cœur de la nuit pour crier longue vie au roi. Je devais être en train d'assister à un complot pour réinstaurer la monarchie. Quelle histoire! Ça, c'était l'Aventure!

Je m'en rendis subitement compte en même temps que je réalisai qu'il était plus difficile de descendre que de grimper. Un souffle d'euphorie s'engouffra en moi, mes narines furent chatouillées de parfums qui n'avaient rien à voir avec ce boulevard particulièrement triste: celui de la vanille des îles, celui des palmiers qui bruissent au soir sur les plages au bout du monde, celui des orchidées du fond de l'Orient, celui des tripots de Singapour. Puisque j'avais été capable de grimper jusqu'à cette fenêtre, il ne faisait aucun doute que je ne me défilerais pas lorsque viendrait mon tour de vivre la Grande Aventure, comme Bob Morane, Guy l'Éclair, Blec le Roc, le Chevalier Blanc, Hubert Bonisseur de la Bath, Gary Cooper dans *Le train sifflera trois fois* ou Paul Newman dans *Exodus*.

Je me suis tordu une cheville à l'atterrissage, mais j'ai réussi à regagner la rue avant que la réunion ne se termine. Je n'ai jamais su de quoi il retournait exactement dans cette histoire, mais un jour, alors que Joseph s'apprêtait à user de sa trique sur moi, je ne pus m'empêcher de dire que je l'avais aperçu, une nuit, alors qu'il sortait en douce du pensionnat. La baguette resta suspendue en l'air.

«Qu'est-ce que tu veux dire?

— Rien de plus que ce que j'ai vu, cher frère. Et puis vous savez, j'ai tout raconté à ma grand-mère qui est royaliste...»

La baguette revint à sa position initiale. Jamais plus par

la suite il ne s'en prit à moi plus qu'à un autre; ce qui contribua grandement à forger ma conviction que l'information est un pouvoir plus grand que la force brute.

Ce qui n'ôte nullement à cette dernière son côté tout à la fois envoûtant et repoussant. J'en veux pour preuve le camp en Italie.

Toujours cette année-là, c'en fut une de voyages, je passai le mois de juillet à parcourir les grands lacs d'Italie du Nord en vélo-camping avec quinze autres adolescents, sous la surveillance de deux frères sportifs de Belfond – un autre pensionnat des frères de l'Instruction chrétienne à Rouen, qui ne pouvait bien sûr s'en contenter d'un seul. Au départ, dès que nous fûmes rassemblés sur le quai de la gare pour prendre le train qui allait nous mener jusqu'au Saint-Gothard, j'ai croisé le regard d'un blond qui serait du voyage. Immédiatement, sans aucune raison sinon que de le trouver arrogant, nous sûmes réciproquement que nous nous détestions. Je me revois encore étendu sur ma couchette dans le compartiment éclairé de la lueur bleutée de la veilleuse, la cadence de cette odyssée nocturne marquée par les roues d'acier sur les joints de jonction, tandis que la fenêtre ne renvoyait que des ténèbres parfois striées d'un lampadaire triste. Je ne m'occupais de rien de tout cela, je n'avais à l'esprit que la sale gueule sur la couchette en face. Qu'est-ce qu'il venait faire dans mes vacances, lui? Pour une fois qu'un camp d'été promettait d'être intéressant, il fallait que je me retrouve avec ce triste mec dont la seule présence me dérangeait. Ça promettait! «Il ne t'a rien fait, essayai-je de me convaincre, c'est pas parce que sa gueule ne te revient pas qu'il est tordu.

«S'il n'est pas tordu, pourquoi je peux pas le blairer?»

L'aube se levait gris acier lorsque je me suis levé pour me rendre aux toilettes. C'est lui qui ouvrit les hostilités verbales.

«Arrête de faire du boucan, merde, tu nous fais chier, le bleu.

— Le bleu! J'ai quatre ans de bahut, t'en as autant, toi? S'il y a un bleu ici, c'est plutôt toi, pauvre con.»

Il se redressa, à la fois furieux et ironique. D'une autre

couchette une voix nous invita à «la fermer et à roupiller». Nous n'étions pas d'humeur à y prendre garde.

«Je vais te faire ta fête! me prévint-il.

— Tu peux toujours essayer... J'en ai vu d'autres et des plus balaises... Tiens, regarde, Belfort, on est pas loin de chez les Boches, tu dois te reconnaître...»

Pourquoi j'ai dit cela? je l'ignore toujours, mais en même temps que je le prononçais, j'étais certain de mettre le doigt sur une vérité intrinsèque. Sa réplique fut de celles qui ne s'acceptent pas:

«Pauvre enculé!»

Fin des réflexions. Je me ruai sur lui. Il s'y attendait, je reçus son pied dans le ventre et, sous le choc, allai me cogner la nuque contre les couchettes. Sonné, fou furieux, je m'agrippai à ses pieds et l'attirai violemment sur le plancher où il s'affala. Sans attendre qu'il reprenne ses esprits (d'autant plus que je me rendais compte qu'il était plus costaud que moi), je me suis jeté à genoux en travers de sa poitrine et j'ai refermé mes mains sur son cou. Il se cabrait, me donnait des coups, mais aucun n'était suffisant pour me faire lâcher prise. Ma colère s'était brusquement envolée, il n'y avait plus que la haine. Une haine froide qui me dictait de continuer à serrer, d'annihiler ce dérangement. J'ai peur de me le dire à moi-même, mais quelque part, oui, je savais fort bien que j'étais en train de le tuer. Je le voyais chercher de l'air, devenir violet, mais je n'avais aucune pitié, ni même la crainte d'un remords ultérieur. Ce que j'étais en train de commettre était le résultat d'une nécessité qui me dépassait, l'aboutissement logique d'une haine tout à fait absurde.

Ce sont les autres qui, en m'arrachant à ma position, m'ont heureusement empêché de poursuivre.

J'éprouve toujours une certaine angoisse chaque fois que je repense à cette rixe; jamais au cours de ma vie de pensionnat (et des mêlées j'en ai vu!) je n'ai assisté à une empoignade où les adversaires cherchaient davantage qu'à se faire mal ou à se prouver leur supériorité.

Encore aujourd'hui je ne parviens pas à analyser pourquoi nous nous sommes ainsi détestés dès le premier regard.

Deux ou trois jours plus tard, nous venions d'arriver sur

le camping de Stresa qui borde le lac Majeur, à peine nos tentes installées, un orage éclata comme je n'en ai jamais revu depuis. Afin d'éviter que nos tentes soient inondées, nous passâmes une partie de la nuit à creuser des tranchées autour de chacune d'elles. Nous avions pédalé toute la journée, nous étions trempés, fatigués de manier nos pelles et nous rêvions de nous étendre au sec pour enfin dormir. Aux alentours de l'aube, nous nous retrouvâmes tous les deux à creuser la même tranchée.

«C'est sympa, tu m'aides à creuser ta tombe, me dit-il.
— Erreur, la tienne.
— Je le sais que t'as voulu me tuer.
— Et alors?
— Alors tu m'as manqué, tête d'enculé.»

Nos pelles s'entrechoquèrent. Si nous n'avions eu la même idée, la pelle de l'un se serait abattue sans ménagement sur la tête de l'autre. Encore une fois, heureusement, le frère André avait tout vu (ou presque) et s'interposa aussitôt.

«Je sais que vous êtes fatigués, hurla-t-il, mais le prochain qui lève la main sur l'autre aura affaire à moi. Vous n'allez pas gâcher ces vacances à cause d'une incompatibilité.»

Suite à cela, que ce soit avec les mots ou le regard, nous nous sommes évités. Nous savions chacun que si nous voulions profiter de ces vacances tranquilles, il fallait oublier l'autre, faire comme s'il était mort. Car cela également je le sais, lui aussi avait voulu m'éliminer.

Lorsque le jour se leva, nous saluâmes le retour du soleil qui commença à tout sécher puis, avec l'impression de nous régénérer, nous prîmes un bain dans les flots bleus avant de nous écraser sous les tentes jusqu'au soir.

Mon Italie a été quelque peu entachée par ces faits. Pas assez cependant pour que je ne me souvienne avec émotion des îles Borromées. Cela ressemblait à un décor de conte de fées. Un univers à la *Sissi l'Impératrice* soudain devenu réalité. Et les nappes de brumes rosâtres du lac de Côme! Comment exprimer cette légèreté, partout, qui saturait l'Italie et procurait ce sentiment qu'il devait être plus facile d'y vivre sans s'en faire que dans l'Europe dite sérieuse. En Lombardie la peinture pouvait bien s'écailler un peu, les mauvaises herbes envahir le jardin, les grillons troubler la langueur des nuits, quelle importance? Je le dis au passé car j'ai entendu dire que depuis, même si elle a toujours été un berceau de violence, l'Italie a décidé d'oublier cette espèce de tranquillité apprise dans la chute de Rome et s'est précipitée dans la course à la réussite.

Vérone. Nous nous sommes rendus sur la tombe de Juliette (oui, oui, elle existe!), j'ai pensé à Roméo, puis à la comtesse de cette ville qui avait donné le jour à mon grand-père. L'Amour! Shakespeare savait-il ce qu'il faisait en choisissant l'Italie pour l'illustrer? «Mon unique amour provient de ma seule haine.»[2] Allais-je rencontrer et aimer une fille qui ressemblerait au blond? C'était absurde.

Puis il y a eu Venise! Nos vélos et nos tentes laissés au Lido, un beau matin nous avons pris le vapeur qui nous a déposés place Saint-Marc. J'ai acheté un pot de tartinade au chocolat et aux noisettes puis, tout en le mangeant avec mon doigt, je me suis éclipsé dans des venelles abandonnées, enfin seul pour mieux sentir cet endroit dont les bleus me parlaient de souvenirs enfouis.

Après avoir visité la basilique et les souffleries de verre, les autres ont fini par me retrouver le soir, alors que j'étais de retour sur la place, assis près d'un orchestre. Les frères André et Bruno s'apprêtaient à me disputer, mais la musique m'avait inondé les joues et ils ont cru que j'étais malheureux. Je ne les ai pas détrompés, mais c'était tout le contraire: je débordais de joie, emporté dans un tourbillon de sentiments exacerbés par la beauté du cadre et d'une musique évoquant des instants où, bâtissant des cathédrales ou composant des symphonies à la gloire de l'Amour, l'âme européenne avait atteint la grâce. Quelle autre ville de ce continent offre à ce point le plaisir des yeux, des oreilles et du cœur? Comment capturer tous les bleus de cette ville, ce bleu de Prusse extraordinairement pur qui, au soir, baigne les bords du Grand Canal. Un bleu que l'on dirait échappé

---

2. *Roméo et Juliette*, Shakespeare (T.D.A)

des nuits d'Orient mais qui aurait pris des principes cristallins en s'écorchant au *Tannhaüser* wagnérien. Ce bleu solitude où se mouvait la silhouette d'un touriste américain ressorti seul de son hôtel, sans doute pour aller revoir le pont des Soupirs. Je crois qu'il essayait de resquiller un peu de passé pour l'emmener en Amérique.

21

Le «château de l'Américaine». Juste après mon périple en Italie, pour des motifs dont j'ai oublié les tenants, j'ai eu le privilège enviable, durant presque tout un mois, de pouvoir vivre la vie d'un Jeune-Prince-du-Château.

C'était chez cette Américaine que, suite à l'incident du mouchoir de la concierge, Mamie avait imaginée comme maîtresse à Papi. Celle donc qu'elle avait apostrophée de façon un peu hâtive sur le marché de Bayeux.

Par je ne sais plus quelles attaches, cette femme étonnante était liée à la fois aux Rothschild et à Churchill. Ses immenses revenus – et il en fallait pour donner comme elle le faisait! – lui venaient de marques de savons et de dentifrices bien connues des deux côtés de l'Atlantique. C'est sous son toit que j'ai rencontré Cocteau (c'est lui, au fait, qui nous avait rapporté, alors que me mêlant à la conversation des adultes je vantais les *Mémoires d'un tricheur*, comment Guitry aurait refusé d'intervenir auprès de ses fréquentations du Reich en faveur de Max Jacob qui venait d'être arrêté). Et parmi quelques autres peut-être moins célèbres, mais sûrement tout aussi influents, il y eut aussi Jean Marais (je revois sa mine embarrassée lorsque, suite à de longues minutes à se coiffer avec méticulosité devant un miroir, la comtesse s'était placée à ses côtés pour se replacer les cheveux du bout des doigts en deux secondes).

Arrivé un après-midi de pluie, j'ai été conduit dans une grande chambre aux murs de pierre taillée, percés de fenêtres étroites en ogives. De chaque côté du lit en bois noir à baldaquin, des tentures damassées or et pourpre habillaient le mur. L'air était imprégné d'un léger parfum où se confondaient cire, aromates et fleurs sauvages. Une odeur qui, bien que je ne l'eusse encore jamais rencontrée, évoquait à mon sens non pas le luxe, mieux que le luxe: la richesse. De cette richesse capable de préserver une vie à l'abri de tout souci matériel. De cette richesse extrêmement rare qui n'a nul besoin des signes d'opulence pour désigner ceux qui en jouissent et qui de par sa nature tend à laisser croire qu'elle récompense quelque vertu inaccessible aux communs des mortels.

La comtesse était étonnante, j'en veux pour preuve ces mots qu'en substance elle m'adressa alors que, nous rendant dîner, nous parcourions ensemble un long couloir dallé noir et blanc:

«Je crois beaucoup à l'hérédité, Éric, aussi, comme je tiens ta grand-mère pour une femme hors du commun, je te présuppose la pareille et crois que nous pourrons, entre nous, faire abstraction des années qui nous séparent pour nous adresser à l'autre d'égal à égal. N'hésite pas à me confier le fond de ta pensée, je ferai de même. Pour l'instant, je me doute fort bien que tout ce qui t'entoure doit... disons... te déconcerter (c'était vrai). Eh bien! oublie. Tout ceci n'est qu'un décor – comme le reste. Aussi grand compositeur qu'il ait été, Mozart n'eût rien valu sans ses compositions. Nous ne valons tous que par nos actes, le reste n'est que blabla.»

C'est ainsi encouragé qu'au cours du dîner je lui parlai de l'Amérique et lui avouai – ce que je n'avais encore fait à personne – combien j'en étais épris.

«Épris? Que veux-tu dire par épris?

— Que je l'aime.»

Son regard était profondément intelligent. Elle m'observa sans le moins du monde chercher à sourire de mes mots. Au contraire, je ne sentais de sa part que bienveillance.

«Comme une personne?

— Oui, je crois, mais d'une façon différente.

— Peux-tu préciser?

— Il n'y a personne à qui je pense autant qu'à l'Amérique. J'aime tout ce qui vient de là-bas, même ce qui au fond n'est pas terrible.

— Tu as raison, ceci ressemble fort à de l'amour...»

Elle était grande et mince, avait de grands yeux bruns et de longues mains «aristocratiques». Avec nous à table, il y avait un baron possédant «une chasse en Sologne», un artiste peintre, avec tous les attributs débraillés que l'on peut prêter à sa confrérie, et une fille de mon âge qui ne parlait presque pas ou, lorsque c'était le cas, ne le faisait que dans une «drôle» de langue, même si elle semblait comprendre ce que nous disions.

«Et comment a commencé cette passion pour l'Amérique? me demanda la maîtresse de maison (que nous appelions Comtesse).

Y réfléchissant, je revoyais les westerns à *La Chaumière*, j'entendais les V-Disk de Papa, comme dans les romans de Gertrude Walker, je descendais d'un wagon de marchandises à Duluth, j'écoutais Ray Charles sous un lit, ou je serrais la main de Kennedy. Mais tout ça, c'était plus tard, il y avait eu autre chose avant, quoi? Je ne le savais pas. Je crus néanmoins devoir donner une réponse un tant soit peu noble à cette question:

«Un jour, ça se passait à Bayeux, j'étais encore petit, j'ai vu défiler des marins américains juste après la fanfare bayeusaine. Il faisait beau, le ciel était tout bleu, et lorsque j'ai vu le drapeau étoilé claquer dans le ciel, j'ai eu un choc. D'une part, j'ai eu honte de la fanfare qui me représentait, d'autre part je me suis trouvé très malheureux de ne pas appartenir, de ne pas faire partie de l'Amérique, tout comme les marins qui défilaient.»

La Comtesse hocha doucement la tête sans que je puisse déterminer ce qu'elle pensait de mon explication:

«Donc, tu as choisi l'Amérique parce que tu as trouvé que les marins américains avaient plus fière allure que la lyre locale? C'est un réflexe de dépit, non?

— Un peu, répondis-je sans exactement mesurer toute la portée de mon acquiescement.

— Ce qui revient à dire que plus tard – note bien que c'est une hypothèse – que plus tard donc, advenant que tu sois marié depuis plusieurs années, que ta femme – comme les autres – subissent les ravages du temps, il suffirait que tu en voies passer une toute jeune et toute fière pour qu'aussitôt tu abandonnes la première?

— Ce n'est pas pareil, je n'ai jamais choisi la France! J'y suis né, ce n'est pas de ma faute.»

Elle me fit alors une réponse qui me laisse toujours un peu songeur:

«Qu'en sais-tu?
— Je ne comprends pas?
— Comment sais-tu que tu n'as pas choisi la France?
— Comment j'aurais pu?
— Je ne peux te donner de réponse à cela, Éric, c'est là le genre de problème que chacun doit résoudre par lui-même...»

Aujourd'hui je me doute de ce qu'elle a voulu dire, mais sur le coup, je n'ai absolument rien compris. Plein d'interrogations, je me suis tourné vers la fille à ma droite, comme pour chercher un début de réponse auprès de quelqu'un de ma génération.

Je ne me suis jamais remémoré cet instant précis jusqu'à maintenant. C'est étonnant et même incompréhensible si je dois considérer ce que j'ai ressenti en rencontrant ses yeux.

À peu de choses près, ce que j'ai éprouvé le jour où, butant dans un cordage sur le quai de Fécamp, Mélissande serait tombée dans le port si, répondant au bref appel des yeux qu'elle m'a lancé, je n'avais tendu la main pour la retenir: un déchirement.

«Où est-ce qu'on s'est vus?» ai-je demandé à ma voisine.

Ayant l'air de s'excuser, elle m'a répondu dans la langue qu'elle employait depuis le début du repas. La Comtesse m'a alors informé que sa nièce pouvait un peu comprendre le français ou l'anglais (ce que je trouvais déjà pas mal), mais qu'elle ne parlait que l'hébreu.

Cette information m'a étonné et attristé. Je voulais communiquer avec elle. Je ne pus qu'exprimer mon regret de ne pouvoir le faire que par des mimiques sûrement ridicules. Le sourire qu'elle m'a adressé me revient en mémoire comme un trait douloureux. Puis elle m'a dit quelques mots que la Comtesse traduisit:

«Samarra trouve que tu lui rappelles quelqu'un.
— Moi aussi, je suis sûr de l'avoir déjà vue. Mais je n'arrive pas à me souvenir où.
— Tu n'as jamais été en Israël? C'est la première fois que Sara vient en France.
— En Israël! Non, non, je n'ai malheureusement jamais

été aussi loin. Elle doit ressembler à quelqu'un que je connais et ça doit être pareil de son côté.
— Ce genre de conjoncture est très fréquent, fit le peintre. Tenez, il m'est arrivé moi-même de...»

J'abandonnai la suite pour sourire de nouveau à ma voisine. Nous nous sommes observés sans aucune gêne, longuement, puis nous avons ri en chœur tous les deux, sans raison formelle; heureux comme si nous venions de faire ou de dire quelque chose de très drôle et de très sain.

Retrouvant ma chambre ce soir-là, je n'avais pas du tout envie de dormir. La pièce avait beau offrir des tentures somptueuses et un lit à baldaquin, elle ne proposait rien qui permette de libérer l'énergie qui bouillonnait en moi. «À quoi ça sert une belle chambre si on ne peut rien faire?» Selon moi, le luxe devait procurer non pas tant l'occasion de dépenser que de se dépenser; de vivre plus intensément. Si ce n'était que pour se retrouver seul et à ne rien faire dans une chambre, si jolie fût-elle, je ne voyais pas l'utilité.

En désespoir d'activité, j'avisai le gros poste en noyer sur la table de nuit. C'était un de ces postes à lampes avec un panneau éclairé jaune pour localiser les bandes de syntonisation où, en lettres serrées, s'alignaient les noms des capitales européennes depuis Londres jusqu'à Moscou en passant par Madrid, Stockholm ou Prague. Autre particularité de ce poste, il présentait un «œil» qui, lorsque je syntonisais une station au plus net, brillait d'un vert phosphorescent presque liquide dans l'obscurité.

Je ne sais pourquoi, je me souviens de la chanson qui précéda la nouvelle. Je ne peux plus entendre *Le Clair de lune à Maubeuge* sans repenser à Marilyn Monroe.

Sur un ton léger, presque narquois, à la limite du supportable, le speaker m'apprit que l'actrice avait été retrouvée sans vie dans sa chambre à Brentwood, près de Los Angeles (dans ce type de nouvelles les gens ne sont pas morts mais sans vie). Les premières constatations laissaient à penser que l'actrice avait succombé à une absorption massive de barbituriques. Ceci fut immédiatement suivi d'une morale bon marché assurant que des gens ordinaires propulsés au pinacle de la gloire ne pouvaient être à même de le supporter. Sous-entendu que Marilyn Monroe n'avait pas eu l'étoffe, que son destin était prévisible et – pour couronner le tout – que cela offrait une nouvelle fois la preuve indiscutable que l'Amérique n'avait pas le sens de la mesure, sous-sous-entendu que la douce France pouvait contempler cela en toute sérénité.

Être sûr d'atteindre le sale con, j'aurais fracassé le poste. Au lieu de cela, tout haut dans le silence de la nuit, j'exprimai mon désarroi en lançant un «NON!» retentissant qui, en public, eût paru incongru de la part d'un garçon de mon âge apprenant le décès d'une actrice que le scandale n'avait pas épargnée, loin de là!

Mais comment ne pas crier lorsqu'on apprend que celle qui a illuminé *La Rivière sans retour* vient d'être retrouvée «sans vie», que plus jamais on ne la verra rire ou pleurer. Comment ne pas hurler – moi qui venais tout juste, entre l'Italie et ce château, de réussir à entrer au *Rex* où l'on jouait *Les Désaxés*. Ce film ne m'avait pas simplement raconté une histoire imprégnée d'une certaine Amérique jouissant d'une liberté inconnue en Europe, il venait de me révéler une des différences majeures entre hommes et femmes, à savoir que pour les premiers il s'agit de donner à leurs faiblesses inhérentes toutes les apparences de la force, alors que c'est exactement l'inverse pour les secondes.

Marilyn Monroe morte! Je ne pouvais empêcher mon imagination de travailler sur cette information afin de l'assimiler. Pire: l'admettre. J'ai su beaucoup plus tard que je n'avais pas imaginé les bons détails, mais est-ce important? Je voyais une chambre aux teintes pastel – du blanc et du rose –, des pans de nuit entrant par une large fenêtre, un grand lit de bois verni blanc, des draps de satin qui, rejetés, traînaient en partie sur l'épaisse moquette crème, et Marilyn sur le dos (en réalité elle a été retrouvée sur le ventre), les bras en croix, une jambe à moitié dans le vide et les yeux grands ouverts dans un dernier regard où je voulais lire la stupeur, l'immense regret de quitter tout ça.

Puis je secouais la tête avec vigueur. Non! ce n'était pas possible. Si Marilyn pouvait mourir ainsi, sans raison, plus rien n'avait de sens.

Ainsi l'existence avait un cours inexorable. Inévitablement, quoi que l'on fasse, la terre lourde et froide attendait à l'autre bout. Je pouvais tout attendre de l'Amérique, cette terre où Sinatra chantait *Stranger In the Night*, ou J. F. Kennedy promettait l'univers au genre humain et où Marilyn Monroe avait pris le parti des chevaux sauvages, mais malgré toute l'amplitude de ce rêve devenu continent, la vie avait une fin, en Amérique comme ailleurs.

J'avais éteint la lumière. La pièce baignait dans une pénombre bleu argent, et seul le poste avec sa bande lumineuse et son iris vert semblait affirmer que, malgré le départ de Marilyn, le monde continuait sa course folle. Françoise Hardy chanta *Tous les garçons et les filles*. J'aurais bien voulu moi aussi aller deux par deux, main dans la main, mais avec qui? Il me paraissait à ce moment que ce n'aurait pu être qu'avec Norma Jean. Une Norma Jean pas encore passée par Hollywood, pas encore humiliée et brisée par les mâles qui n'ont vu en elle qu'un trophée de chasse à placer entre le grizzli d'Alaska et le lion d'Afrique, une Norma Jean qui avait le visage de... Ignorant son visage de jeune fille, je me souviens avoir pensé à ma voisine de table aux yeux violets.

Aujourd'hui je ne sais que trop ce qui est arrivé à Norma Jean. Des géants sont tombés de leur socle de granit. Tragiquement, je suis presque reconnaissant aux magouilleurs de l'époque qui ont permis que je ne le sache pas à ce moment; cela m'aurait privé de l'Amérique – qui est l'Amérique parce qu'elle est aussi cela.

Ça ne me console pas lorsque j'essaie de me persuader que Marilyn Monroe ne pouvait flétrir, que, comme les fleurs coupées, elle devait être jetée avant de faner. N'est-ce pas le rôle qu'elle a choisi? N'est-ce pas aussi le rôle qu'a choisi l'Amérique?

Il n'y a pas longtemps, j'ai pu lire le rapport d'autopsie dans un magazine. Je me demande depuis ce qui a pu passer par la tête du Docteur T. Noguchi pour qu'il écrive: «La distribution des poils pubiens est du type féminin.»

Qu'est-ce qu'il s'imaginait!

J'ai été réveillé tard le lendemain matin par le bruit d'un

moteur. Me rendant à la fenêtre, j'ai aperçu la jeune fille de la veille qui disait au revoir à notre hôtesse et s'apprêtait à monter dans une voiture. Comprenant qu'elle s'en allait, j'ai ouvert la fenêtre et lui ai souhaité de faire un bon voyage. Levant les yeux, elle m'a adressé un signe de la main puis, avec un peu d'hésitation, a lancé: «Shalôm, Éric.»

Puis je crois que j'ai voulu oublier cet instant car, à rien y comprendre, ce départ était de ceux qui font mal.

22

Cette année-là, l'actualité était passionnante. Il y avait eu l'attentat du Petit-Clamart, à la suite duquel Mamie déclara sans crainte à qui voulait l'entendre:

«Vous parlez d'une bande d'innocents! Ils ont trouvé le moyen de rater le Grand Sifflet. Je vous le dis, si je n'étais pas catholique, c'est moi qui irais le zigouiller.»

Ce qu'elle reprochait à de Gaulle, c'était de lui avoir dit: «Maintenant je suis là» à la libération de Bayeux. «Maintenant je suis là, nous répétait-elle, eh bien! ce que je sais, moi, c'est qu'il n'était pas là quand on avait besoin d'œufs, de lait ou de beurre. Il n'était pas là quand les Boches venaient au ravitaillement et qu'il fallait leur sourire si on ne voulait pas se retrouver chez Hitler, non, il était chez les Anglais. Il n'est revenu que lorsqu'il n'y a eu plus rien à craindre, pour faire payer les pauvres gens qui avaient eu l'audace de faire marcher leur commerce pendant que Monsieur était à Londres et se faisait du capital politique. À croire qu'il aurait fallu se laisser mourir tandis que lui, le Grand Sifflet, il incarnait la France libre à lui tout seul; tu parles!»

Il y avait donc eu cet attentat raté et, quelque temps plus tard, la crise des missiles de Cuba qui mena le monde au bord de l'anéantissement. Je me souviens qu'il y avait de la tension dans l'air, mais de là à dire que j'étais inquiet... Non, je ne pouvais tout simplement pas m'imaginer que Kennedy déclencherait une guerre, pas plus qu'il ne permettrait que les «Russes» le fassent. Je me sentais donc en sécurité et mon grand problème était d'obtenir l'autorisation d'aller voir *Lawrence d'Arabie* au cinéma.

Parce qu'un streptocoque avait eu la bonne idée d'élire domicile dans mon sang (j'étais malade sans me sentir comme tel), la Loi m'interdisait de retourner à l'école tout le temps que j'en étais porteur. Ceci, en soi, était parfait, ce qui l'était moins était la piqûre que chaque soir la grande infirmière chevaline venait me planter dans une fesse, et surtout, surtout! le fait que mon dernier relevé de notes était de ceux qui m'interdisaient (selon un nouveau règlement paternel) la fréquentation du cinéma jusqu'à l'obtention de meilleurs résultats.

Le sommet de la crise des missiles coïncida avec le dernier jour où le *Palace* présentait *Lawrence d'Arabie*.

Maman faisait reluire la presse à canard (en argent) lorsque, faussement naïf, je lui demandai:

«Si vraiment ils font une guerre atomique, tu ne crois pas qu'il faudrait mieux que je voie *Lawrence d'Arabie*? Au moins, je n'aurais pas tout perdu avant de quitter cette vie.»

Essayant de ne pas sourire, Maman me regarda longuement.

«Si la guerre éclate, me dit-elle, tu ne crois pas, toi, qu'il vaut mieux qu'on reste ensemble. Imagine que la bombe nous tombe dessus et que tu sois au *Palace*...

— Tu crois qu'ils pourraient envoyer une bombe sur Fécamp?

— Non, je ne crois pas, mais on ne sait jamais, n'importe quoi peut arriver. Et puis il y a les radiations... Il vaut mieux rester ensemble.

— On pourrait être ensemble au cinéma.

— Et les clients?

— On ne va pas au restaurant quand une guerre atomique risque d'éclater à tout moment.

— Au cinéma non plus.

— Maman! S'il te plaît.

— Demande à ton père, c'est lui qui a fait le règlement.

— Est-ce que ça veut dire que tu n'es pas d'accord avec?

— Je suis tout à fait d'accord avec ton père; tu n'as qu'à étudier.

— Étudier! étudier! Moi je veux bien, c'est à eux de me donner le goût d'apprendre. Il suffit qu'ils abordent quelque chose d'intéressant pour qu'aussitôt ça devienne ennuyeux.

— Tu travailles pour toi.

— C'est bon, je comprends... Même si Papa me dit oui, c'est peut-être toi qui diras non.

— Si Papa dit oui, je dirai oui.

— T'avoueras que c'est pas logique.
— C'est très logique. Pourquoi ne le demandes-tu pas à ton père?»

Je voulais rester ignorant quant à cette question. Comme je ne pouvais répondre, je dis:

«Ce serait mieux si c'était toi qui le lui demandais, il t'écouterait plus que moi.
— Pourquoi je le ferais puisque je viens de te dire que j'étais d'accord avec lui?»

Il fallait que je change de tactique. J'adoptai une attitude passive à la limite du cynisme:

«C'est bon, je comprends. On se fiche pas mal de ce que je peux ressentir... On va peut-être tous crever aujourd'hui mais c'est pas grave, les punitions d'en temps de paix tiennent toujours.
— Oh! cesse de jouer au martyr, veux-tu! Et puis on est pas en guerre que je sache. Je t'ai dit que si tu voulais aller au cinéma, tu le demandes à ton père et c'est tout. Ce que tu peux être crispant des fois!»

Je n'allai rien demander à mon père. Non pas parce que je redoutais un refus, mais plutôt (en essayant d'analyser avec le recul) parce que c'eût été implicitement reconnaître que le règlement était normal. Je ne voulais pas donner l'impression de quémander une dérogation provisoire. Il me fallait trouver une autre solution.

Cherchant quoi, je montai dans ma chambre et allumai la radio où, évidemment, il était beaucoup question de la crise. Le jour déclinait, l'heure de la dernière séance approchait et je n'avais toujours rien trouvé. C'est à ce moment qu'à la radio, l'animateur dit:

« ... et puisqu'on ignore de quoi demain sera fait, il ne reste plus qu'à se griser; voici le jazz, voici la java. *Le jazz et la java.*»

C'était la première fois que j'entendais la chanson de Nougaro. «...quand le jazz est là, la java s'en va...» Le jazz! Cela faisait plusieurs fois que Papa parlait de s'acheter les «tubes» de Bix Beiderbecke qui venaient d'être réédités en 33 tours. Je me fis alors un raisonnement plutôt déprimant: «Si je lui offre le disque et que j'aille acheter le billet de cinéma tout de suite, je pourrai lui dire qu'il y avait une promotion et que j'ai gagné le billet! Il pourrait pas dire non... Ouais! ça va marcher!»

C'est ainsi que je courus jusqu'au *Palace* pour acheter le billet puis, en revenant, m'arrêtai chez Marchant pour me procurer le disque.

Aux cuisines, Papa préparait la mise en place du soir. Me composant le visage le plus «Josélito» qui soit, je lui remis le microsillon, accompagné des mots:

«Tiens, Papa, en passant devant chez Marchant j'ai vu le Bix Beiderbecke que tu voulais... Ça me fait plaisir de te l'offrir.»

Au regard qu'il eut, je compris tout de suite que mon geste le touchait. J'avais tout calculé, sauf les émotions. Bouleversé de l'avoir ému en usant d'un stratagème cynique, je ne voulais plus sortir le billet de cinéma.

Papa alla placer mon cadeau sur le pick-up et aussitôt, alors que *Mississippi Mud* se propageait dans les cuisines en donnant du corps aux ombres de cette fin d'après-midi, j'eus vraiment honte.

Dans les fumets de lapin et les arômes d'estragon, la musique était émouvante et faisait surgir des pans entiers d'une Amérique en voie de disparition. Comment avais-je pu oublier cela pour l'Arabie! Bix abandonna le cornet pour le piano. Je vis mon père se détourner comme pour regarder vers les casseroles fumantes. Je compris qu'il ne voulait pas que je remarque son émotion. Il commença à parler avant de se retourner:

«Tu sais, m'assura-t-il, il ne se passera rien; Kennedy est un gars malin...

— Je sais, Papa.

— C'est vrai que tu le connais mieux que moi.»

Alors que les ondes de *In the Mist* se répandaient comme des vagues de mélancolie, je réalisai soudain tout ce qui risquait de partir à jamais. Il suffisait que quelqu'un se fâche, qu'il ait un accès d'orgueil et quelques heures après, plus rien!

«C'est un bon disque, dis-je à mon père.

— Il y en aura d'autres, m'assura-t-il. Et puis tiens! tu as été gentil, je t'offre le cinéma ce soir. Après tout (il baissa la voix), moi aussi j'étais nul à l'école; ça m'intéressait pas, leurs trucs.

— Oh! c'est pas la peine! fis-je.
— Si, si! j'y tiens, et même on va y aller toute la famille.»

C'est ainsi que le restaurant fut laissé pour la première fois aux soins des employés et que tous les quatre nous nous retrouvâmes au cœur d'une histoire plutôt compliquée (du moins de mon point de vue d'alors) dans laquelle Thomas Edward Lawrence se faisait violer par un Turc (sans autre forme de procès, je détestai aussitôt les Turcs), puis, à dos de chameaux, menait une charge guerrière éminemment cinématographique.

Disons-le, le film n'était pas terrible. Il n'en laissa pas moins quelques images fortes dans ma mémoire. Quelques images qu'à l'occasion j'ai ressorties quand se présentait le besoin de m'illustrer le monde arabe.

Bonne ou mauvaise, on ne soulignera jamais assez l'influence du cinéma.

Cette histoire laissa des cicatrices dans ma conscience. Toutefois, signe que le repentir est une grâce, ces séquelles me valurent de rencontrer un personnage extraordinaire, un peu comme dans *L'Album des jeunes* que je recevais pour chaque Noël et qui chaque fois présentait un témoignage s'intitulant: «Le personnage le plus extraordinaire que j'ai rencontré.» Le mien ne devait pas mesurer plus d'un mètre cinquante. Tout rond, il n'avait plus de cheveux ou presque, il était vêtu d'une robe de bure blanc cassé incroyablement chiffonnée et de sandales qu'été comme hiver il portait sans chaussettes. Dominicain, il se faisait appeler Frère Dominique. De tous les hommes que j'ai rencontrés, ce fut le seul dont les yeux – éminemment bons – riaient aux éclats.

Lorsque je fus déclaré «admissible à l'école», dès mon retour à JB, toujours tourmenté par mon calcul amoral, j'inscrivis mon nom et matricule sur la liste de ceux qui désiraient se voir remettre leurs fautes avant la confession obligatoire du mercredi. Nettement cette fois, je sentais que j'avais autre chose à me reprocher que ma sempiternelle gourmandise.

Un surveillant vint me chercher dans la pièce où j'étudiais. En route, je rencontrai Aligny qui se rendait également à la confession. Avec lui, il y avait aussi le grand Petit, par opposition à son frère qui était petit. Entre pensionnaires, il était rare que nous eussions des secrets les uns vis-à-vis des autres, je demandai à Aligny ce qu'il avait sur la conscience.

«Rien. J'y vais parce que ça fait changement de l'étude, me répondit-il. Toi, t'as quelque chose?

— Je crois que j'ai pas été correct avec mon père.»

Il eut un geste vague qui pouvait signifier n'importe quoi, puis il dévia un peu la conversation:

«Tu y crois, toi, à tout ça?

— Évidemment!

— Tu ne crois pas que c'est des bobards pour qu'on se tienne tranquille?»

Ses paroles me mettaient mal à l'aise, comment pouvait-on penser cela et surtout en parler? Cependant, plus fort que ce malaise, je ne voulais surtout pas risquer de passer pour une mauviette. L'incident de l'hôpital était suffisant:

«J'en sais rien...

— Est-ce que tu t'es déjà imaginé tout ce qu'on pourrait faire si on était sûr qu'il n'y avait pas tout ça?

— Qu'est-ce qu'on pourrait faire de plus?

— T'es con ou quoi! On pourrait faire tout ce qui nous chante, la seule règle serait de ne pas être pris.

— Qu'est-ce que tu ferais en premier, toi?

— Un hold-up, ensuite je me paierais une Jag Type E, comme Jean Bruce. Toi?»

Je ne m'étais jamais ouvertement posé la question. Que ferais-je si... Si quoi au fait? Si je ne croyais à rien ou si je n'avais pas de conscience? Je lui posai la question au lieu de répondre à la sienne:

«Même si tu ne crois en rien, il y a toujours la conscience. Toi, tu pourrais voler ou même tuer quelqu'un sans que ça te dérange?»

Sa réponse m'ébranla:

«Ça dépend qui c'est...»

Je réalisai brutalement que même si Aligny était mon pote, celui avec qui j'étais le plus souvent, nous pouvions être très différents.

En fait cette différence m'effrayait; jamais je n'avais pris à ce point conscience que mes croyances n'étaient valables que pour moi, que dans la tête des autres elles pouvaient être tout à l'opposé et sembler tout aussi justes que les miennes l'étaient pour moi. Cette révélation alimenta un peu plus ma conviction qu'il ne pouvait y avoir réellement de véritable communication. Qu'être vivant impliquait d'être seul. À moins qu'un jour...?

D'autres attendaient dans l'église. Nous nous agenouillâmes de front dans les derniers rangs tandis qu'à voix basse il me parlait de sa future Jaguar. Quand vint notre tour, il fut le premier à se rendre au confessionnal. Lorsqu'il réapparut, Petit se leva pour y aller à son tour. Intrigué, je remarquai à quel point Aligny avait l'air épanoui et je me fis la réflexion que malgré tout ce qu'il pouvait dire, ça lui avait fait du bien de se confesser. Pour en avoir le cœur net, je lui demandai les raisons de cette euphorie apparente.

«J'ai du poil aux couilles, me répondit-il.
— Quoi!?
— J'ai du poil aux couilles...
— Je te crois pas.
— Tu veux voir?
— Ça va pas, non!»

Passant outre, il glissa sa main dans sa culotte, eut le geste de tirer, grimaça comme sous l'effet d'une douleur et ressortit sa main refermée sur une incroyable quantité de poils.

«Tu vois, tu me crois maintenant? me dit-il. Je suis un homme; je peux sauter les souris.»

Je ne comprenais pas ce prodige. Comment se faisait-il qu'il fût si abondamment fourni alors que moi... Ce n'était vraiment pas juste! Je voulus connaître son secret:

«Comment t'as fait?
— J'ai rien fait de spécial, ça doit être dans ma nature d'être viril.
— Viril, viril... c'est pas normal d'avoir du poil comme ça à ton âge...
— C'est peut-être toi qui n'es pas normal?»

Le temps de trouver une parade à cette terrible éventualité, Petit revenait et, préoccupé par tout autre chose que mon péché, je dus me diriger vers le confessionnal.

«Bénissez-moi, mon père, parce que j'ai péché...»

Au lieu de me demander, comme d'habitude, depuis combien de temps je ne m'étais pas confessé, une voix inconnue et pleine d'ironie me répondit à travers la grille de bois:

«Mon garçon, tu es déjà délivré du mal que tu regrettes sincèrement...

— Quel con!»

Cette grossièreté, surtout dans les circonstances, m'avait échappé en découvrant la supercherie d'Aligny: le recouvrement de velours grenat de l'agenouilloir était largement fendu et, parfaitement semblable aux «poils aux couilles» d'Aligny, du crin s'en échappait.

«Pardon? fit l'inconnu derrière la grille.

— Oh! je m'excuse, mon père; je... je me suis fait mal au genou. Ça m'a échappé tout seul...

— Pour ton bien, il faudrait que tu apprennes à modérer tes exclamations. Tu ne peux pas savoir qui t'écoute, il y a toujours des oreilles grincheuses prêtes à s'offusquer.

— Je m'excuse, mon père.

— Ton péché est-il plus sérieux que cette échappée impromptue?

— Oh oui! mon père.

— Oh là là! Je commence à m'inquiéter...»

Je me demandais à qui pouvait appartenir cette voix qui, pas un seul instant, ne s'était montrée sévère ou même teintée de remontrances. Au contraire, elle avait les inflexions chaleureuses de la compréhension et de l'amitié. Sans en connaître son propriétaire, je voulais déjà tout lui confier. Non plus tant pour être absous que pour échanger. Il poursuivit:

«Laisse-moi deviner un petit peu, s'agit-il d'un péché d'orgueil?

— Non, je ne crois pas, mon père.

— Pas l'orgueil... Ce n'est pas non plus la paresse ou la gourmandise sinon tu aurais attendu la confession de routine, attends... le mensonge?

— Non, enfin pas vraiment...

— Pas vraiment, ce qui veut dire qu'il y a une part de mensonge, qu'est-ce que ça peut bien être?»

Croyant qu'il me posait la question, je m'aperçus avec stupéfaction que je ne connaissais pas le nom de mon péché. Je le lui dis puis, sans entrer dans les détails, lui révélai les grandes lignes de ma conduite.

«Tu avais raison, fit-il lorsque j'eus terminé, ton comportement laisse à réfléchir...»

Je pris peur:

«Vous croyez que ce n'est pas pardonnable?

— Non! non, pas du tout! Ce qui m'inquiète, c'est plutôt le cheminement que tu as poursuivi pour parvenir à tes fins. J'ai l'impression que dans Son amour infini, Notre Seigneur a prévu pour toi de sérieuses mises à l'épreuve pour cette vie... Veux-tu qu'on en parle tous les deux après la confession?

— Je veux bien, mon père!»

Ce qu'il venait de me dire me plaçait dans un état de perturbation prononcée. Qu'est-ce que le Seigneur pouvait bien avoir prévu de particulier pour moi? Et si je ne réussissais pas? Je sentais déjà autour de moi les flammes de l'enfer dont Louise ma nourrice me parlait en faisant sa lessive. Je me rappelai aussi de l'escargot qui faisait autant de fois le tour de la terre qu'il y avait de grains de sable sur celle-ci, et tout ce temps ne représentait même pas un «tout petit morceau» d'éternité! Qu'avais-je donc fait pour me mériter un régime particulier qui me faisait risquer l'enfer plus que d'autres? Je pensai alors à la mère de Frédérique, puis à Josette de Saint-Aubin.

Le voyant sortir du confessionnal, ma première réaction fut de me reprocher d'avoir seulement songé à me confier à ce ridicule petit bout d'homme. Cette impression fut toutefois très brève; d'abord son sourire, puis ensuite son regard eurent tôt fait de chasser mon premier réflexe. Parvenu à ma hauteur, il referma sa main sur mon bras.

«Quel nom est-ce qu'on t'a donné pour ton baptême?

— Éric, mon père», répondis-je en me demandant pourquoi autant de mots pour s'informer d'un simple prénom.

À croire que cette information était un don du ciel, il joignit les mains bien haut, comme seuls savent le faire les petits enfants.

«Éric! s'exclama-t-il. Alors tu dois être un fonceur, un téméraire qui démolit tout sur son passage...
— Mais non, mon père, pourquoi?
— Tu n'as jamais entendu parler d'Erik le Rouge?
— Le Viking?
— Oui, celui-là. Savais-tu que d'après ce que l'on peut apprendre dans les sagas islandaises, il aurait posé le pied en Amérique près d'un demi-millénaire avant Christophe Colomb.
— Pourquoi est-ce qu'on nous dit toujours que c'est Colomb le découvreur?
— Sans doute parce qu'il fut le premier à revendiquer cette terre au nom d'un monarque européen. Tu apprendras plus tard que les pays ne deviennent pays que le jour où une communauté – ou un tyran – décide de se les approprier.
— Erik le Rouge n'est pas resté en Amérique?
— Peut-être que certains de ses compagnons se sont dissous à travers le continent, peut-être y ont-ils eu une descendance à travers les Indiens, mais pour l'essentiel, je crois que ces derniers se sont donné un répit de cinq cents ans...
— Mon grand-père paternel était Zuñi...»

À imaginer qu'un feu brûlait en lui, son visage s'éclaira d'une manière stupéfiante.

«Tu préfères me mettre en garde avant que je ne dise du mal de tes ancêtres.»

De tes ancêtres! Qu'il était doux d'entendre que mes ancêtres avaient été propriétaires du Grand Désert américain, que j'étais issu (même si ce n'était que pour un quart) de ce peuple presque mythique dont, sur les écrans, la noblesse ne le cédait qu'à une sauvagerie à laquelle – lorsqu'elle était indienne – j'ai toujours trouvé des excuses. Je n'ai jamais été soulevé d'enthousiasme, comme beaucoup l'étaient, lorsque la cavalerie surgissait avec ses winchesters et, toujours sous prétexte de défendre de «pauvres» colons, expédiait les Indiens dans les plaines du grand manitou. Je les revois toujours ces guerriers: dressés, jambes épousant les flancs de leurs montures, chargeant sans peur, le tomahawk brandi dans le ciel bleu dur, poussant les cris de l'exaltation; puis, alors que l'un ou l'autre est sur le point de pourfendre le crâne d'un officier, l'impact d'une balle aussi bête qu'invisible, la bouche et les yeux qui s'ouvrent en O, l'homme et sa monture s'écroulant dans un demi-ralenti à travers un nuage de poussière ocre dont, du bout des doigts, le militaire au regard pâle époussette déjà sa tunique bleu marine.

Décourageant!

Nous avions traversé la cour et, à l'intérieur du bâtiment principal, le frère Dominique me précéda dans une pièce minuscule aux murs vert triste, uniquement meublée d'un bureau de bois brun éraflé, de deux chaises et d'un crucifix sur le mur.

«On ne se connaît pas, me dit-il en refermant la porte; je viens d'arriver à Jean-Baptiste. Plutôt que de prendre une retraite ennuyeuse avec des vieux grincheux comme moi dans quelque monastère perdu où je n'aurais eu rien d'autre à faire que de regarder pousser les tomates, j'ai demandé à mon supérieur si je pouvais être placé dans une institution où je pourrais toujours me rendre utile en conseillant – quoique je n'aime pas ce mot –, disons plutôt m'entretenir avec ceux qui se posent des questions sur le sens de leur existence. Pour tout te dire, lorsque j'ai demandé une institution, j'avais dans l'idée que ce serait un établissement pénitencier; je me disais que les prisonniers devaient avoir des tas d'histoires à raconter... Enfin, d'après ce que je peux voir, entre la prison et ici...»

Je n'osai pas l'approuver, non que je craignisse sa réaction, mais parce que je me demandais si toute cette chaleur n'était pas destinée à me mettre en confiance.

«Et toi, poursuivit-il, te poses-tu quelquefois des questions sur le sens de la vie?

— Souvent, mon père...

— Appelle-moi frère Dominique ou, si tu préfères, Dominique tout court.»

Je ne m'imaginais pas du tout appeler un homme de son âge par son prénom et j'étais fort étonné qu'il me le demande. Je choisis simplement de lui dire vous.
— Où étiez-vous avant de venir ici?
— Assez loin, à Jérusalem.
— À Jérusalem! Ça doit être beau?
— Plus encore que tu ne l'imagines. Mais ce n'est pas tant l'architecture ou le paysage que l'atmosphère...
— Vous étiez missionnaire, là-bas?
— Non, je faisais la cuisine à l'École biblique.»

J'eus un petit «Ah!» qui révéla ma déconvenue. Il sourit comme s'il venait de me jouer un bon tour.
— Il en faut des cuisiniers, me dit-il, l'esprit ne peut rien faire si le ventre n'est pas satisfait.
— C'est ce que dit mon père...
— C'est donc quelqu'un de sage. Que fait-il?
— Cuisinier, aussi...
— Vraiment, tu n'as pas l'air enthousiaste... Serais-tu de ces personnes qui croient qu'il n'y a de valeur que dans les métiers dits de tête?
— Non, non, pas du tout!
— Bon... Qu'est-ce que tu veux faire?
— Piloter des fusées spatiales.»

Je vis à son regard surpris que mon ambition le surprenait. Puis il eut un mouvement dubitatif du menton.

«Je ne voudrais pas te décevoir, mais je ne pense pas qu'il y en ait besoin de beaucoup avant longtemps.
— S'il n'y en a besoin que d'un seul, je serai celui-là.
— Belle détermination. Je peux te demander les raisons de ce choix?»

J'appréciais ses questions, elles s'occupaient de ce que je pensais, elles me donnaient une importance. D'ordinaire, mes projets ou mes idées n'intéressaient que dans la mesure où cela répondait à une interrogation bien spécifique du genre «Pourquoi tu ne fais rien à l'école?» J'avais réfléchi longuement à celle qu'il venait de me poser, ma réponse était toute prête:

«J'ai appris dans *L'Astronomie populaire* que d'ici quelques millions d'années le soleil s'éteindra. J'ai aussi appris qu'il y avait des milliards de planètes autour d'une multitude de soleils. Je crois qu'il faut commencer à peupler l'univers avant que notre terre soit détruite. J'entends souvent dire que l'on sera beaucoup trop nombreux d'ici l'an 2000; il n'y a qu'à coloniser l'univers. Il y aura toujours de la place pour tout le monde.

— C'est très bien, très généreux, mais ne crois-tu pas que Dieu pourvoira à tout en temps et lieu?

— À mon avis il y a déjà pourvu, c'est à nous de nous débrouiller avec ce qu'il nous a donné.»

Mon propos le laissait pensif. D'un geste machinal il se pinçait le menton entre le pouce et l'index.

«Il y a deux écoles, finit-il par dire. Ceux qui pensent comme tu viens de le faire et ceux qui sont persuadés qu'il n'y a rien à prévoir, qu'il suffit de gérer son quotidien, que Dieu veillera au reste.

— Qu'est-ce que vous en pensez, vous?

— Tu n'as pas tort, mais j'ai voué toute ma vie à répandre le message de l'Évangile. Que dit Notre Seigneur: regardez les oiseaux du ciel, ils ne sèment ni ne moissonnent...

— Oui, mais si nous on ne semait rien, nous serions morts de faim, non?

— Peut-être pas... On dit qu'à l'origine la terre était couverte d'arbres, nous aurions pu en manger les fruits... Regarde les gorilles, eux non plus ils ne sèment ni ne moissonnent et, à moins que nous n'intervenions dans leur environnement, ils ne meurent pas de faim. L'enfant de Dieu se doit d'atteindre le détachement. Même en ce qui concerne les besoins vitaux comme l'eau, la nourriture et le toit, il faut s'en remettre à Notre Père. Seule cette humilité permet à notre regard de ne pas rester fixé sur soi-même.»

Je fis oui du chef. Je comprenais ce qu'il me disait, j'approuvais, mais quelque part l'humilité devait me faire défaut puisque je n'en pensais pas moins qu'il était plus rassurant de m'en remettre à mes propres compétences.

«Évidemment, poursuivit-il (peut-être pour me soulager), très peu sont capables d'atteindre cet état d'esprit, surtout dans nos pays. Il n'y a peut-être que certains mystiques en Inde ou par là qui peuvent atteindre un tel renoncement.

— Mais ils ne sont pas catholiques!

— Oui, bien sûr... Ah! je ne devrais peut-être pas te dire cela, mais je crois que tu es apte à comprendre. Les religions ne sont que des chemins différents pour atteindre Dieu. Elles s'adaptent selon les us et coutumes des peuples et c'est tout. Le chrétien, le juif ou le musulman qui ne pratique sa religion que parce que cela se fait dans son milieu, celui-là est toujours prompt à critiquer ou même à trucider l'autre, mais celui qui cherche vraiment, celui qui aime Dieu à travers l'amour qu'il porte à ses frères, celui-là ne voit plus rien qui le sépare de son frère sinon le rite. Je suis profondément catholique, mais je t'assure que mieux vaut un bon musulman qu'un mauvais chrétien; c'est ce que notre bon pape s'emploie à essayer de faire comprendre à tous.»

La pièce ne possédait aucune fenêtre extérieure, pourtant je savais que dehors le jour baissait. Immatérielles, des ombres lourdes propres à la nuit faisaient le siège de la pièce. Elles ne m'atteignaient pas, la lumière qui émanait du frère Dominique les tenait à l'écart. J'étais bien en sa présence. Mieux, je pressentais qu'en le quittant tout à l'heure je serais plus confiant, plus joyeux que jamais auparavant à JB.

«Je vous remercie, dis-je en pensant mes mots.

— C'est moi qui te remercie de m'accorder ta confiance. Comme je te l'ai dit à l'église, je crois que Notre Seigneur te réserve certaines épreuves. Dis-toi bien qu'elles ne signifient qu'une chose: c'est qu'Il t'aime.

— Ça, je ne comprends pas. Pourquoi des épreuves s'Il m'aime?

— Aimer quelqu'un implique de le laisser libre de venir à soi par choix. Les épreuves sont à la mesure de la liberté en question. Mais ne crois pas que ce soit Dieu qui te les impose, pas du tout; c'est toi-même qui les auras appelées. N'est-ce pas toi qui as choisi de mentir à ton père?

— Oui.

— Et d'où est venue l'épreuve?

— Du regret.

— Tu vois...

— Mais quand on perd quelqu'un par exemple?

— L'épreuve vient alors de ce que l'on croit le perdre à

jamais, autrement dit du manque de foi. Serais-tu triste si ta maman partait vivre dans un palais merveilleux situé dans un pays où il fait toujours beau?

— Pas pour elle.

— Mais pour toi, ce qui, si l'on y songe sérieusement, est tout à fait ridicule. Comment être triste que ceux que l'on aime soient heureux?»

Nous parlâmes encore un bon moment, à tel point que l'heure du dîner passa et que le frère Dominique alla lui-même dire à Joseph qu'il m'avait retenu et qu'il m'emmenait aux cuisines pour manger. Je nous revois, assis à la petite table non loin de la plonge, plaisantant gaiement avec les cuisinières qui soudain m'apparaissaient sous un jour différent. Brusquement JB devenait un lieu ensoleillé, la joie y était possible; il suffisait d'un petit bout de bonhomme au cœur gros comme ça.

Malheureusement (quoique je ne devrais pas employer ce mot si je veux suivre son enseignement), il mourut un après-midi de printemps, au cours d'une promenade en forêt.

Parce que les deux années précédentes je ne m'étais pas montré assez «catholiquement mûr» de l'avis de Joseph pour faire ma profession de foi, j'eus le privilège cette année-là de faire ma retraite sous la gouverne débonnaire de Dominique. Il avait emmené tous les aspirants communiants passer quelques jours de «retraite spirituelle» dans un chalet en bois perdu au cœur de la forêt de Brotone.

Comment évoquer ces quelques jours de pur bonheur sans risquer de les ternir par les limites de la description?

Les matins assis en rond dans l'arôme du café au lait fumant, du pain chaud et de la confiture de groseille. Les longues marches sous les frondaisons vert tendre du mois de mai, dans le baume des jeunes fougères, l'esprit s'exaltant du parfum un peu âcre que la tiédeur printanière faisait exhaler de l'humus nourricier. Tout ceci en devisant sur le sens de la vie et de la mort, et la signification de chaque mot des Évangiles qui constituaient notre unique lecture durant ces jours. Parfois l'on se regroupait autour d'un oiseau, d'un champignon ou d'un arbre, réfléchissant à ce qu'ils étaient.

Qui d'autre a jamais offert à des jeunes adolescents l'occasion de réfléchir sans fard et sans convention au sens de leur vie, acceptant de chacun d'eux leurs erreurs sans les réfuter autrement qu'en poursuivant le dialogue jusqu'à ce que leurs questions elles-mêmes appellent une révision?

Et les soirs autour du feu dans la cheminée de pierre au cœur du chalet! Aucun des gars que nous étions n'éprouvant la moindre gêne à chanter *Ave Maria*, ni même d'avoir les yeux humides lorsqu'une fin de soirée, tandis que les étoiles clignaient aux vitres, par je ne sais quelle puissance d'évocation, Dominique nous fit d'abord ressentir les souffrances de Marie au pied de la croix, ensuite toute la laideur dont les hommes sont capables. Oui, nous qui par ailleurs trouvions intérêt à aller voir se battre les marins au *Bar des Suédois*, nous qui jouions à OSS 117 sur nos patins à roulettes en «liquidant» allégrement tout ce qui se présentait, nous qui nous gargarisions des mots les plus crus, nous qui ne rêvions que de nous mettre dans le lit de toutes les filles – et femmes – que nous croisions, voilà que nous apprenions la joie pure en découvrant l'amour que nous pouvions éprouver pour une femme que nous ne connaissions que par des images, des statues et des mots.

Nous avons appris à aimer Marie, car Dominique a su nous faire ressentir ses souffrances face à ce que nous pouvions lui infliger par nos actes ou nos pensées.

Le dernier matin, il nous a dit:

«Je vais faire un petit tour pendant que vous terminez votre recherche.»

Nous laissant chacun à l'interprétation écrite que nous devions donner des Béatitudes, il sortit et s'enfonça en forêt. Le voyant s'éloigner par la baie, je me suis dit: «Il doit savoir parler aux oiseaux.»

À l'heure du souper nous étions tous à sa recherche, remplissant la forêt de «frère Dominique, où êtes-vous?» ou de «frère Dominique, nous entendez-vous?»

Le ciel était mauve lorsque j'entendis au loin un pitoyable «Il est là...»

Les uns après les autres, nous arrivions autour de lui, sans un mot, stupéfaits, contemplant parfois les traces laissées par le sanglier, mais revenant aussitôt à Dominique; encore plus petit qu'avant, couché en chien de fusil sur les fougères écrasées, les mains ouvertes comme pour accueillir et... le visage illuminé d'un immense et dernier sourire.

Je crois que nous sommes restés une éternité à le veiller ainsi, formant un petit cercle dans le jour qui fuyait, sans ressentir aucune honte des larmes qui roulaient sur nos joues.

Merci, Dominique!

23

Le Jour le plus long... Cela remonte aux lendemains de ma communion.

Comme il était de circonstance de recevoir des cadeaux à l'occasion de ce sacrement, j'avais demandé un tourne-disque. Mes vœux furent exaucés, je reçus un de ces meubles combiné radio-tourne-disque au coffrage en bois verni dont on ne trouve plus l'équivalent acoustique. Papi m'avait demandé les cinq disques que j'aimerais le plus avoir; je les ai tous obtenus: le *Hot-Seven* d'Armstrong, *Carmen* de Bizet, *West Side Story* de Bernstein, *Georgia on My Mind* de Ray Charles et *Die Walküre* de Wagner. Je n'avais entendu cette dernière composition qu'une seule fois à la radio, mais j'avais trouvé cette musique tellement imagée que j'en avais immédiatement retenu le titre et le compositeur.

Au soir de cette journée, «la plus heureuse de la vie avec celle du mariage», m'avait prévenu Mamie, je ne me souvenais déjà plus que de l'angoisse qui avait précédé la proclamation solitaire de mon engagement sous les voûtes de l'église de JB. Le reste n'avait été qu'un tourbillon de «beau linge» et de retrouvailles, le tout couronné d'un plantureux dîner place du Vieux Marché, dans le «plus ancien restaurant de France». À présent, croyant avoir digéré durant le trajet Rouen-Fécamp, famille et amis se pressaient autour du buffet organisé par mes parents, et moi je découvrais le *Dom Pérignon*.

Une coupe suivait l'autre, jusqu'au moment où pour la première fois j'ai ressenti les effets de l'alcool. Ce ne fut pas l'euphorie, loin de là! Non, j'étais simplement convaincu que je venais d'attraper un «rhume de cerveau». Pire, je me persuadai que ce «rhume» était le résultat d'un complot ourdi contre moi par les invités.

Et je leur en voulais.

Au vieil ami de Papi qui en son temps avait été «premier

sommelier de France», je lançai que le cadeau qu'il m'avait fait était «toc» et qu'il n'avait «pas dû beaucoup se fouler pour le trouver». Ce qui était on ne peut plus goujat et de plus tout à fait faux puisque, à mon intention, il s'était départi d'une médaille en argent massif très rare commémorant le centenaire de Dom Pérignon. Au médecin et ami de la famille, celui même qui m'avait mis au monde, je fis le reproche que la montre qu'il m'avait offerte devait sortir d'une pochette surprise. Mais le plus terrible fut pour la vieille cousine germaine de Papi qui m'avait offert un foulard de cachemire et des gants de je ne sais plus quel caprin. À cette brave femme restée vieille fille parce que son père n'avait jamais trouvé suffisante la fortune des prétendants, je formulai une question tirée d'un mot que Papi avait échappé une fois en riant alors que mes oreilles traînaient où elles ne devaient pas:

«Est-ce que c'est vrai que les vieilles filles ont des toiles d'araignées où je pense?»

Bref, pour célébrer ma communion solennelle, je m'étais saoulé.

S'étant aperçu, trop tard, de mon état, Maman réussit à me persuader d'aller me coucher, même si je lui répétais qu'avec «un pareil rhume» il me serait impossible de dormir.

Le combiné radio-tourne-disque, pièce maîtresse de mes cadeaux, avait été placé dans ma chambre. Les cinq disques étaient là aussi. J'hésitais, il me semblait d'une importance primordiale de choisir le bon disque pour étrenner mon appareil. C'était aussi capital que de roder une voiture ou de culotter une pipe. De mon premier choix dépendrait toute la suite. *Carmen*, évidemment, m'inspirait l'Espagne et le soleil, mais est-ce que je voulais que l'Espagne imbibe mon meuble? Pas à ce point. D'autre part, même si j'en raffolais, j'avais trop entendu le *Hot-Seven* sur l'appareil de mon père. Le mien devait dégager autre chose. Sans déterminer pourquoi, Ray Charles, que j'adorais, ne me semblait pas tout à fait suffisant pour un amorçage. Restait Wagner ou Bernstein. Je revoyais les grandes scènes de *West Side Story*: les Portos-Ricains dansant sur les toits de New York, la romance de Tony à Maria au pied de l'escalier, l'affrontement destiné à prouver sa force; oui! Natalie Wood, New York et au-delà toute l'immensité grouillante de l'Amérique, ça donnerait sans doute de bonnes vibrations à mon meuble. Et Wagner? Me posant la question, je revis les images évoquées lors de ma première écoute de *La Chevauchée des Walkyries*: une vallée ténébreuse sous un ciel bleu de Prusse zébré d'éclairs d'argent, de blancs chevaux ailés, montés par des écuyères blondes – et nues –, transperçant de leurs longues lances des créatures couleur de boue. Oui, ça aussi pourrait donner quelque chose d'épique au meuble.

Sur un coup de tête, je me décidai pour ce disque.

Sans le champagne, ce qui a suivi ne serait certainement pas arrivé. À la première écoute, je revis à peu près les mêmes images, sauf que cette fois je ressentais une angoisse mal définie ayant ceci de particulier qu'elle me fascinait. Cherchant à comprendre, ou à prolonger, je fis rejouer le morceau. Durant les premiers mouvements, avec sans doute un sourire sardonique aux lèvres, je me laissai aller à la rêverie. À mon tour, je montais un grand cheval blanc ailé. Lance en position, nous plongions dans la vallée ténébreuse où nous allions terrasser les gnomes et les contrefaits! Un premier se présentait dans le prolongement de mon arme. M'apprêtant à encaisser le choc, je serrai les cuisses contre les flancs de ma monture. Quant à moi, il était déjà exterminé lorsque j'ai aperçu son regard, le regard sans malice d'un homme dont le désespoir n'a pas réussi à entamer l'innocence. Relevant la tête, je vis l'écuyère qui me devançait et qui venait juste d'en transpercer un dans un éclat de voix strident. Elle se retourna et m'adressa un regard d'airain pur où je ne pus trouver aucune trace d'émotion, sinon celle du plaisir d'anéantir dans la quête de l'esthétisme pour lui-même.

Le Mal!

Je crois que j'ai crié.

J'ai dû fixer mon cadeau pendant quelques secondes, le temps de revenir à la réalité de ma chambre. Je devais être hagard; je comprenais que je venais de gâcher à tout jamais mon meuble à musique. Rien de ce qui pourrait en sortir dorénavant ne parviendrait à se libérer de l'emprise des écuyères du Diable.

Emporté dans un flot de rage contre le disque, contre

Wagner, le Diable et moi-même, j'arrachai le bras de lecture et le cassai. Puis ce fut au tour du disque et enfin, à coups de pied, j'achevai le meuble.

Ma colère passée, mon sentiment ne fut pas de regretter le cadeau que je désirais pourtant depuis longtemps, je pensais seulement à la peine qu'allaient éprouver ceux qui avaient voulu me rendre heureux.

Ayant tenté d'expliquer tout ceci au psychologue qu'il me fallut consulter dans la semaine qui suivit, malgré toutes les oppositions que j'avais pu mettre à cette visite, l'homme de science mit mon acte sur le compte de «poussées pubères, très certainement transitoires». Son ordonnance me plut énormément: expliquant que «les enseignements dispensés dans les établissements religieux peuvent parfois mener des adolescents trop portés au mysticisme à des comportements irrationnels», il conseilla à mes parents de me changer d'école.

Encore une fois, cela se passa à Rouen où mes parents étaient venus pour la consultation. En sortant, ils ne parlèrent pas de me reconduire immédiatement à JB. Au lieu de cela, Papa dit:

«Faudrait peut-être se changer les idées, ça m'a fichu le bourdon tout ça...»

Quelques minutes plus tard, nous nous engouffrions tous les trois dans un cinéma où était projeté *Le Jour le plus long*, que jusque-là Papa avait refusé de voir en prétextant: «Ça ne peut pas être comme c'était dans la réalité.»

À la fin de la séance, il était le premier surpris et déclarait finalement que le film rendait assez fidèlement l'atmosphère de l'époque. Pour ma part, certaines scènes me laissaient sceptique. Comment par exemple peut-on rester à sa fenêtre en sautant de joie alors que la maison s'écroule sous une volée de bombes? En sortant je demandai à Papa s'il était possible, comme Bourvil le faisait dans le film, qu'un civil se présente au beau milieu du débarquement avec des bouteilles de vin sous le bras.

«Ce n'est pas très vieux, me répondit-il, mais c'est déjà une tout autre époque; les gens pouvaient encore faire abstraction de leur propre vie au profit d'idées nobles et généreuses.

— Et ça n'existe plus?

— Disons que plus l'époque apporte de possibilités de plaisirs, moins on a envie de sacrifier la vie qui permet d'en profiter.

— Toi, tu as débarqué pour libérer la France, tu ne le ferais plus?

— Qui t'a dit que c'était pour libérer la France? Le pays n'a rien à voir là-dedans; il y avait une vermine à exterminer jusque dans son nid, il fallait le faire sans tergiverser. Et si jamais elle réapparaît, quel que soit le niveau de plaisir qu'apporte l'existence, il faudra de nouveau prendre les armes. Pas pour libérer un pays ou un territoire, le nationalisme est aussi grotesque que le racisme, mais parce que nulle part personne n'a le droit de laisser un quidam brimer ou assassiner ses contemporains. Et puis tu sais, prendre les armes pour une bonne cause a quelque chose d'exaltant...

— Tu veux dire que si je rencontre des nazis dans la rue demain, je devrais les... détruire?

— N'importe qui a le droit d'être nazi ou fasciste dans son salon, mais si tu rencontres une personne qui en fait souffrir une autre pour des idées ou pour s'approprier son bien, alors là, oui, tu dois l'empêcher de nuire.

— Personnellement?

— Par les meilleurs moyens à ta disposition.

— Même le tuer?

— S'il n'y a aucune autre alternative.

— Il est pourtant dit que l'on ne doit pas tuer?

— Ce n'est pas tuer que de défendre.»

Ce genre de dialogue entre Papa et moi était rare. Sans doute est-ce pour cela que je me souviens parfaitement de chacun d'eux. Mais celui-ci eut en plus la particularité d'être suivi d'un événement dont, je le crois aujourd'hui, personne n'a su analyser l'importance.

Nous étions attablés devant un steak-frites au *Café des Belges*, dehors il crachinait – comme il se doit à Rouen – et les lumières glauques se reflétaient dans des flaques d'apparence huileuse. En silence, je calculais que si mes parents suivaient l'ordonnance du psychologue, il ne me restait plus que quelques jours à JB et, par extension, dans cette ville qui pourrait avoir TRISTESSE pour devise, quoique je trouve le mot encore trop beau dans sa musicalité pour une telle ville. Derrière le bar, quelqu'un augmenta le volume d'une radio qui jusque-là s'accordait avec l'ambiance générale. Captant automatiquement l'oreille de chacun par sa gravité, une voix laissa tomber: «...le Saint-Père, le bon pape Jean XXIII est mort.»

Un silence très lourd s'abattit sur la salle. Un bref instant, une forme de communion dans le recueillement rendit à mes yeux la ville un peu plus humaine. Je revois encore Maman se mordre les lèvres et repousser son assiette de quelques centimètres. Papa eut une crispation des mâchoires et fit lentement non de la tête. Portant chapeau à fleurs, une grosse femme dans la quarantaine ouvrit très grand les yeux et prononça un léger: «Oh! mon Dieu!» Jugeant certainement qu'il convenait de marquer une pause dans son travail, un des garçons qui se rendaient aux cuisines stoppa net sa course, posa les mains sur ses hanches, se tourna vers l'extérieur puis se mit à fixer le boulevard d'un air absent.

J'avais le sentiment d'apprendre le décès d'un vieil oncle gentil et, par une espèce de vaccination, seule la disparition encore toute récente de Dominique m'empêchait d'accorder à cette nouvelle toute l'émotion que j'aurais voulu y mettre. Juste avant la retraite de communion, l'abbé Augustin m'avait prêté une traduction toute fraîche de la lettre encyclique *Pacem in Terris*, dans laquelle je venais de puiser quelques certitudes dont je voulais animer mon regard sur le monde. Des convictions telles qu'il devait tenir à la grandeur de l'homme de se forger les outils servant à assujettir les forces naturelles, que la famille devait former la cellule de base de la société, que tout homme avait le droit à un niveau de vie décent, que chacun devait avoir la liberté du choix d'un état de vie, le droit à l'immigration; tout me semblait couler de source, même si je mettais en doute l'affirmation voulant que l'autorité soit d'origine divine. Bref, la lettre encyclique m'avait fourni quelques opinions toutes faites et je tenais encore à avoir un avis bien tranché sur tous les sujets.

Ce jour-là au *Café des Belges*, celui où j'ai entrevu ma libération prochaine, celui où mon père m'a dit que défendre n'était pas tuer, j'ai senti que chacun avait deviné qu'avec Jean XXIII commençait à disparaître la trop courte époque d'après-guerre durant laquelle, pleins d'optimisme, les hommes ont voulu croire à l'avènement du monde-providence. Tout comme, je crois, le serveur qui fixait le trafic, tout comme la femme au chapeau, j'ai entrevu les premiers nuages s'amoncelant à l'horizon des Grandes Espérances. Et j'ai pressenti que tout ne serait peut-être pas aussi facile que nous le laissaient croire les leaders d'alors, qui affichaient la bonne volonté circonscrite dans *Pacem in Terris* pour projet de société.

24

Le sexe féminin est mon havre. Je préfère sa compagnie à celle de mes congénères. À défaut égal, je lui pardonne ce que je condamne à mes semblables. Je les aime toutes. Pour moi, chacune est à l'image de ce don de soi que m'avait enseigné Miss Giraud. La douceur est un reflet de l'esprit, la force en est un de la chair. Je crois avoir ressenti ce que pouvait être l'amour un soir de quatorze juillet avec Eulalie. J'en ai découvert des bifurcations sans issue dans le lit de Josette puis dans celui de la mère de Frédérique. Mais d'une rencontre avec Anne Babant, j'ai commencé à comprendre qu'il pouvait y en avoir une parodie.

Il y a dans le centre de Fécamp, derrière le petit musée qui retrace le passé régional, un jardin public que nous appelions «le petit parc». L'été qui suivit mon départ de JB, pour la première fois depuis de nombreuses années, je demeurai tout un mois dans ma ville natale. Le matin je travaillais aux cuisines, mais dès le service du midi terminé, j'avais quartier libre jusqu'au lendemain. Sans perdre une minute, je m'enfermais dans la salle de bains pour me débarrasser des inévitables odeurs d'oignon, de chou ou de sauce au vin qui imprègnent jusqu'à la chevelure, je glissais une *Série Noire* dans une poche, du papier et un stylo dans l'autre, puis je partais pour la plage avec l'espoir de rencontrer une jolie fille qui ne me laisserait pas le temps de lire ou d'écrire, car je continuais à rédiger mes histoires rocambolesques comme j'en avais pris l'habitude à JB.

Cet après-midi-là, passant devant le «petit parc», il me prit l'envie d'aller voir ce qu'on pouvait y trouver. Jusqu'à ce jour, parce que, petits, la bonne nous y emmenait, Mélissande et moi, afin que l'on se dégourdisse les jambes loin de la circulation, je n'avais jamais voulu y retourner de crainte qu'un regard anonyme ne m'assimile à un jeunot. J'avais tort; les lieux offraient plein de recoins mystérieux abrités par des arbres aussi rares que vénérables. Au détour d'une allée, quelques marches conduisaient jusqu'à une sorte de petite rotonde naturelle cachée aux regards par une épaisse haie de houx et de buis, le tout surplombé par les ramures d'un arbre assez gigantesque et tortueux pour devenir le personnage inquiétant d'un conte d'enfant. Tout contre la haie, un banc public très court avait certainement été placé là à l'intention d'amoureux en mal de solitude. Mais lorsque je découvris l'endroit, il n'y avait, les talons sur le banc et les genoux remontés à la hauteur du torse, qu'Anne Babant, celle qui au lieu de payer un franc pour voir ma «quéquette» avait proposé de me montrer son «machin».

«Salut! me lança-t-elle d'emblée.
— Salut.
— Toi, je te connais, mais je ne me rappelle pas où?
— On était ensemble dans la classe de la mère Beaudry.
— Ouais! c'est ça, je me souviens de toi, c'est toi qui...»

Ne réalisant pas sur le coup à quoi elle faisait référence, je demandais:

«Qui quoi?
— Qui montrais ton engin aux filles pour cinquante centimes.
— C'était un franc.
— Un franc! c'était rien cher...»

Le «rien», qui se retrouve dans toutes bonnes conversations fécampoises, signifie beaucoup ou énormément lorsqu'il s'agit d'une observation exclamative comme «c'est rien moche» ou «c'est rien triste». Je crois que cette particularité, comme toutes les autres, assassinées par la radio et la télévision, tend à disparaître; toujours est-il que cet après-midi-là, je trouvais que le «rien cher» mettait mon anatomie directement en cause.

«Tu trouves que c'était trop cher?»

Elle eut un sourire malicieux qui me désarçonna, mais aussi m'alluma une boule de feu au bas-ventre.

«Je ne parlais pas de ce que tu montrais...
— Ah...
— T'as l'air embarrassé?
— Mais non! Pourquoi je le serais?

— Bah... peut-être parce qu'on est seuls tous les deux, un gars et une fille...
— Ça ne m'embarrasse pas du tout.»
En fait j'avais la bouche sèche. Elle déplia ses jambes, posa ses pieds sur le sol et, me désignant le banc du plat de la main, m'invita à m'asseoir près d'elle.
«Viens me raconter ce que tu fais, tu es dans quel bahut?
— J'étais à Rouen, chez les frères, mais c'est fini, je suis libre.
— T'as pas dû rigoler... Est-ce qu'il n'y a que des gars là-dedans?
— Malheureusement.
— T'as dû t'ennuyer des nanas?»
C'était vrai, mais comment le dire. Répondre par la négative ne ferait pas normal, le contraire risquait de me présenter comme un maniaque. J'optai pour une réflexion d'ordre général:
«Je trouve surtout que ce n'est pas normal de séparer les sexes, comme si on était pas faits pour vivre ensemble.
— Ça, t'as raison! En tout cas, moi j'aime bien trop les gars, s'il fallait qu'on me mette dans une pension de frangines...»
Que pouvait signifier ce «j'aime bien trop les gars»? Je ne voyais qu'une explication et elle me dérangeait. Je m'étais (ou l'on m'avait?) forgé une conception de la féminité qui ne reconnaissait pas aux filles le droit de désirer les gars. Qu'elle (ou qu'elles) me désire, moi, je n'avais rien contre, au contraire! mais l'ensemble du monde masculin... Cela m'apparaissait vulgaire et dévoyé. Ce qui à ce moment n'empêchait pas, en aucune façon, d'être habité par un seul ordre d'idées: la toucher, poser mes lèvres sur les siennes, sur sa poitrine et, si cela se pouvait! de baisser sa petite culotte. J'en avais mal partout. En même temps, je voulais que l'on s'aime; l'offrande mutuelle de notre intimité devant aboutir à une fusion des cœurs provoquant le véritable bonheur. C'est ainsi que je voyais les choses. Mais pour cela, il me fallait des sentiments au départ. Comment, avec une fille qui prétendait aimer les garçons? Cherchant des liens, des points communs, je lui demandai machinalement si elle allait quelque part durant les vacances.

«Comme d'habitude, on va se ramasser aux Sables-d'Olonne, et c'est chiant!»

Allons bon, des vulgarités à présent. Une vraie fille se devait d'être douce et réservée.

«C'est pas bien Les Sables-d'Olonne?
— Bof... Moi, je voudrais aller sur la Côte d'Azur, Saint-Trop, enfin là où vont tous ceux qui sont dans le vent.
— Moi, ce serait en Amérique.
— Alors là, oui d'accord! Je pars avec toi à cent à l'heure.
— Tu aimes l'Amérique?
— Et comment! Même que dès que j'aurai mes vingt et une berges, je me casse là-bas, j't'e le dis!
— Moi pareil, approuvais-je, la France, les bérets basques, l'accordéon et le camembert, très peu pour moi.
— Moi, ce que j'aimerais, c'est la Californie. C'est là-bas qu'est la vraie vie. Tu te rends compte, la Californie...»

Je me rendais compte et pour le faire savoir, j'y allais de mon vocabulaire puisé dans la *Série Noire*:

«Frisco ou L. A.?»

Elle me regarda avec de véritables feux de Bengale dans les pupilles. Elle avait soudain du Marilyn. C'était déjà presque l'Amérique.

«L. A., fit-elle, et toi?
— Moi aussi.
— Eh! ce serait dingue si on partait là-bas tous les deux...»

J'oubliai qu'elle aimait les garçons, j'oubliai qu'elle pouvait être vulgaire, j'oubliai même qu'elle avait proposé de me montrer son machin plutôt que de me donner un franc; elle aimait l'Amérique, elle aimait Los Angeles, nous étions faits pour nous entendre. Et cela tombait vraiment bien car j'avais de plus en plus envie de poser mes bras autour de ses épaules.

«Ouais, ce serait formidable.
— Il paraît qu'il y a un tas de fric à faire à L. A., je veux ma part.»

Rien de déplorable à cela, moi aussi j'avais appris qu'argent rimait avec Amérique, et que puisqu'il en était ainsi, il n'y avait rien de mal à en vouloir le plus possible. Il était implicite qu'on ne pouvait profiter de l'Amérique autrement.

Je posai ma main sur son épaule. Elle plissa les lèvres dans une sorte de sourire complice et ouvrit tout grand les yeux. Elle était magnifique. Encouragé, le cœur battant, je posai mon autre main sur son flanc droit, tout près de sa poitrine, puis me penchai vers son cou en commençant très lentement à déplacer mes doigts vers la base de son sein.

«Est-ce que tu bandes?» demanda-t-elle.

Je me redressai. Comment prendre une pareille question? Soudain je ne voulais plus partir avec elle en Amérique, cette idée devint soudain insupportable; je craignais qu'elle ne souille mon continent, ne gâche mon rêve.

La seule chose tangible qui demeurait, et qui dominait le reste, c'est que, oui! je bandais.

Je ne sais plus très bien comment c'est arrivé, nous nous sommes retrouvés étendus sur le banc, elle la robe remontée jusqu'au cou, moi le pantalon descendu aux chevilles.

«Tu ne vas pas me faire un bébé? s'inquiéta-t-elle

— Mais non!»

En réalité, j'avais tout autre chose en tête que de prendre garde à une probabilité que je ne pouvais seulement pas imaginer. Une certaine forme d'orgueil me laissant croire que pour elle aussi c'était la première fois, je voulus la rassurer:

«T'en fais pas, Anne, je ne vais pas te faire mal.

— Oh! je ne m'en fais pas, c'est pas la première fois, tu sais.»

Et ses doigts me guidant tendaient à me le prouver.

Pour d'obscures raisons, je m'estimais trompé. De rage, dès que je me sentis en position, avec quelque part l'intention brutale de prouver que j'étais le meilleur, j'entrai brusquement en elle. Elle dut interpréter mon mouvement car, aussitôt, de ses bras, elle me retint contre elle.

«Tu es fâché? chuchota-t-elle.

— Non...»

C'était devenu vrai. Là où je me trouvais était tellement chaud, tellement doux, que je ne pouvais plus lui tenir rigueur de ne pas être celle que j'aurais voulu qu'elle soit.

Pour la première fois, je posai mes lèvres sur les siennes. Magnifique! Je voulais que cette chaleur dure indéfiniment, que tout le reste disparaisse, qu'il n'y ait plus rien que cela, à jamais.

Le gardien du parc mit un terme brutal à cette rencontre avant même son aboutissement.

«Petits salauds! Voulez-vous bien vous rhabiller tout de suite!»

Je n'ai toujours pas trouvé de quoi nous avons eu réellement peur. Ce que je sais trop bien est que dans les secondes qui suivirent nous avions pris la fuite chacun de notre côté, sans même, ne serait-ce que d'un regard, nous dire au revoir.

25

Papa avait pris le parti de me retirer de JB. Enfin! Cela ne signifiait pas pour autant que j'allais retourner à Fécamp, pas du tout, mon éducation, et peut-être la quiétude d'éventuels clients fécampois, réclamait que je demeure pensionnaire. Il se mit donc en devoir de trouver un pensionnat différent au-delà d'un rayon d'au moins vingt kilomètres. C'est à peu près lorsque je rencontrais Anne Babant au «petit parc» qu'il finit par dénicher, à la sortie d'Houville-en-Caux, un château XVIIIe cerné par un parc à l'anglaise, lui-même environné par d'honnêtes fermes laitières. Impressionné par le décor champêtre, il cessa ses recherches et m'inscrivit tout de go dans ce collège qui, sous son cadre idyllique, cachait en réalité un établissement où, désespérées, des familles aisées de Haute-Normandie se débarrassaient des moutons noirs dont tous les autres établissements avaient signifié le renvoi.

Quant à l'externat, c'était un collège ordinaire qui accueillait fils et filles des cultivateurs alentour; mais l'internat, qui dépendait uniquement du directeur, était une sorte de mise en quarantaine lointaine pour une vingtaine de hors-la-loi en herbe que les parents ne pouvaient se résoudre à placer dans de véritables maisons de redressement. Le directeur tout-puissant se nommait bizarrement Séoul – comme la ville –, et sa glande hypophyse lui avait joué un vilain tour, car tout en lui, à l'image de sa méchanceté, était démesuré: sa carrure, ses mains, ses traits et même sa voix. Des gars retors comme Sigaud, qui cassait des briques avec son front, ou Lebert, le dealer au couteau facile, tous se muaient en agneaux dès que les deux mètres et quelque de muscles de Séoul étaient précédés de ses vociférations. En fait, et ce n'est pas pour me vanter mais plutôt pour démontrer à quel point j'étais plus anarchisant que les hors-la-loi eux-mêmes, j'étais – stupidement – le seul à ne pas le craindre; ce qui suffisait à me valoir une volée quotidienne sans que je n'eusse à fournir d'autre raison que de me trouver dans son champ de vision. Bref, un Joseph à la puissance X.

Ceci dit, j'ai vécu à Houville des jours extraordinaires durant lesquels j'allais découvrir l'étrange campagne cauchoise, le plaisir de terroriser une petite ville de province, celui de deviser sur la nature des choses la nuit dans les rues ou sur les toits, l'excitation de préparer en rêve ma vie future en Amérique et surtout, surtout! la joie-souffrance d'être terrassé par l'amour en rencontrant Eva.

S'il est une cicatrice qui marque à jamais un homme, c'est certainement celle du jour, de l'instant d'éternité où pour la première fois il réalise qu'il aime. Personnellement, cette constatation m'a frappé un peu avant la reprise des cours un après-midi de septembre.

Suite à une concertation entre internes dont le but était de prouver aux externes que nous étions les plus forts, comme les autres, je venais de remplir mes poches de petites pommes sûres, cueillies dans les pommiers du parc, afin de les lancer aux filles qui n'allaient pas tarder à arriver par l'autocar du midi.

Lorsque celui-ci arriva, je ne fis pas tout à fait comme les autres qui, sitôt les filles descendues, leur lancèrent leurs pommes sans discernement, se contentant de se griser de leurs cris qui, tout compte fait, traduisaient bien le plaisir qu'elles retiraient d'être ainsi prises en considération par les renégats que nous symbolisions. Non, pour ma part, j'attendis qu'une, «qui en vaille la peine», se présente dans ma ligne de tir afin de tout lui envoyer coup sur coup de telle sorte que mon geste ne demeure pas anonyme à ses yeux. Bien entendu, je choisis «la plus belle». Celle que les anciens surnommaient Mistinguette parce qu'elle avait des «guiboles à mourir». Une pomme n'attendant pas l'autre, une à une je les décochais jusqu'à ce que, malgré moi, un fruit l'atteigne à la mâchoire.

Le temps s'est arrêté. Je l'ai vue fermer les paupières sous le choc, j'ai suivi ses doigts se porter à la rencontre de sa douleur puis, jusqu'au fond des tripes, j'ai éprouvé au centuple le mal que je venais de lui faire. Durant cette fraction de seconde, j'ai rejeté tous mes rêves de bateaux, de tropiques et de fusées; plus rien ne m'importait que de réparer le mal que je venais de commettre.

Et elle a rouvert les yeux!

Fantastique coulée d'azur, s'engouffrant dans mes veines et mes artères, irriguant mes muscles, mon ventre, mon cœur et ma tête, leur couleur m'a envahi, détachant au passage toutes les amarres qui jusqu'à cet instant m'avaient retenu au centre de l'univers. Je n'étais plus rien. Une pomme, une mâchoire, des yeux exprimant surprise et douleur, des lèvres sur lesquelles j'ai voulu poser les miennes, l'énorme, le gigantesque besoin de la consoler, de la protéger; je suis devenu le satellite d'un astre unique. J'ignore où j'ai trouvé la force de balbutier:

«Excuse-moi, je ne voulais pas te faire mal...»

Elle aurait pu me répondre que j'étais un innocent, un couillon et un branleur, mais non; tout doucement, tout bas, elle a dit:

«C'est pas grave.»

C'est à cet instant que je lui ai abandonné les clefs de mon appartenance. C'était à la fois terriblement douloureux et exaltant. Pour la première fois quelqu'un comptait plus à mes yeux que ma propre personne.

Quelqu'un qui allait motiver le moindre de mes gestes, la moindre de mes pensées. Quelqu'un pour qui, en me levant le matin, j'allais me brosser les dents. Quelqu'un qui, chaque soir avant que je ne m'endorme, allait être l'oreiller que j'étreignais.

Je me suis approché et lui ai demandé:

«Qu'est-ce que je peux faire pour réparer?»

Avant qu'elle ne réponde, une voix hilare s'exclama:

«Hé! les mecs. On dirait que Monagan en pince pour Mistinguette, il doit vouloir la baiser.»

Je me retournai vers Chevalier, qui, entre autres, se vantait comme on le fait pour un exploit d'avoir violé sa petite cousine. Exigeant sans succès qu'il s'excuse auprès d'elle, je lui envoyai mon poing dans les dents.

Bien sûr ce n'était pas le genre à tendre l'autre joue, et ce fut à mon tour de recevoir son poing. Mon nez craqua de façon sinistre. Je vacillai pendant qu'une onde de douleur irradiait mon crâne. Des larmes voilèrent ma vision, puis, sous la douleur, obscurcissant ce qui pouvait me rester de raisonnement, le mouvement d'humeur allumé par l'insulte s'embrasa et devint rage. Hurlant, je me jetai sur lui, sourd à tout ce qui m'entourait sinon d'assouvir une fureur qui m'ordonnait de taper. Cognant, frappant sans mesurer ou réfléchir mes coups, j'étais indifférent aux cris des autres qui, un instant plus tôt, gourmands d'un pugilat, s'inquiétaient soudain en voyant sourdre un sang qui aurait pu être le leur. Puis, comme elle était venue, la fureur se retira, me laissant tremblant, hébété, désemparé en me rendant compte que Chevalier, étendu par terre, avait le visage en sang. Tout au plus, tentant d'expliquer aux autres et à moi-même cette sauvagerie, j'y allai d'un:

«Ça t'apprendra, sale con.

— Qu'est-ce que c'est encore?»

Je levai la tête et aperçus Séoul, les traits déjà marqués par le courroux, qui s'approchait à grandes enjambées.

«Sauve-toi! me souffla la fille, il va te démolir.»

Elle s'inquiétait pour moi! N'eût été de cette bagarre et du directeur, immense, qui s'approchait, ce moment en aurait été un d'extase; mais il y avait ces événements incontournables, aussi fut-il simplement magnifique.

Séoul évalua vite la situation, vit que Chevalier essayait tant bien que mal de se redresser tandis que moi j'étais indemne. Je ne pouvais donc qu'être le coupable.

«Qu'est-ce qui s'est passé?

— Il m'a insulté et puis...

— Et puis tu as cogné?

— Oui...

— Alors à mon tour maintenant!»

Il défit sa ceinture, la leva dans le ciel et, poussant un «tiens!» l'abattit sur mon dos. Une fois, deux fois, puis sur les membres. Uniquement parce que la fille était là, j'usais de toute ma volonté pour ne pas crier. Séoul, lui, hurlait:

«Ce n'est pas un petit merdeux dans ton genre qui va venir imposer sa loi dans mon école! Tu m'entends, Monagan? Ça fait déjà un moment que tu m'énerves avec ton air de te foutre du monde. Hein, que tu te fous du monde, Monagan?

— Oui!»

Les coups redoublèrent jusqu'à ce que l'inconcevable se produise: la fille cria «Assez!» et, comme s'il l'avait écoutée, Séoul s'arrêta sur-le-champ. Il grogna, me menaça de sévices ultérieurs encore plus réformateurs, puis s'en alla en prévenant à la ronde d'éviter de fréquenter un «malade» de mon espèce.

Parce que j'avais des larmes plein les yeux, je ne voulais pas regarder vers la fille dont je sentais la présence derrière moi. C'est elle qui vint devant moi.

«Ça va?» me demanda-t-elle.

Ô combien j'aurais voulu refermer mes bras autour d'elle, l'embrasser et l'emporter loin, loin dans un monde rien qu'à nous.

«Ça va, tu es gentille...
— C'est un fou...
— J'y suis peut-être allé un peu fort avec ce con-là...»

Je désignais Chevalier qui, s'étant relevé, se dirigeait vers la fontaine du parc pour s'y nettoyer. Elle secoua négativement la tête.

«À l'avenir il y pensera peut-être à deux fois avant de débiter des grossièretés.
— Excuse-moi encore pour les pommes...»

Elle eut le premier de ses petits sourires tristes et mystérieux qui à chaque fois allaient me paralyser d'adoration.

«En tout cas, répondit-elle, complice, il était clair que toutes tes pommes m'étaient destinées...»

Que répondre? Je me sentais percé à jour; j'en étais à la fois effrayé et ravi. Qui était-elle?

«On dirait que Séoul t'écoute, il a tout de suite arrêté lorsque tu lui as dit assez?»

Je pensais à une forme de compliment, mais sans en comprendre le motif je vis brusquement son sourire s'effacer.

«J'ai dit quelque chose qui ne va pas?
— Rien, rien... Tu n'as rien dit de mal, il s'est arrêté et c'est tout, juste par hasard. Est-ce que ça te fait mal?

— Cinq ans de pension chez les frères, ça rend le cuir dur», fis-je, soudain content de l'expérience de vécu que pouvait me donner mon passage à JB, et fier de savoir taire mon mal.

Les sifflets d'appel retentirent. Je me rendis compte qu'il allait falloir nous séparer.

«C'est l'heure, dit-elle en prenant la direction des classes.
— Oui, c'est l'heure, dommage... Tu t'appelles comment?
— Eva. Toi je sais que c'est Éric.
— Comment le sais-tu?»

De nouveau ce sourire. Un grand vide dans ma poitrine, l'azur de son regard bouillonna dans mes veines. Je n'insistai pas, et, comme le temps pressait, lui demandai rendez-vous:

«On se revoit à la récré de trois heures?
— Si tu veux.
— Où ça?
— La plupart du temps, je suis près du séquoia...
— D'accord! Dans quelle classe es-tu?
— Troisième classique.»

J'eus un coup au cœur; elle était «plus haut» que moi! Je n'osai lui demander son âge et la quittai avant d'avoir à lui révéler que j'étais «plus bas». Pour la première fois – ce fut une journée riche en premières fois – je me sentais diminué par le fait de me trouver dans une classe inférieure. J'avais l'impression qu'Eva devait automatiquement en savoir plus.

Je sais aujourd'hui que cette impression aurait été la même si je m'étais trouvé deux classes au-dessus.

J'ignore à quelle époque le séquoia fut planté dans ce coin du pays de Caux, ce qu'il y a de certain est que lors de mon arrivée à Houville, que ce soit en circonférence ou en hauteur, il dominait déjà sur tous les arbres que j'avais pu voir. Le premier châtelain avait-il été un de ces voyageurs comme j'en avais rencontré dans les gros livres reliés en maroquin rouge dans la bibliothèque de Papi, un aventurier anonyme qui aurait traversé les Rocheuses avant tout le monde? J'aimais à le croire et surtout à l'imaginer.

C'est Eva qui m'apprit que les séquoias étaient originaires de la côte ouest américaine lorsque, la retrouvant cet après-midi-là, assise au creux d'une racine, je lui fis part de mon admiration pour l'arbre.

«Il paraît, me dit-elle, qu'il y a là-bas des forêts où les arbres étaient déjà vieux au temps de Jules César, tu te rends compte!

— Oui... Il paraît aussi qu'à Jérusalem il y a des oliviers qui étaient là au temps du Christ.

— On est quand même peu de chose, quand on y pense...»

Je ne la connaissais que depuis deux heures, pourtant j'aurais voulu lui affirmer qu'elle était beaucoup plus importante que tous les séquoias et tous les oliviers de la création. Mais je ne pouvais le dire et elle poursuivit sa considération philosophique:

«On est là, on tourne en rond sur la terre qui tourne sur elle-même puis tourne autour du soleil qui lui tourne dans la galaxie qui elle tourne dans les galaxies qui elles aussi tournent à leur tour, sans parler des électrons qui tournent dans les atomes... À quoi ça sert?»

J'avais déjà réfléchi à la question, j'étais fier de pouvoir lui faire part de mes découvertes:

«Même si c'est pas toujours évident, je crois que ça sert à répandre l'amour. Il y en a qui disent qu'on sera bientôt trop nombreux sur terre, c'est faux; tout l'univers est là qui nous attend. Imagines-tu toutes les planètes étranges et magnifiques que nous avons à coloniser...

— Ça fait penser à de nouvelles Amériques.

— C'est ça! Un inépuisable réservoir de nouveaux mondes. Malheureusement, il y en a qui ont la vue basse et ne veulent pas voir plus loin que leurs intérêts qui souvent se limitent à de simples considérations d'ordre esthétique.»

J'étais très satisfait de mon explication. Avec l'air de s'interroger, se mordillant légèrement la lèvre inférieure, Eva m'observa un instant et je lui rendis son regard. Ses cheveux étaient blond miel, courts façon Jeanne d'Arc, et elle avait le teint clair des Normandes avec juste ce qu'il fallait de rose aux pommettes. S'étant frayé un chemin à travers les branches basses du séquoia, un rayon de soleil oblique illuminait sa joue, révélant dans cette lumière exacerbée un très fin duvet blanc sur ses pommettes. J'ignore pourquoi, cette découverte me donna l'impression de transgresser une part de son intimité; je m'en voulais, et plus je m'en voulais, plus ce sentiment accroissait la vénération spontanée que je lui portais depuis que ma pomme l'avait atteinte à la mâchoire.

«À propos d'Amérique, me demanda-t-elle, as-tu vu ou entendu *West Side Story*?

— Oui, j'adore! Toi aussi?

— Je ne m'en lasse pas. Je suis allée voir le film à Yvetot, ensuite j'ai réussi à avoir le disque et depuis ça doit faire suer mes parents car je le passe sans arrêt. Qu'est-ce que j'aimerais vivre là-bas...

Anne Babant m'avait affirmé la même chose, cependant c'était très différent. J'avais alors cherché à m'aveugler, mais au fond, j'ai tout de suite su que l'Amérique d'Anne n'était que le reflet qu'en France elle voulait donner d'elle, une façon de dire: je suis plus évoluée que les autres.

L'Amérique d'Eva était tout autre: une terre nouvelle à construire, le souffle de la Liberté, de l'Aventure et de l'Espoir.

«Moi, je ne pense qu'à ça», répondis-je, inquiet que mon Amérique semble moins forte que la sienne.

Le regard que nous échangeâmes me transperça de la tête au ventre. Je nous y voyais, en Amérique – pourquoi celle des années 50? – dans les rues aux murs de brique éclaboussées de lumières, j'étais Tony en bas de l'escalier d'incendie et, quelques marches plus haut, Eva était Maria. Tout autour, les odeurs et les bruits de Brooklyn. Tous deux nous chantions *Tonight* et *America*.

Imaginant comme une révélation la somme des joies qui pourraient être les nôtres pour peu que l'on veuille s'en donner la peine, j'eus la vision des milliards de possibilités qui nous étaient offertes et eus soudain l'impression que jamais ma poitrine ne pourrait contenir toute l'exaltation qui jaillissait en moi.

Seule ombre sur tout cela, je ne la connaissais pas depuis assez longtemps pour me sentir le droit de le lui exprimer. À la place, je désignais le gros livre qu'elle tenait, un doigt glissé à la page en cours.

«Qu'est-ce que tu lis?

— *Les Nus et les Morts*, répondit-elle en cornant la page avant de me tendre le volume. Ça se passe durant la guerre du Pacifique, c'est très bon...»

De nouveau je me sentis diminué. J'avais cru qu'il devait s'agir d'un de ces gros romans-fleuve à la guimauve comme j'avais décidé que les filles les aimaient; elle me tendait un livre qui juste au toucher me parut vivant. Soudain, ma connaissance presque anthologique de la *Série Noire* me sembla tout à fait grotesque. Pendant que je gavais mes temps plus ou moins libres de privés désenchantés plus ou moins véreux, de blondes incendiaires à se damner, de cadavres en veux-tu en voilà et de bourbon suivi d'aspirine contre les gueules de bois, Eva, elle, auscultait la véritable humanité. Feuilletant le livre, je me rendis compte cependant que pour ce qui était du «naturel» le vocabulaire des dialogues n'avait rien à envier à la *Série Noire*, pas plus pour l'intérêt; quel que soit le paragraphe où je me plaçais, les mots coulaient comme un torrent de montagne, charriant des images à n'en plus finir.

«C'est vrai que ça a l'air bon, approuvai-je.

— Je te le prêterai quand j'aurai fini.

— Oui, ça me plairait, c'est sympa.

— Est-ce que tu lis beaucoup?

— Je lis beaucoup trop, tu veux dire. J'en oublie mes études.

— Quel genre?»

Un instant, j'eus l'idée de citer Maupassant ou Balzac, mais c'eût été mentir et, sensation nouvelle, le mensonge envers elle m'apparaissait méprisable.

«Pour l'instant je dévore des romans noirs: Peter Cheyney, Raymond Chandler, Dashiell Hammett, Horace Mac Coy...»

Ses yeux jetèrent des éclats propres au sourire et un peu à la malice complice.

«*La Môme Vert-de-Gris, Adieu la vie, adieu l'amour, La Dame du lac...* Moi aussi je les dévore.»

S'ensuivit un échange passionné où nous fîmes l'apologie de tel ou tel titre. Pure coïncidence ou signe du destin, nous tombâmes tous deux d'accord pour affirmer que *Pas d'orchidées pour Miss Blandish* était le plus palpitant.

«Mais demain, me dit-elle, je vais t'apporter un autre genre de bouquin, je suis sûre que ça va te plaire.
— De qui?
— William Faulkner, *Absalon! Absalon!* Tu me diras ce que tu en penses. Ça se passe dans le vieux Sud des États-Unis.
— À propos du Sud, as-tu entendu parler du discours de Martin Luther King à la fin d'août?
— J'en ai lu des comptes rendus dans le journal... Toi, est-ce que tu crois qu'on peut gagner des causes justes par la non-violence?
— C'est pas l'exemple que j'ai donné ce midi, mais...»

Une nouvelle fois, comme ils allaient désormais le faire toujours «trop tôt», les sifflets signalèrent le retour en classe.

«On continuera demain, me lança-t-elle en s'éloignant déjà.
— D'accord, demain...»

Je réalisai avec abattement qu'après les cours, à seize heures trente, l'autocar la ramènerait chez elle et qu'il me faudrait attendre jusqu'au lendemain matin pour la revoir. Autrement dit, une éternité. Qu'allais-je faire durant tout ce temps? Réalisant que je n'avais d'autre alternative que de prendre mon mal en patience, me disant qu'ainsi ce serait un peu prolonger sa présence, je décidai de préparer mentalement la conversation que nous aurions le lendemain. La non-violence: Les bonzes qui venaient de s'immoler au Vietnam m'avaient amené à réfléchir à la question.

Comme promis, le lendemain Eva m'apporta *Absalon! Absalon!* et me prévint: «N'essaye pas de comprendre, lis-le et laisse-toi emporter...» Ce que je fis. Pour dire la vérité, si ce n'était elle qui me l'avait prêté, je n'aurais sans doute pas dépassé les dix premières pages de ce monolithe noir. Au tout début, habitué à suivre le fil narratif normal d'une intrigue, je ne voyais pas du tout où l'auteur voulait me conduire. «Qu'est-ce que c'est? C'est une farce, ce n'est pas que je ne comprends pas, me disais-je, agacé, c'est qu'il n'y a rien à comprendre.» Puis soudain, persévérant, comme Eva me l'avait laissé entendre, les mots, les terribles alignements de mots de Faulkner m'ont brusquement projeté dans la lumière onirique du comté de Yoknapatawpha, avec peut-être plus d'intensité que s'il avait existé et que si je m'y étais trouvé physiquement. Reprenant alors à la première page, oubliant le collège d'Houville en dehors des récréations où je retrouvais Eva sous le séquoia, je m'enfonçai profondément dans le Mississippi faulknérien.

Ma rencontre avec Eva avait eu lieu sous des auspices exceptionnels. Dès le lendemain, je fis connaissance de son amie Marie-Chantale qui, absente la veille, lui tenait normalement compagnie durant la plupart des récréations. Grande et forte, elle était gentille, mais sa présence me dérangeait puisqu'elle m'empêchait d'être seul avec Eva. Il fallut néanmoins que j'en fasse la conquête amicale afin de mettre de mon côté toutes les chances de demeurer dans l'orbite d'Eva.

Tel qu'entendu, nous eûmes notre débat sur la non-violence. Eva soutenait que si les Américains entraient vraiment en guerre au Vietnam, ils perdraient parce que les bonzes qui s'étaient immolés avaient semé le doute dans tous les esprits. Pour ma part, m'appuyant sur la Seconde Guerre mondiale, je prétendais que si le monde avait simplement tendu l'autre joue aux nazis, la terre serait devenue un enfer. Évidemment, puisque le conflit vietnamien n'en était qu'à ses premiers balbutiements du côté américain, l'argument d'Eva n'était qu'une hypothèse et le mien était difficilement attaquable. Toutefois, quelques jours plus tard, elle revint sur le sujet :

«Imagine qu'à la suite de l'invasion de la Pologne, la France et l'Angleterre n'aient pas déclaré la guerre à Hitler, peut-être que la situation aurait pourri dans l'œuf et qu'à la longue ce serait les Allemands eux-mêmes qui se seraient débarrassés d'Adolphe.

— On ne peut pas savoir...»

Marie-Chantale, beaucoup plus rationnelle que nous, proposa un exemple plus concret :

«Imaginons cette fois que nos parents – ce serait étonnant, mais imaginons quand même – que nos parents nous permettent d'aller au bal un samedi soir. Toi, Éric, tu accompagnes Eva et là un loubard qui vient... disons du Havre, tente d'emmener Eva dehors... Ça ne serait pas normal que tu essaies de défendre Eva par tous les moyens y compris la force?»

La réponse d'Eva me surprit et me fit mal:

«Si le type a besoin d'affection, pourquoi ne pas lui en donner et prendre une bonne douche ensuite.

— Oh! bah! pas moi!» s'exclama Marie-Chantale qui prenait cela pour une plaisanterie et riait.

Moi, je ne riais pas du tout.

«Tu serais vraiment capable d'être gentille avec un type comme ça?» demandai-je.

J'attendais une négation, mais n'obtins qu'un regard insondable. La simple idée qu'elle soit touchée par un autre m'était insupportable. L'idée du loubard à Marie-Chantale encore davantage. En imagination, je faisais subir les pires sévices au «Havrais» avant de le faire disparaître dans les conditions les plus violentes. Pourquoi Eva ne répondait-elle pas à ma question? Pouvait-elle froidement envisager la chose? Je fus presque brutal en ajoutant:

«Ça ne te ferait rien?

— Je n'ai jamais dit que ça ne me ferait rien...»

Je compris que je l'avais blessée. Je m'en voulais mais je cherchais néanmoins à lui jeter un blâme:

«Et s'il y en avait plusieurs, des loubards du Havre?

— Raison de plus pour être gentille avec eux plutôt que de se faire tuer.

— Si tu leur donnes ce qu'ils demandent, ils remettront ça tout le temps.

— Je ne leur donnerais pas ce qu'ils demandent, simplement ce dont ils ont besoin: un peu d'attention et de gentillesse.

— Je ne te comprends pas...»

Marie-Chantale éclata de rire comme si tout ceci n'était que du vent. Elle donnait toujours l'impression que la conversation n'avait d'autres buts que de tuer le temps. Passant outre, j'affirmai avec véhémence: «Le premier que je vois toucher à un seul cheveu d'une fille sans sa permission, je le démolis.»

Marie-Chantale rit de plus belle. J'étais loin d'imaginer que j'allais être pris au mot dans les jours qui suivirent.

Un matin d'octobre, vivant l'angoisse du samedi, j'attendais que l'autocar me ramène Eva. Depuis septembre, je détestais les fins de semaine qui, dès le samedi midi, me séparaient d'elle jusqu'au lundi matin. Quarante-huit heures d'attente et de grisaille douloureuse où chaque seconde s'éternisait impitoyablement.

Ce 12 octobre-là, je vis qu'elle avait les yeux rouges en descendant de l'autocar. Elle souffrait! J'étais déchiré. Partagé entre l'inquiétude et l'euphorie d'avoir une occasion de la consoler, j'effleurai son coude de mes doigts. Ce contact furtif mit mon cœur en déroute.

«Qu'est-ce que tu as? Quelqu'un t'a dit quelque chose?»

Elle secoua négativement la tête et je crus qu'elle cherchait à protéger la tranquillité de tout monde.

«Dis-moi qui c'est, je vais lui faire regretter, tu vas voir...
— Personne ne m'a fait de mal, Éric. Ce sont les nouvelles d'hier...
— Qu'est-ce qui s'est passé hier?»

Elle me regarda avec étonnement.

«Bien voyons, ils sont morts...
— Morts? Qui est mort?
— Piaf et Cocteau, tu ne le sais pas?»

Surtout parce que j'avais dîné en compagnie du poète au cours de l'été, l'information me causa un choc. Mais de constater que cette nouvelle fasse pleurer Eva, je crus pour le moins qu'elle les avait connus personnellement.

«Non. Tu les connaissais bien?
— Comme tout le monde...
— Tu ne les connaissais pas en personne?
— Comment j'aurais fait? Mes parents sont fermiers à Entretot, on ne fréquente pas ces milieux-là... (Son regard se perdit au loin.) Rends-toi compte à quel point Cocteau devait l'aimer, son cœur s'est arrêté quand il a appris qu'elle était morte...»

Je réalisai brusquement que l'origine des larmes d'Eva n'avait pas pour cause les décès de Cocteau et de Piaf à proprement parler, mais plutôt l'émotion d'imaginer le poète terrassé en apprenant la disparition de la chanteuse. Oui, c'était bouleversant! Soudain, à moi aussi des larmes brouillèrent la vue, mais convaincu que mon état de garçon était incompatible avec de telles larmes, je me détournai. Elle dut s'en douter, car à son tour elle me prit le coude.

«Sais-tu que j'ai mangé avec Cocteau cet été, dis-je pour donner le change avant de réaliser, trop tard, comme cela devait paraître prétentieux.

— Avec Cocteau?

— Oui, j'ai passé une partie de l'été dans le château d'une Américaine et un jour Cocteau est venu. Jean Marais aussi.

— Tu as parlé avec eux?

— Qu'est-ce que j'aurais pu leur dire? J'ai juste écouté ce qu'ils disaient...

— Qu'est-ce qu'ils disaient?

— Rien de spécial. Cocteau a parlé de son village, je crois, puis d'un tas de monde dont je n'ai jamais entendu parler. Jean Marais n'a presque rien dit, par contre...»

Je lui contai le temps qu'avait pris l'acteur pour se coiffer et comment, sans le vouloir, la comtesse l'avait ridiculisé. Cela fit sourire Eva.

«Et Édith Piaf, me demanda-t-elle, est-ce que tu l'aimais?»

Il s'agissait de Piaf. De toute évidence Eva devait s'attendre à une réponse affirmative. Comment lui dire que les flonflons, le genre môme de Paname, les déclarations larmoyantes destinées à faire chialer dans les mansardes et, chez les femmes, le style Mon mec à moi..., tout ça m'énervait?

«Pas tellement... fis-je.

— Moi non plus, me surprit-elle.

— Par contre, j'ai lu *Les enfants terribles* de Cocteau et ça vaut la peine.»

Je n'ai pas compris pourquoi elle a eu une grimace que visiblement elle aurait voulu dissimuler.

Durant la récréation de dix heures, comme elle n'était

pas sous le séquoia avec Marie-Chantale, j'allai jusque dans sa classe où je la trouvai seule, en train d'écrire.

«Tu ne sors pas?

— Non, Goret m'a donné un travail à faire pour midi, il n'a pas apprécié que je lui dise que je n'aimais pas tellement le boche.

— Quel con!»

Goret était le surnom de Séoul – d'où Corée, d'où Goret. En plus d'être directeur, il enseignait l'allemand; ce qui, d'après tous les internes, était la preuve évidente qu'il avait «dû faire son apprentissage à Buchenwald ou Mauthausen».

Avertie par je ne sais quel sixième sens, Eva regarda par la fenêtre et je vis ses yeux s'agrandir.

«Vite! Planque-toi! me lança-t-elle, le voilà qui arrive, s'il te trouve...»

Je ne cherchai pas à en savoir davantage; s'il me trouvait dans cette classe, mon compte était bon. Il était trop tard pour sortir. Nerveux, je plongeai sous le bureau du professeur qui présentait l'avantage d'être fermé sur trois côtés. Un interstice entre la surface de travail et le panneau me permettait de voir tout autour.

Accroupi, le cœur battant tellement fort que j'avais l'impression qu'il était audible, je vis Séoul s'avancer vers Eva, se placer derrière elle puis se pencher au-dessus de son épaule.

«Tu fais ce que je t'ai demandé? dit-il, sans doute pour se donner un semblant de naturel.

— Oui, j'ai bientôt fini.

— T'as fait exprès, hein, de dire boche au lieu d'allemand? Tu savais que je n'aimais pas ça.

— Non, ça m'a échappé.

— Ah oui, échappé...»

Incrédule, je le vis poser sa grosse main sur l'épaule d'Eva puis, s'appuyant tout contre elle, descendre vers sa poitrine. Je voulais refuser d'interpréter ce que je voyais, pourtant les traits d'Eva ne laissaient aucun doute; livide, elle avait redressé la tête et se tenait très droite, les mains crispées sur son bureau.

Puis il ne fut plus possible de s'aveugler: la main de Séoul était sur le sein d'Eva. Du pouce et de l'index il cherchait à cerner le téton à travers les vêtements.

«Eh bien, tu n'aimes pas les caresses?»

Sa voix était rauque, comme celle du frère directeur à JB lorsqu'il m'avait pommadé. Eva essayait de dire quelque chose mais n'y parvenait pas.

Séoul glissa son autre main dans l'encolure du chandail. Je compris avec stupeur que je n'avais que deux choix: rien faire ou agir.

Impossible pour moi de ne rien faire; sur une autre qu'Eva je n'aurais pas supporté ce que je voyais, alors sur elle... Le meurtre coulait dans mes artères. Comment agir? Physiquement je n'étais pas de taille, et si je manquais mon coup... Je n'écartais pas qu'il puisse nous supprimer. Je ne me posai pas la question de savoir si j'avais trop lu de *Série Noire*, j'étais persuadé qu'il était capable du pire.

«Tu n'aimes pas les marques de gentillesse?» redemanda-t-il.

Cette fois, toujours accroupi, je vis très nettement des larmes déborder des paupières d'Eva. «Le salaud! le salaud!» Pivotant sur moi-même, j'aperçus, accroché sur le mur, le grand compas de tableau avec sa longue pointe métallique. C'est ça! J'allais lui en planter la pointe dans les couilles, le temps qu'il s'occupe de lui-même, on aurait toujours le temps de fuir et de donner l'alerte. Sans mûrir mon plan plus longuement, je sautai sur l'instrument, me tournai vers Séoul puis, hurlant: «Non, elle aime pas ça!» je m'élançai sur lui, le compas en position.

Surpris, il n'eut que le temps de faire un léger mouvement de côté; la pointe du compas lui entra dans la cuisse, lui arrachant un cri très bref.

L'air hagard, il ramassa le compas par terre puis se redressa, yeux exorbités, teint terreux, cherchant à se maîtriser.

J'avais manqué mon coup. Il ne me restait que les mots. Reculant de quelques pas, je tendis mon doigt dans sa direction.

«Vous la lâchez, vous foutez le camp et vous nous foutez définitivement la paix, sinon vous êtes fini! Fini!»

Mon doigt était minuscule à côté des siens et mes menaces n'étaient que l'expression de mon désarroi. Pourtant cet intermède dut lui laisser le temps de réfléchir à la situation, car presque calmement, il posa le compas sur un bureau, attrapa un mouchoir dans sa poche et en tamponna son pantalon, là où, autour du petit trou, une tâche sombre allait en s'élargissant.

«Très bien, très bien, fit-il, on se calme, on se calme et on oublie tout ça...»

Puis il sortit sans ajouter un mot.

Je restais sur place, paralysé, en proie à un violent mal au cœur, n'osant m'adresser à Eva ni même la regarder dans les yeux. Je ne comprenais pas pourquoi elle rangeait ses affaires sans dire un mot, comme si je n'avais pas été là.

Dans la plus totale incompréhension, avec le sentiment d'être le plus malheureux des êtres, je la vis quitter la classe sans seulement m'adresser un regard ou une parole. Qu'est-ce que j'avais fait de mal, moi?

Je n'ai pas osé la rejoindre dans la cour et ainsi n'ai pas pu la revoir avant le départ de l'autocar du midi. Allais-je donc devoir attendre jusqu'au lundi pour comprendre son attitude? Je ne pouvais m'y résoudre.

Jamais Fécamp ne m'avait paru aussi triste qu'en y débarquant ce soir-là. La ville n'a jamais été ce que l'on peut appeler vivante, mais cette fois, dans la pénombre grise du soir, j'avais l'impression de traverser une nécropole qui sentait la morue. Près de trente kilomètres me séparaient d'Eva, un univers de solitude.

Le samedi soir étant un des moments les plus achalandés de la semaine au restaurant, impossible de parler à Maman. Est-ce que Mélissande saurait répondre à mes interrogations? Jamais je n'avais abordé un pareil sujet avec elle, mais puisqu'elle était une fille, la réaction d'Eva lui était peut-être compréhensible.

Je la rejoignis dans sa chambre où, à plat ventre sur son tapis turc, elle était en train d'assembler un puzzle.

«Je peux le faire avec toi? proposai-je
— D'habitude, tu dis que t'aimes pas ça.
— Des fois ça va, en parlant...»

Elle releva la tête et me regarda fixement, comme pour déterminer un point particulier.

«Tu as fait quelque chose de mal?

— Rien du tout, je veux parler, c'est tout...

— Si tu veux. Tiens, regarde, je suis en train de faire le ciel et il est d'un bleu uni sans nuage, impossible de distinguer les morceaux les uns des autres.»

Pendant quelques minutes je tentai d'assembler des morceaux de ciel au-dessus du lac de Lugano. Comment allais-je lui formuler ma question?

«Imaginons un viol, dis-je à brûle-pourpoint, une fille va se faire violer et un gars arrive pour la défendre et blesse le violeur qui s'enfuit. Comment la fille va réagir vis-à-vis de celui qui l'a tirée de ce mauvais pas?

— Tu parles d'une question bizarre!

— C'est juste une question, comme ça...

— Bien j'imagine que... je ne sais pas, moi, ça dépend si elle connaît son défenseur ou non...

— Elle le connaît.»

De nouveau, Mélissande me regarda, l'œil interrogateur. Un léger sourire éclaira bientôt ses lèvres.

«Tu as sauvé une fille d'un viol, toi?

— Ben non! c'est juste une question en l'air.

— Tellement en l'air que tu viens jouer au puzzle que tu détestes, et du ciel en plus! Qu'est-ce qui s'est passé?»

Embarrassé, excluant seulement mes sentiments pour Eva, je me décidai à tout lui raconter. Tout en parlant, j'avais l'impression que l'implication de mes mots ne pouvait s'inscrire dans la chambre rose et douillette de ma sœur, et même que cela risquait d'en briser l'harmonie tranquille dont je ne parvenais pas à déterminer la teneur.

«Et cette fille-là, me demanda Mélissande lorsque j'eus fini, pourquoi tu es allé la voir dans sa classe?

— Je voulais juste lui poser une question.

— Donc tu ne l'aimes pas?»

J'étais pris au piège. Tourner autour de la question, soit, mais renier mes sentiments pour Eva me paraissait tenir du sacrilège.

«Si...»

«Si...»

Aussitôt Mélissande abandonna son air taquin pour m'adresser le sourire le plus chaleureux du monde, comme si cet aveu venait de me faire entrer dans un monde qui jusqu'alors m'était interdit.

«Alors tout s'explique, me dit-elle. Tu l'aimes, elle le sait et elle ne sait pas comment accepter le fait que tu te sois rendu compte qu'elle était à la merci de l'autre quand ça s'est produit.

— Je ne comprends pas.

— Elle est gênée vis-à-vis de toi, c'est tout. Ce serait difficile de t'expliquer pourquoi, mais c'est comme ça. Dis donc, c'est un beau salaud, votre directeur. Qu'est-ce que tu vas faire?

— Qu'est-ce que tu voudrais que je fasse?

— C'est vrai... Il n'y a qu'elle qui pourrait faire quelque chose et elle ne le fera sûrement pas, en tout cas moi à sa place je ne ferais rien.»

Pour tout dire, je n'étais pas tellement plus avancé. Je retirais néanmoins un bénéfice de cet entretien: je me sentais moins seul après avoir avoué que j'aimais Eva.

«Dis donc, me lança-t-elle alors que je quittais sa chambre, mon grand frère est brave ou je me trompe?

— Disons tout au plus qu'il y a des choses qu'il n'est pas capable de supporter.

— J'espère bien!»

Le dimanche, je me suis levé à l'aube, suis descendu sur la pointe des pieds, ai avalé un verre de lait, pris mon vélo dans la cour et, enveloppé par le brouillard matinal, ai entamé le premier périple d'une série qui allait se renouveler presque tous les dimanches. Trente kilomètres pour me rendre à Entretot, une heure ou deux d'attente sous les marronniers, quelques secondes pour apercevoir de loin Eva sortant de la petite église de pierre entre ses parents, puis, savourant le bonheur d'un sourire discret, trente autres kilomètres pour revenir à Fécamp préparer mes affaires afin de repartir le lendemain matin avec une seule pensée en tête: revoir Eva.

Le lundi matin, incertain de l'attitude d'Eva, je ne suis pas allé sous le séquoia. Voulant prouver, si jamais elle me cherchait du regard, que j'étais libre de son emprise et parfaitement indifférent, je fanfaronnais bruyamment avec quelques autres.

La récréation terminée, malheureux comme les pierres, j'avais la certitude d'avoir gâché quelque chose de très précieux. «Je ne suis qu'un imbécile!»

Durant le cours qui suivit, je décidai de faire savoir à Eva que je l'aimais. Sachant que pour l'instant j'étais incapable de le lui dire de vive voix, je découpai une feuille de papier à dessin – il fallait quand même que ce soit joli! Et, de ma plus belle écriture, en plein cours de grammaire, inscrivis au stylo-plume:

Eva,
JE T'AIME
Éric

Je pliai le papier et demandai l'autorisation de me rendre aux toilettes. Dehors, je me dirigeai vers le «baraquement des troisièmes», pénétrai sans faire de bruit dans le couloir où s'alignaient les portemanteaux, reconnus avec émotion le bleu marine d'Eva et glissai le papier dans une des poches. Ce faisant, je trouvai un autre papier. Sur le coup, je voulus le laisser, mais la curiosité prenant le pas sur la probité, je m'en emparai et me rendis cette fois aux toilettes. Là, poussant de gros soupirs, je n'osais le déplier, certain que ce que j'allais y trouver serait capital, et sûrement douloureux.

Situé derrière un massif d'ifs, le bâtiment des toilettes était en béton gris sur lequel s'étendaient des taches vertes de spores. Il pleuvait et des feuilles mortes restaient collées aux souliers. L'odeur de l'humus et celle de l'écorce mouillée des arbres se mêlaient à de vagues relents d'urine. Le monde m'apparut soudain infiniment triste. «À quoi ça sert tout ça? me demandai-je. À quoi ça sert d'aimer et d'en souffrir puisqu'on va finir comme les feuilles des arbres: en poussière? À quoi ça sert la pluie et les arbres si, pour finir, on est encore seul? On a beau aimer, on est toujours tout seul! Tout seul!»

Tremblant, je dépliai le papier. Dès les premiers mots, une nuit froide m'envahit. J'étais glacé et perdu. J'aurais voulu pouvoir hurler, pouvoir crier, mais je ne le pouvais même pas.

Mon Jean-Pierre,

Encore un autre petit mot que tu n'auras jamais. À quoi bon te répéter que je t'aime sur tous les papiers puisque toi tu aimes l'autre? Deux ans que ça dure et il reste encore toute la vie! Tout ce temps à aimer en vain. Mon amour, je voudrais mourir mais même ça, je ne peux pas te le dire. Et puis merde! merde! et merde!

Voilà! Je savais! Irrémédiablement je savais que je ne pourrais jamais faire un avec Eva. Je savais que j'allais continuer à l'aimer et à souffrir, exactement comme elle vis-à-vis de cet innocent de Carréras.

Il avait tout pour lui, celui-là: heureux mélange de l'union d'une Indochinoise et d'un Antillais, impossible de nier qu'il était beau gars. Tout semblait lui avoir été donné: avec de la boue il modelait un visage ou un animal; avec un crayon il dessinait n'importe qui ou quoi; entre ses doigts, deux bouts de bois et un tronc mort devenaient musique; les mots lui étaient faciles, et comme si ce n'était pas suffisant, il savait les chanter.

Mais cette lettre me donnait à penser qu'il manquait de jugement. Si tel n'avait pas été le cas, il aurait laissé tomber cette énervée d'Alice Benoît pour laquelle il roucoulait.

Partir! Partir en Amérique et oublier tout ça. Là-bas une autre Eva devait bien m'attendre.

J'allais craquer lorsque j'entendis le gémissement étouffé d'une fille du côté du bâtiment qui leur était réservé. Comment ai-je su qu'il s'agissait d'Eva? Je l'ignore toujours, rien ne ressemble à un sanglot comme un autre sanglot. Sans douter, je demandai:

«C'est toi, Eva?
— ... Oui. C'est moi...»

Je fis le tour et la trouvai adossée contre le muret de ciment, un mouchoir à la main. De la découvrir ainsi malheureuse, j'oubliai ma propre peine et ma gorge se noua. À tel point que j'eus de la difficulté à prononcer:

«Ne pleure pas, Eva, ne pleure pas.
— Tu ne peux pas savoir...
— Si je sais! Je sais même trop bien...»

Qui a dit que le hasard était la somme de toutes nos ignorances? Vêtue d'un tablier de coton blanc quadrillé de lignes multicolores, coiffée à la Jackie Kennedy, les mains enfoncées dans les poches, un grand sourire de connivence aux lèvres, Alice Benoît surgit.

«Oh! oh!... fit-elle, une rencontre sentimentale au beau milieu d'un cours, ça va chercher loin, ce genre de délit. Vous faites pas gauler par Goret.»

Nous rîmes pour donner le change puis nous nous éloignâmes derrière une haie qui marquait une limite entre le parc et un pacage voisin.

«C'est un peu à cause d'elle que ça ne va pas, hein?»

Cette fois Eva me regarda avec étonnement. Révélant une fragilité qui me submergea de tendresse pour elle, je vis vaciller l'énigme qui habitait son regard.

«Comment le sais-tu?
— Je le sais parce que moi c'est à cause de lui que ça ne va pas...»

La rencontre de nos regards, l'instant suivant nous savions ce que nous venions de devenir l'un pour l'autre: le consolateur de l'amour trahi. Désormais je la consolerais de l'absence de Carréras, désormais elle me consolerait de sa propre absence.

Il n'y avait rien à ajouter. Nous tombâmes dans les bras l'un de l'autre et nous nous étreignîmes. Ça ressemblait fort à des marques d'amour, il faudrait que nous nous en contentions. Nous pourrions toujours rêver, mais jamais, jamais nous ne connaîtrions le bonheur d'être un à deux dans les fondements du temps que seul l'amour partagé peut arrêter.

Il ne me restait qu'à tâcher de remettre le papier dans sa poche et à reprendre le mien.

26

Nombreux sont ceux qui affirment aimer l'automne. Je voudrais comprendre pourquoi. L'automne sent la mort.

Rien ne ressemblait plus à l'automne que ce 11 novembre où les élèves se trouvaient réunis sous une bruine froide et sous les branches aussi noires que pathétiques des arbres plantés symétriquement autour de la pierre grise du monument aux morts.

Donnant le mouvement, Séoul leva les bras et nous entonnâmes *La Marseillaise*. En face, j'aperçus Eva qui, l'air navré, demeurait lèvres closes. Cherchant à interpréter les raisons de cette attitude, je m'attachai au sens des paroles de l'hymne national. «Allons, enfants de la patrie...» Est-ce que cela voulait signifier que nous appartenions à la patrie? Pour ma part, je refusais catégoriquement cet asservissement; la patrie pouvait aller se faire voir, les frères m'avaient assez répété que j'avais été créé libre, ma vie m'appartenait et si j'avais envie de la donner, ce serait à qui je voudrais. «Entendez-vous de la tyrannie...» Quelle tyrannie sinon celle de la patrie ou des autres patries? Peu m'importait la consonance du nom présidentiel ou du tracé des frontières, j'étais chez moi où je voulais que ce soit chez moi. «Qu'un sang impur abreuve nos sillons.» Non mais! Qui était Rouget de l'Isle pour avoir pu pondre une pareille ineptie? Quel sang était impur? Le sang prussien, l'italien, l'anglais? De toute évidence celui des autres lorsque leurs intérêts ne coïncidaient pas avec les nôtres. Il suffisait donc d'être venu au monde du bon côté du Rhin, de la Manche, des Alpes ou des Pyrénées pour que le sang soit pur! Mais moi au fait! avec mon grand-père zuñi-écossais et mon autre russe-italien, avais-je le sang pur où n'était-il qu'un engrais idéal pour les poireaux? Grand-Père n'avait-il pas été déporté avec la complicité de la police française parce qu'il était anormalement bronzé? Les livres d'histoire nous enseignaient toute l'horreur de l'idéologie hitlérienne préconisant la supériorité de la race aryenne et voilà qu'en 1963 nous réclamions en chœur que le sang des autres fertilise notre jardin.

C'était mon raisonnement et, parce qu'elle ne chantait pas avec les autres, celui que je prêtais à Eva. Pour lui prouver que j'étais de son avis, au beau milieu de la minute de silence qui suivit l'hymne, oubliant la mémoire des aïeux de certains, je lançai: «Ce chant-là est complètement tordu!»

J'aurais déclaré avoir tué et mangé père et mère que la réaction générale n'eût pas été plus hostile. La haine, réellement la haine, déforma les traits de Séoul ainsi que ceux de trois ou quatre des professeurs; la réprobation agressive, ceux des autres; et l'étonnement se peignit sur le visage d'Eva. Il était net que j'étais seul avec mon point de vue. Devant ce blocus, je crus bon de devoir m'expliquer:

«Quel genre de salopard il faut être pour penser à faire grossir ses navets avec le sang des autres? C'est ça qu'il raconte, l'hymne national!»

Cette explication, peut-être un peu confuse, ne suscita aucune indulgence. Séoul m'ordonna:

«Tu quittes immédiatement les rangs, tu retournes au collège et tu m'attends à la porte de mon bureau. Nous allons régler ton cas une fois pour toutes...»

Je regardai Eva, elle semblait désolée. C'était toujours ça, mais pas assez pour que je m'estime assez soutenu pour me rebiffer. Éprouvant le poids du reproche général, j'obtempérai.

Arrivé au «château», j'avais décidé de rejoindre le dortoir, de boucler ma valise et de partir. Où, je ne savais pas vraiment. J'imaginais ne pas pouvoir retourner chez mes parents, pas plus chez mes grands-parents, même si j'avais idée que *La Marseillaise* ne pouvait réellement plaire à une royaliste comme Mamie. «Le Havre! me dis-je soudain, làbas, je vais sûrement trouver un cargo sur lequel je pourrai me cacher. Un cargo pour l'Amérique!»

J'ai fait ma valise et suis parti. Le delta du Mississippi, Perdido, les odeurs du coton, un blues dans la nuit chaude et moite. Je m'imaginais déjà débarquant à la Nouvelle-Orléans, rencontrant Louis Armstrong en vacances dans son coin natal et qui, justement, recherchait quelqu'un sur qui compter... J'avais déjà dépassé le terrain de football communal et étais en vue de la départementale lorsque la «deux pattes» de madame Legoffec s'aligna à ma hauteur.

«Allez, monte, me dit-elle.
— Non.
— Monte, autrement tu vas faire des bêtises.
— La bêtise ce serait d'aller me laisser bousiller par l'autre...
— Je te promets qu'il ne te touchera pas, je vais lui parler. Où comptes-tu aller comme ça?
— J'en sais rien...
— Tu vois. Alors tu abandonnes, tu n'as rien à défendre. Et puis, que va-t-elle penser de toi?»

Je me suis tourné et l'ai regardée, étonné.

«Qui ça?
— Eva, bien sûr. Votre complicité ne m'est pas passée inaperçue, je suis son professeur de français...»

Je ralentis. Est-ce qu'Eva lui avait fait des confidences? Lesquelles? Puis je reçus l'évidence comme un coup de poing: si je partais, je ne reverrais plus Eva. Je stoppai net. Elle fit de même et se pencha par la vitre de la portière pour faciliter un ton plus intime:

«Allez, Éric, sois sérieux...»

Je la regardai en me demandant si je pouvais lui faire confiance, ou plutôt pourquoi je ne pourrais pas le faire. La quarantaine, grande et maigre, sans pour autant être sèche, son épaisse chevelure blond cendré encadrait un visage marqué par les stigmates d'une confiance en l'humanité trop souvent abusée. De tous les professeurs du collège, elle était la seule qui me fût réellement sympathique. Je regrettais même qu'elle ne m'enseigne pas. Eva me faisait souvent le panégyrique de ses cours de français.

«Où allais-tu comme ça? me demanda-t-elle une fois que j'eus pris place à ses côtés.
— Ailleurs... Un autre pays...
— Que reproches-tu à celui-ci?
— Il est borné.
— Il paraît pourtant que c'est l'un des plus ouverts.

— C'est pas l'impression que j'ai eue au monument aux morts.

— Es-tu certain que ce n'est pas toi qui veux te montrer borné? Ce ne sont pas les paroles que les gens respectent dans *La Marseillaise*, c'est le symbole.»

Au fond je savais déjà ce qu'elle me disait, mais je m'entêtais:

«Et c'est vous, prof de français, qui me dites que les paroles ne sont pas importantes!

— Je n'ai jamais dit ça! seulement que l'esprit est plus important que les mots qui servent à le traduire. Je suis convaincue, bien au contraire, et tu le sais comme moi, que personne ne songeait à verser un sang impur tout à l'heure au monument.»

J'étais bien obligé d'admettre qu'elle avait raison. Ce qui me laissait avec une question difficile, à savoir pourquoi j'avais crié cela sinon pour épater Eva?

«Il n'empêche qu'on pourrait modifier les paroles, dis-je en voulant surtout me raccrocher à quelque chose de moins dérangeant pour moi-même.

— Rien ne t'empêche de créer un nouvel hymne et de le soumettre, chacun est libre. Pas besoin de contrarier tout le monde pour le plaisir douteux de se mettre en avant.»

Cette fois je gardai le silence. Je ne doutais pas que les paroles de *La Marseillaise* soient de mauvais goût, mais, sur le fond, madame Legoffec avait raison: je m'étais laissé gouverner par la vanité. Je priai pour qu'Eva ne s'en soit pas rendu compte!

Au retour, Séoul m'a fait entrer dans son bureau et, bien assis dans son fauteuil, m'a tenu un discours au ton paternaliste. Une lueur jaune dans son regard me laissait néanmoins perplexe. Je ne me trompais pas: au réfectoire, durant le repas du soir, alors que tous les professeurs étaient partis, passant dans mon dos, il m'attrapa brutalement par les cheveux, me renversa de mon banc et me traîna sur le dos jusque dans le couloir. À peine relevai-je la tête, je reçus une gifle sans mesure sur chaque joue. Étourdi, alors que je me retournais, j'eus droit cette fois à un vigoureux coup de pied au derrière, puis à un autre dans la cuisse. Le souffle coupé par la douleur, il m'était seulement impossible de lâcher le cri qui m'aurait soulagé. Tout au plus, tournai-je à nouveau la tête. Mal m'en prit, ce fut cette fois son poing qui m'atteignit à la mâchoire. J'allai m'affaler de tout mon long sur le carrelage, hébété, n'aspirant plus qu'à perdre conscience, oublier la douleur et ne rien savoir de ce qui me paraissait être l'inévitable suite. Encore une fois il me souleva la tête en m'empoignant les cheveux.

«Je crois que c'est assez, monsieur...»

À travers les brumes qui m'emplissaient l'esprit, je reconnus la voix de Carréras.

«De quoi tu te mêles, toi? l'apostropha Séoul.

— Bien, monsieur, j'ai toujours cru qu'une volée devait servir à châtier, pas à tuer...

— Ouais... reste à savoir si c'est un châtiment qu'il faut lui administrer ou si quelque part la raison ne commande pas de débarrasser la planète de cet asocial...»

Il me relâcha, marmonna, puis s'en fut vers son appartement.

Plus tard dans la cour, je commençais tout juste à me remettre, Richard Vion – qui allait devenir mon partenaire en matière de discussions philosophiques – m'assura qu'aucun des internes dans le réfectoire n'avait vraiment pu déterminer si Séoul parlait sérieusement.

«Tu pourras leur dire que oui, Goret voulait vraiment me tuer...

— Moi, à ta place, je me tirerais d'ici; il ne peut pas te sentir.

— J'en ai autant pour lui.

— Oui, mais il est plus fort...

— T'as jamais appris *Le chêne et le roseau*?

— Comme tu voudras, c'est ta peau après tout...»

Je frimais. Avant même que Séoul ne m'empoigne les cheveux au réfectoire, j'avais pressenti l'haleine du meurtre et savais être impuissant. Sans l'intervention de Carréras, je suis loin d'être convaincu que cet accès de folie, comme je semblais en déclencher chez lui, ne l'eût conduit à l'irréparable.

Encore groggy, j'allai errer dans le champ voisin parmi les vaches. Ça sentait l'herbe et la bouse fraîche, le relief des arbres et des bêtes se découpait en noir sur l'irisation lunaire. À une vache stoïque qui me paraissait éminemment compréhensive, je racontai le détail de mes misères:

«Tu ne sais pas ce que c'est que d'être un humain, toi. Quoi qu'on fasse il y a toujours quelqu'un ou soi-même pour rappeler que c'est mal. Même quand tu crois bien faire, ça ne va pas. Et pourquoi? Parce qu'on espère qu'à un moment donné l'irréalisable va se réaliser, que celle que tu aimes va se mettre à t'aimer. Mais ça n'arrive jamais! On reste tout seul à essayer de se persuader qu'un jour, si on est gentil, ça va enfin changer.»

Dans le train pour l'Italie, durant un instant, j'avais connu la même folie meurtrière qui venait d'animer Séoul à mon endroit; à présent, aggravant mon cas, je fantasmais sur la disparition du directeur. En pensées, je parvenais à le conduire au fond du parc où il ne me restait qu'à lui assener un violent coup de pelle ou de bêche sur le crâne. Je calculais combien de pierres il faudrait pour le lester avant de le jeter dans l'étang à purin de la ferme voisine. Là, il pourrait se passer des années avant que l'on ne retrouve quelque chose. Je n'avais pas vraiment conscience du meurtre en puissance, c'était simplement la seule façon que j'imaginais de pouvoir être tranquille et aussi de nettoyer ce qu'il avait fait à Eva.

Évidemment et heureusement, il y a d'ordinaire tout un monde entre la pensée et les actes. Et ce monde-là, je crois que c'est Eva qui l'entretenait. Les sentiments que je lui portais m'empêchaient de sombrer dans la folie, cette forme de désespoir qui ne croit trouver d'issue que dans la réalisation des fantasmes.

Lors de la récréation du lendemain matin, Eva était sous le séquoia avec un paquet dont le format ne pouvait tromper.

«Salut, qu'est-ce que tu fais avec un disque?»

Elle me sourit puis me le tendit.

«C'est pour toi...

— Pour moi! Qu'est-ce que j'ai fait pour mériter ça?

— Rien de spécial, je l'ai trouvé hier soir à Yvetot, j'en ai pris un pour moi et un pour toi. Je crois que ça va te plaire...»

Je sortis le disque du sac de papier brun. Il s'agissait de l'enregistrement commun de Count Basie et de Duke Ellington à New York en 1961.

«Tu m'as toujours dit que Count Basie était pour toi la quintessence du swing...» me rappela Eva.

Je bafouillais:

«Je ne sais pas comment te remercier, merci, merci...»

Avec la pièce d'Ernie et la douille de Kennedy, j'étais certain que je n'aurais plus jamais rien d'aussi précieux. Eva eut l'un de ses rares moments de coquetterie:

«Tu penseras à moi quand tu écouteras *Until I Met You*, c'est terrible!

— Je te jure que j'ai besoin de rien pour penser à toi.

— Eh bien! ça va, vous deux! s'exclama Marie-Chantale en riant. Et moi alors? Est-ce que quelqu'un va penser à moi, au moins?»

Pour la première fois je pris conscience que M.-C. – comme nous la surnommions – ne faisait jamais allusion à un quelconque petit ami. En fait elle ne semblait pas avoir de rêves sentimentaux. Par bienveillance amicale, je voulus lui faire le plaisir de quelques mots:

«Ne t'inquiète pas, il y en a plus d'un qui se bat avec son oreiller en pensant à la belle Marie-Chantale avant de s'endormir.»

Au battement de paupières d'Eva, je sus que je venais de dire une bourde. J'ignorais seulement laquelle. Ce n'est qu'en remarquant l'esquisse d'une crispation au coin des lèvres de Marie-Chantale que, sonné par la révélation, je compris: M.-C. avait pour moi ce que j'avais pour Eva et qu'elle-même avait pour Carréras, qui, lui, l'avait pour Alice Benoît, qui, elle, louchait sur les muscles de Sigaud.

Sur le coup, ne voulant qu'elle sache que je savais, je fis celui qui s'absorbait dans la lecture de la pochette du disque.

«Ouah! il y a même Johnny Hodges...»

C'est à ce moment qu'Eva dut remarquer le bleu que le poing de Séoul m'avait laissé sous la mâchoire. Elle y posa son doigt, ce qui me fit frémir.

«T'es tombé dans l'escalier ou quoi?
— Si l'escalier s'appelle Goret, c'est à peu près ça.
— À cause d'hier au monument?
— Je ne crois pas que ce soit vraiment la raison... En tout cas, si hier soir Jean-Pierre n'avait pas été là pour le ramener à un peu de raison, je crois bien que tu aurais dû trouver un autre amateur de jazz pour offrir le disque.
— T'exagères, il n'aurait pas été jusque-là, il n'a pas envie de se retrouver en taule.
— On ne s'occupe plus de ces détails quand on devient fou et puis...»

Je voulais parler de ce qui était arrivé dans la classe un mois plus tôt, mais n'osais le faire à cause de M.-C.

«Et puis?
— Et puis rien, je m'en fous.»

Je voulais lui dire à présent que si je n'étais pas parti la veille, c'était parce que je ne pouvais supporter l'idée de me séparer d'elle, même pour aller en Amérique. Mais je ne pouvais pas. Alors je repensai à ce que je venais de réaliser à propos de M.-C. et me dis que même si cela me dérangeait un peu vis-à-vis d'Eva, ce serait gentil de lui laisser entendre que pour moi elle comptait:

«De toute façon, nous sommes là, tous les trois, et la vie est belle!»

À l'éclat qui passa dans les yeux de M.-C., je compris que mes paroles avaient porté. Il suffisait parfois de vraiment peu de chose pour faire plaisir. Mais, à peine me félicitais-je de ce geste, comme si je devais en attendre une contrepartie, je regardai M.-C. pour ce qu'elle était, c'est-à-dire une fille.

À cet instant, j'ai eu envie d'elle et en même temps, j'ai su que rien ne serait plus facile que de l'égarer par de belles paroles pour parvenir à mes fins.

C'était Eva que je désirais en permanence, mais d'elle, jamais je n'osais imaginer plus charnel qu'une sorte d'union extatique. Ses lèvres, sa poitrine, sa peau, tout en elle me brûlait au point qu'y penser formellement me paraissait aussi sulfureux que lorsque, durant la messe à JB, je m'étais laissé aller un instant à évoquer la poitrine sous la robe bleu ciel de Marie-Madeleine dont la statue dominait mon banc.

Mais avec M.-C. je découvrais que c'était différent. Je pouvais m'imaginer toucher sa nudité sans que cela ne me laisse entrevoir autre chose que la satisfaction d'un désir normal. Ou alors, vaguement dans le lointain, un remords incertain, qui peut-être n'est que l'amorce de ce genre de désir.

Malgré la crainte de Séoul (mais il se peut qu'il fût de connivence avec le patron du café), presque chaque soir, environ une heure après l'extinction des lumières, une partie d'entre nous se rhabillait dans un silence fiévreux, descendait l'échelle d'incendie, traversait la pénombre du parc et, dès le portail franchi, s'élançait comme une meute sauvage vers *Le Cheval Blanc*. Là, clignotant de mille feux multicolores, offrant à nos regards avides des représentations de filles aux courbes exagérées, les flippers nous attendaient. Il y avait aussi des tables de baby-foot, mais ces dernières ne servaient qu'à tromper notre attente avant que vienne notre tour de nous mesurer aux machines ensorcelantes. Des murs jaunes, un plancher de bois foncé, des odeurs de bière, de café et de tabac brun, *Le Cheval Blanc* était notre royaume. Nous y demeurions jusqu'à la fermeture, ingurgitant de grands verres de lait-grenadine, fumant comme des mafiosi autour d'une table de poker, bâtissant des avenirs colorés comme les consoles des flippers, interpellant les vieux qui parlaient de la guerre et dressant l'oreille lorsque des moins vieux parlaient des femmes.

C'est là où je suis devenu champion incontesté du flipper. Avec parfois un seul franc, au grand détriment de ceux qui attendaient de jouer, je pouvais faire durer ma partie jusqu'à la fermeture. Je savais donner à la machine juste la secousse qu'il fallait pour éviter de faire tilt. Avec les dissertations du mercredi, ces machines étaient les deux domaines où je m'appliquais à être le meilleur. Peu m'importaient mes notes en tout autre matière, mais je frisais la dépression si le prof, qui chaque semaine lisait à la classe la meilleure dissertation, n'avait pas choisi la mienne. C'était pareil pour le flipper; je dormais très mal et vivais dans un état second jusqu'au lendemain soir si jamais un autre parvenait à établir un meilleur score que le mien. J'aimais les dissertations qui m'offraient l'occasion de m'évader puis de faire partager cette évasion. J'aimais aussi le flipper qui durant deux heures me permettait de m'évader de moi; j'étais fasciné par la bille d'acier poli à la fois massive et aérienne. À force de concentration, je devenais elle et ainsi acquérais presque la prescience de son parcours. Encore un peu et je dirigeais son mouvement: todoc! todoc! diding! ding! glissement, rattrapage, remontée fulgurante, tagadagadac! dingding! lumières, sonnerie, redescente... Tout un univers. C'est ainsi que je me représentais Broadway ou Las Vegas: un monde de bruits et de lumières où l'on ne s'ennuie jamais.

Le patron du café s'appelait Maurice. Court et ventru, toujours vêtu d'une chemisette bleu ciel, je le revois avec sa Boyard maïs au coin des lèvres, un torchon sur l'épaule, lavant des verres ou raclant méticuleusement le faux-col d'un demi. D'ordinaire peu loquace, il devenait intarissable lorsqu'il était question de «l'Indo».

«On était qu'une petite poignée en haut de cette foutue colline lorsque les Jaunes ont donné l'assaut. Il faisait nuit et on voyait rien. Là, je me suis dit: terminé, Maurice, c'est ici que ça s'arrête, mais avant on va quand même leur en faire voir aux Bridés... Et ça a commencé! Hurlant, beuglant, mitraillant sans arrêt dans tous les sens, balançant des grenades le temps de charger une nouvelle bande de cartouches, c'était l'enfer! Quand l'aube s'est levée, nous tirions encore, enfin... jusqu'à ce qu'on se rende compte qu'il n'y avait plus d'assaillants; ils étaient repartis en laissant derrière eux la colline couverte d'un putain de tas de macchabées. Jamais vu autant d'un seul coup...»

Je n'avais rien contre Maurice, mais je ne pouvais faire autrement que de me demander à quoi ça pouvait servir de tuer autant de monde à l'autre bout de la terre pour revenir essuyer des verres dans un bistro à Houville en Caux. Cela me paraissait dérisoire.

À minuit pile, Johnny Halliday cessait de retenir la nuit alors que Maurice fermait le juke-box depuis l'interrupteur placé sous le comptoir. Puis, tout en annonçant «on ferme, les gars», il ramassait au passage les cendriers jaunes et passait son torchon sur le comptoir d'acajou verni.

Pour la plupart d'entre nous, cela signifiait la fin de la soirée, mais personnellement je faisais partie du petit noyau d'irréductibles considérant que «dormir si tôt, c'est bon pour les pépères». Parmi ce noyau-là, il y avait ceux qui retournaient au château pour jouer aux cartes dans les lavabos et ceux – dont j'étais – qui préféraient jouer aux spectres dans les rues aussi désertes que blafardes de la petite ville, discourant sur la nature des gens et des choses, tout en se méfiant d'une toujours possible patrouille de gendarmerie, dans ce monde étrange que nous nous appropriions.

Peu après l'incident de *La Marseillaise*, il y eut l'histoire de «la Maison des jeunes». Large d'esprit ou redoutant l'exode du fleuron de sa jeunesse, la mairie mettait à la disposition des adolescents locaux une petite maison qu'ils devaient gérer sans autre intervention adulte que celle de leur remettre le chèque du budget alloué. Les buts étaient initiatiques et ludiques: atelier de photographie, de peinture, table de ping-pong, vaste salon pour les soirées dansantes, cuisinette, bref un lieu de rencontre pour les jeunes, loin de l'œil souvent rigoriste des parents qui ont oublié.

Mais un lieu qui n'avait pas été prévu pour la «bande de voyous» que constituaient les internes de Séoul.

Mis au courant de l'existence de ce paradis où aucun adulte n'avait droit de cité, où l'on pouvait faire tout ce que l'on voulait en écoutant de la vraie musique, il nous apparut anormal que seuls les Houvillais puissent profiter des joies de la vie; d'autant plus que, selon Lebert, certaines Houvillaises réclamaient discrètement un peu de «sang neuf».

C'est justement Lebert qui, le premier, déclara qu'il fallait «faire quelque chose» et, comme chaque fois qu'il s'agissait de prendre une «grande décision», les dix-huit internes tinrent un «conseil exceptionnel» dans la vieille écurie qui servait de préau au fond du parc.

«On ne peut pas les laisser profiter de tout sans nous, déclara Poitevin en exposant bien là la vraie nature du dilemme; c'est pas normal!

— Justement, fit Lebert, ce qu'il s'agit de savoir maintenant, c'est ce qu'on peut faire pour qu'ils nous acceptent.
— Pour qu'ils ne puissent pas nous refuser, précisa Larochas.
— Y a qu'à cogner! considéra Sigaud.
— Peut-être un peu expéditif pour le moment... remarqua Carréras
— Quand on veut qu'un gus accepte ce qu'on lui propose, reprit Lebert, il n'y a qu'une solution...»

La *Série Noire* m'avait renseigné, je complétais:

«On le fait chanter.
— Exact! confirma Lebert.
— J'aime pas trop ça, dit Sigaud, c'est tordu...
— Tordu, tordu... reprit Lebert, il faut ce qu'il faut quand on veut obtenir quelque chose. Il y a quoi, cinq ou six mecs à convaincre? Pourquoi pas leur organiser à chacun une petite soirée en bonne compagnie, quelques photos, et ils diront oui à toutes nos demandes.»

Je ne voyais pas matière à chantage dans son plan, je le lui dis:

«Moi, à leur place, je te dirais ce que tu peux en faire des photos, ils sont pas mariés, qu'est-ce que tu veux que ça leur fasse d'être pris à poil avec une gonzesse?
— Qui t'a parlé de gonzesse?
— Bah! Qui veux-tu inviter à...»

Lebert secoua lentement la tête comme si ma lenteur d'esprit le désespérait.

«Gamberge, mec! On s'arrange avec une nana, on lui explique qu'il faut qu'elle dise au mec de se tenir à poil devant, qu'elle le trouve beau ou des conneries du genre, ensuite j'ai un pote qui fait dans la photo et qui sera capable de remplacer la nana par un mec bandé comme un taureau, tu piges?
— C'est dégueulasse! dis-je
— Ouais, dégueulasse! approuva Larochas.
— Ce qui est surtout dégueulasse, intervint Chevalier, c'est que des mecs puissent faire tout ce qu'ils veulent et nous que dalle...
— Faut pas pousser, rigola Carréras.

— Et quelle nana voudrait faire ce que tu proposes? demandais-je à Lebert en pensant que ça allait clore la question.

— Ça, fit Larochas, c'est pas sorcier à trouver...

— Non, renchérit Lebert, je te parie que la Marie-Anne Borel, elle nous ferait ça gratis, pour la rigolade.»

Je vis le regard ironique que Chevalier m'adressa avant de dire:

«Et l'autre aussi, la Mistinguette, je crois que c'est tout une baiseuse celle-là...»

Avec le sentiment d'être investi autant de la fureur que de la justice divine, je me redressai d'un bloc et le pointai du doigt.

«Retire ça tout de suite ou je te bute! Je te promets que je te bute!»

Je ne comprenais pas pourquoi il m'adressait toujours son sourire narquois, je l'avais pourtant dérouillé l'autre jour.

«J'ai rien à retirer, si je dis que c'est une grande baiseuse c'est parce que je le sais, c'est tout...»

La seule chose qui me retenait de lui sauter dessus était la curiosité. Je voulais savoir d'où il pouvait tirer une telle assurance. Est-ce qu'un fait capital m'avait échappé? Tremblant de tous mes membres, je lui demandai de prouver ce qu'il prétendait.

«C'est simple, j'ai vu ta Mistinguette se faire peloter par Goret, et ça, ça s'est passé avant que tu me mettes la gueule en sang pour l'honneur de la souris. Tu parles d'un honneur...»

Je crus soudain comprendre pourquoi Séoul avait cessé de me frapper lorsqu'elle avait crié «Assez». J'avais l'impression de tomber sans fin à l'intérieur de mon crâne, dans un gouffre de tristesse. Kaléidoscopiques, des images me transperçaient comme autant de dards: Séoul soulevant le gilet pastel d'Eva et posant ses mains sur son ventre, sur sa poitrine... et elle qui soupirait!

Malgré ces visions, il me fallait la défendre, tenter de faire réaliser à Chevalier qu'il n'avait compris que ce qui lui avait plu:

«Si Goret s'en est pris à elle, qu'est-ce que tu voulais qu'elle fasse? Qu'elle gueule au viol!

— Pourquoi pas?

— C'est une fille, banane! Tu ne comprends pas ça?

— Si elle était honnête, elle l'aurait dit à ses vieux et on serait déjà débarrassés de Goret.

— Honnête! Qu'est-ce que tu appelles honnête? Et toi, tu le dirais à tes vieux si Goret te tripotait les couilles?

— Faudrait d'abord qu'il essaye, et puis c'est pas pareil...

— De un, il essaierait et tu ne pourrais que fermer ta gueule, et de deux, c'est exactement pareil, c'est une fille, une fille! Tu piges?»

Plusieurs semblaient surpris par ce qu'ils venaient d'entendre. Larochas s'adressa à Chevalier:

«C'est vrai, c'est pas des vannes, t'as vu Goret peloter Mistinguette?

— Puisque je te le dis...

— Qu'est-ce que tu appelles peloter?

— Mettre la paluche aux nénés, c'est ça que j'appelle peloter.

— Mais c'est un enculé! s'indigna Sigaud. Un dirlo a pas le droit de faire ça!»

Seul Lebert prit la chose avec cynisme:

«Pourquoi est-ce qu'il se priverait...»

Habituellement de bonne humeur, Carréras ne riait plus du tout.

«C'est pas tout, les gars, dit-il. J'en ai encore jamais parlé parce que j'étais tout seul à avoir vu, mais il y a bien pire...»

J'imaginais cette fois qu'il avait vu Séoul et Eva en situation encore plus compromettante. Traversé d'une douleur, je criai presque:

«Quoi? Quoi donc?

— Ben, l'autre soir, pendant l'étude, je suis sorti pour aller aux gogues et, en passant près du cèdre, celui à côté du château, j'ai entendu comme des moineaux qui criaient après leur mère dans l'arbre. Comme c'est pas tellement l'époque, j'ai grimpé pour me rendre compte... Il faisait presque nuit et je ne voyais pas grand-chose, en tout cas j'ai pas vu les oiseaux. Par contre, juste en face, je voyais comme il faut dans l'appartement de Goret, je voyais même très bien car la lumière était allumée et qu'il n'y avait pas de rideaux...

— Merde! qu'est-ce que t'as vu? s'impatienta Sigaud.

— C'est chiant à dire... enfin... vous savez, Didier, de l'Assistance, celui que Goret héberge chez lui soi-disant par charité alors qu'on sait bien qu'il doit se taper tout le ménage, eh bien! le pauvre mec était à genoux devant le fauteuil du dirlo, et ce salopard-là lui tenait la tête et se faisait sucer la bite...»

Nous grimaçâmes tous, sauf Lebert.

— Là! s'écria-t-il, c'est vrai qu'il faudrait avoir des photos...

— Il faudrait surtout tout déballer à la police, dit Vion. Le père de Patricia Zers est flic, on pourrait lui demander quoi faire?

— Ça ne va pas, la tête! le reprit Lebert. Imagine un peu qu'on réussisse à avoir des photos, imagine une minute! On serait les rois au château, plus besoin de leur foutue maison des jeunes, c'est ici que ça se passerait la grande vie.

— Et comment on les ferait les photos? demanda Larochas.

— Il suffit de monter la garde tous les soirs à tour de rôle dans l'arbre dont parle Carréras. Si Goret est le vicelard que vous dites, il va remettre ça, c'est cousu d'avance.

— T'as un appareil pour ça, toi? demanda Carréras.

— J'ai mon pote dans la photo qui devrait pouvoir m'arranger le truc... À propos de photos, est-ce qu'il y en a qui sont intéressés par une série sur les partouses? Pas cher...»

Personne ne semblait preneur ou ne voulait le montrer. C'est Poitevin qui revint sur le sujet qui nous avait réunis:

«On a encore rien réglé pour la Maison des jeunes...

— Il y aurait bien une autre solution puisque vous êtes trop bégueules pour le chantage...» laissa mystérieusement entendre Lebert, toujours très présent dans les situations troubles.

Alors que plus que jamais je m'imaginais au clair de lune plongeant Goret dans la mare à purin pour ensuite offrir à Eva sa grosse chevalière en or comme gage de ce que je pouvais faire pour elle, j'entendais vaguement Lebert expliquer que si l'un d'entre nous parvenait à se faire inviter à la Maison des jeunes, il lui serait possible d'offrir aux leaders locaux un peu de «marocain», jusqu'à ce qu'ils y prennent goût et qu'ensuite, pour continuer à en recevoir, ils n'aient d'autre alternative que de nous inviter. Je savais ce qu'était le «marocain» pour justement avoir entendu Lebert en vanter les mérites, mais pour le reste, sachant que c'était une drogue et incapable de faire de distinction, je considérais cela comme très dangereux.

Avant moi, Vion s'opposa à cette idée:
«On ne va pas commencer à droguer les gens!
— Merde, les mecs, déconnez pas! se défendit Lebert, c'est rien que du hasch, pas de la blanche! On ne devient pas accro au hasch.
— Ce n'est pas ce qui se dit dans les journaux, argumenta Vion.
— Les journaux! les journaux! tu ne vas pas gober tous les bobards qu'ils racontent. Tenez, je vous propose un truc: la semaine prochaine je ramène du hasch, des volontaires en prennent et au bout d'une semaine on verra bien s'ils sont accros ou non, ça marche?

Tout le monde voulait bien que «ça marche», mais ce fut une autre question pour trouver des volontaires. Lorsque Lebert fut à bout d'arguments, il ne s'en présenta finalement que deux: Carréras, qui avait entendu dire que le haschisch favorisait la création artistique, et moi. Moi qui, sans les révélations de Chevalier, aurais sans aucun doute rejeté catégoriquement l'idée même d'y toucher. Mais, sur le coup, ébranlé parce que je ne savais pas m'affirmer à moi-même qu'Eva n'était coupable de rien, j'anticipais que le «marocain» m'apporterait l'oubli, qu'il serait une espèce de vengeance contre le présent état des choses et surtout, incroyablement, si jamais je devais rester accroché, qu'il me donnerait aux yeux d'Eva une dimension assimilable à celle de Carréras.

Lebert fit comme il avait dit, je ne pouvais plus reculer. De toute façon, lorsqu'il nous montra le modeste cube de haschisch, je n'éprouvai tout au plus qu'une inquiétude au parfum d'aventure; j'allais connaître quelque chose de nouveau. Et puis, pour me mettre en condition, je venais de lire *La Croisière du haschisch!*

Immédiatement j'ai aimé l'arôme.

Nous étions au fond du parc, derrière l'ancienne écurie, c'était la récréation du midi, des nuages floconneux glissaient dans le ciel bleu, la température était anormalement douce et l'on pouvait presque s'imaginer au printemps. Avec les gestes d'un rituel religieux, Lebert mélangea le tabac d'une Camel avec quelques miettes de résine verte et roula le tout dans une feuille de papier Rizzla. «Toujours mélanger le hasch avec du tabac blond. Avec du brun c'est dégueulasse», nous informa notre professeur ès stupéfiants. Lui-même prit la première «paffe» et tendit le joint à Carréras. C'est à ce moment que l'arôme m'a séduit. Quelque chose qui sentait aussi bon ne pouvait pas être mauvais!

J'étais prévenu que ce serait un peu fort. Retenant une envie d'éternuer, j'inspirai, fermai les paupières puis, comme indiqué, je gardai mon inspiration le plus longtemps possible.

Une fois, deux fois, trois fois...

L'impression de marcher dans un nuage. D'une certaine manière, j'avais la sensation que mon esprit était embrouillé, mais aussi que les couleurs et les formes avaient beaucoup plus d'intensité, de consistance. Parce que j'avais envie d'être seul pour comprendre ce qui se passait en moi, je quittai les autres, passai sur la ferme voisine et allai m'asseoir au soleil, le dos appuyé sur le mur de la grange de brique.

J'étais bien. Ça sentait le foin, l'air était clair et pur, chargé de lumière. Plus loin dans le champ, les vaches balançaient la queue, elles étaient contentes. Tout était merveilleux! Comment pouvait-on se trouver des soucis?

J'atteignais les portes de la béatitude lorsque Ben-Hur apparut.

Vêtu de bleus rapiécés et d'énormes bottes de caoutchouc noir, grand, blond filasse, le garçon de ferme Ben-Hur avait des yeux étonnamment clairs et l'air benêt. Nous lui avions donné ce surnom par une analogie un peu poussée le jour où nous l'avions vu sur une charrette attelée à un percheron, en train de disputer une course avec le vacher de l'autre ferme bordant le château. L'autre avait attelé un âne à un sulky de fortune et comme lui était brun, il était devenu Messala. Ben-Hur connaissait à présent son surnom et, sans doute parce qu'il n'avait pas une once de méchanceté, cela le faisait placidement sourire. Je levai la main en l'apercevant.

«Bonjour, Ben-Hur!»

Il me répondit par un sourire surpris puis s'approcha nonchalamment.

«Qu'est-ce que tu fais là? me demanda-t-il. Tu sais que monsieur Carpentier n'aime pas que vous restiez sur la ferme.

— Je voulais être tranquille. Toi, qu'est-ce que tu fais?

— Je viens de nettoyer l'écrémeuse, c'est long.

— Tu aimes ça travailler ici?

— Bah! oui.»

Il était étonné que je pose une pareille question. Comme si la réponse allait de soi. «Que tout est simple quand on est simple!» me dis-je.

Pour la première fois, je m'interrogeais sur ce que pouvait être la vie à la ferme. Je commençais à en percevoir les avantages alors que jusqu'ici j'avais uniquement considéré que c'était loin de la ville et que ça sentait le fumier.

«Qu'est-ce que tu fais quand tu as fini ton travail?

— Je vais me coucher, pardi!

— Te coucher! Tu ne vas pas au café ou au cinéma? Tu dois bien aller au bal le samedi?

Il eut un sourire un peu gêné et regarda autour de lui comme pour détecter une surveillance.

«Monsieur Carpentier dit que le café c'est pour les ivrognes et les paresseux. Il dit aussi qu'au cinéma on ne voit que des histoires fausses.

— Ce ne serait pas passionnant si c'était toujours la réalité.

— Mais à quoi ça peut servir d'écouter des mensonges?

— Il y a une différence entre des mensonges et une histoire...

— Je ne sais pas. Ce que je sais, c'est que c'est stupide d'aller payer et de se faire du mauvais sang pour quelque chose qui n'est même pas arrivé en vrai.

— Mais une histoire pas vraie, comme tu dis, ça sert aussi

à savoir ce que l'on ferait dans une situation avant qu'elle n'arrive vraiment.

— Oh! pour moi, de toute façon, la vie est toujours la même.»

Je n'insistai pas. En fait, j'ignorais qui avait tort ou raison et je n'avais pas envie de réfléchir; j'étais bien, je sentais la terre vivante sous moi, le soleil me réchauffait, quelques brins d'herbe accrochaient des éclats de lumière. Pourquoi tout compliquer? Peut-être suffisait-il de savourer le rayon du jour sur son drap et l'odeur du café au lait, puis d'exécuter sans broncher ce que l'on nous dit de faire, en tâchant de saisir au passage toutes les sensations qui se présentent?

Il sortit un paquet de Gauloises et m'en offrit. J'acceptai et il s'installa à mes côtés. Comme il ne disait rien, je compris que, comme moi, il savourait l'instant; mais aussi que, contrairement à moi, il devait savourer les autres instants.

Parce que je me demandais soudain si je ne devais pas regretter de ne pas posséder cette simplicité d'approche, je cherchais une raison de me rassurer.

«Sors-tu avec une fille?»

Il rit et devint écarlate.

«Pas encore...

— Comment tu vas la trouver si tu vas te coucher après ton travail?

— Comme ça...

— Tu as quelqu'un en vue?»

Il secoua négativement la tête avec une certaine brusquerie, comme s'il cherchait à se cacher quelque chose.

Ce soir-là et les suivants, au *Cheval Blanc*, après le dernier joint du jour, j'avais toutes les peines du monde à faire dix minutes devant le flipper. J'allais m'installer près du juke-box et sélectionnais plusieurs fois de suite *A Man Alone* de Sinatra. Je n'étais plus là, je rêvais: j'étais plus vieux – comme toujours dans mes rêves – j'allais sur les routes de l'Amérique! Sous la courbe infinie de son firmament. Sous ses orages, je traversais le continent, trouvais de la sympathie chez une serveuse des Rocheuses – comme dans *Bus Stop* –, peut-être une nuit de partage auprès d'une étudiante de Taos, mais sans jamais,

jamais rencontrer celle qui me donnerait l'idée de m'accrocher à une petite maison coloniale. De toute façon, l'Amérique je la voulais entière, ses faubourgs, ses tours et ses déserts; je voulais tout. C'est pour ça que j'étais devenu le passager de ses orages; en attendant qu'elle m'offre la fille qui serait tout cela. En attendant qu'elle m'offre une Eva à moi, une Eva qui n'aurait jamais aimé Carréras.

Mais est-ce qu'Eva n'était pas unique?

Durant cette semaine, Carréras et moi eûmes droit à quatre joints quotidiens. Le vendredi, comme d'habitude, nous ne savions rien de ce qui s'était passé dans le monde. Je ne suis pas allé au *Cheval Blanc*, j'avais besoin d'écrire certaines phrases qui se bousculaient dans ma tête. Elles sont toujours sur mon carnet de notes et je les relis parfois, sans encore comprendre d'où et pourquoi elles me sont venues.

> Parce que je croyais devoir mériter une femme, elles sont tellement complices dans nos bras qu'on voudrait pouvoir leur donner tout ce que la souffrance et la vertu nous ont apporté. Parce que je croyais devoir m'accabler de honte, on se sent tellement lâche quand un aveugle vient au devant de vous pour vous demander si vous êtes heureux.
> Je suis parti pour oublier tout ce que j'avais commencé, pour recommencer tout ce que j'avais oublié. À quelques pas du départ, comme au long de tout ce chemin, j'ai rencontré la faiblesse des grands et dû, pour leur ressembler, boire le sang et manger la vie des petits. Les fous, les génies, je les ai écoutés pour contredire tout ce qu'ils me racontaient, et j'ai tué ceux qui me ressemblaient pour ne pas qu'ils me tuent. D'un retour ou d'un départ, je ne sais plus, j'ai rêvé au matin dans les gares et sur les ports au crépuscule. Dans le fracas d'un train qui filait dans la nuit, je me suis traîné, loqueteux et affamé. J'ai marché désespéré et buté sur les cailloux du désert. Quelque part, une grosse Noire m'a dit ce qu'elle mangeait pour rester belle. Un cow-boy s'est crevé un œil pour men-

dier, un patriote a chanté sous les canons puis pleuré sous les obus. Et moi, me tenant à l'écart du feu des aciéries, j'ai vogué sur l'océan bleu puis chaviré lorsqu'il est devenu vert. J'ai médité sur l'idée et j'ai pratiqué tout le contraire. J'ai crié devant une bouteille de tord-boyau pour qu'il me coule dans les entrailles et je me suis retrouvé seul, comme toujours! sur un port du bout du monde abandonné des grands clippers, sans une fille, sans un verre, libre de tout faire, prisonnier de moi-même. Les hommes, les oiseaux, les cailloux n'avaient plus de musique, il n'y avait plus que la nuit, il n'y avait plus que la mer, il n'y avait plus que l'asphalte obscène, et moi, qui avais fui et refui pour en arriver à la limite, là ou il n'y a plus rien, là où tout recommence. Alors j'ai monté, monté, monté et je me suis jeté dans le vide. Ce n'est que là que j'ai compris, que je me suis accroché aux nuées, pour ne pas tomber, pour ne pas m'enfuir, pour ne pas recommencer, car tout est toujours pareil.

Est-ce qu'il y a une raison cachée, un message inconnu dans le fait que j'ai écrit ceci alors qu'à Dallas le Chevalier Noir venait encore une fois de tuer le Chevalier Blanc, que ce 22 novembre 1963 l'Amérique venait d'être tuée en plein élan?

Une fois les mots qui me tourmentaient couchés sur papier, je suis allé marcher le long de la petite route qui, entre deux hauts talus, serpentait en direction d'Allouville-Bellefosse. Il m'arrivait parfois de m'enfoncer ainsi, seul dans les ténèbres, cherchant à dépasser mes angoisses, m'efforçant d'affronter les créatures de mon imaginaire jusqu'à ce que, libéré d'elles, je puisse m'imprégner du silence de la nuit et que, sans frein, je m'évade à l'assaut des profondeurs sidérales.

Les autres étaient rentrés lorsque je réintégrai la chambrée. Vion, mon voisin de lit, ne dormait pas. Je m'étonnais qu'à cette heure il garde les mains croisées derrière la nuque.

«Des problèmes de cœur? fis-je en riant.

— Non... je pensais à Kennedy, ça me fait curieux...

— Qu'est-ce qui te fait penser à Kennedy au milieu de la nuit?

— T'es pas au courant! Il s'est fait descendre aujourd'hui, enfin hier.»

En train d'ôter une chaussette, je m'arrêtai net.

«Tu parles du président Kennedy?

— J'en connais pas d'autre, ça ne parlait que de ça au café ce soir.»

Kennedy mort! Je me revis soudain à ses côtés dans la limousine noire, lorsqu'il me demandait de passer le voir lorsque j'arriverais aux États-Unis. J'avais toujours imaginé que cela se ferait, je rêvais même souvent à la scène: j'arrivais à la Maison Blanche, on me souriait, je serrais des mains importantes, le président m'invitait dans ses appartements et, sous les regards de Jefferson ou de Franklin, je dînais entre lui et sa femme, nous parlions de ce que j'allais bien pouvoir faire pour l'Amérique, il réfléchissait quelques instants puis déclarait qu'il avait peut-être un poste... Dans mes moments les plus fantaisistes, j'allais même parfois jusqu'à imaginer que c'était un poste à la N.A.S.A. Je serais l'ambassadeur des États-Unis pour les étoiles.

Kennedy ne pouvait être mort, cela n'avait aucun sens!

«Qu'est-ce qui s'est passé? demandai-je avec l'espoir que Vion m'avoue qu'il s'agissait d'une plaisanterie.

— Je ne sais pas vraiment, je crois que c'est un type qui a tiré depuis un immeuble.

— Et est-ce que...

— Quoi?

— Rien...»

Absurdement, je m'apprêtais à demander si on allait pouvoir faire quelque chose, autrement dit le ranimer, le ressusciter.

Comme je remettais ma chaussette, Vion se redressa pour me demander ce que je faisais.

«Je sors.

— Où?

— J'en sais rien, il faut que je sorte.

— Calme-toi, il était pas de ta famille...

— Qu'est-ce que tu en sais?

— Excuse-moi, fit-il, un brin cynique, je ne pouvais pas deviner que mon voisin de lit était lié à la présidence des États-Unis...

— Je t'emmerde, Vion.»

Et je repassai par l'échelle d'incendie et le parc avant d'aller errer au hasard dans les rues houvillaises où, me croyant à l'abri des regards et des oreilles, je me laissai aller.

Je ne pleurais pas seulement mon idole, mais aussi cette image de l'Amérique que je m'étais dessinée et dans laquelle je m'attendais à pénétrer un jour.

Jamais Houville ne m'avait paru si laide, si triste et si grise. Mes pas claquaient sur les trottoirs comme un gong irréel, j'avais l'impression de violer un cimetière étranger.

Qui pouvait être assez mauvais pour tuer Kennedy? Je ne voyais que le Diable lui-même. Oui! c'était ça, c'était lui! Et dans la rue transformée en caisse de résonance par le sommeil des vivants, je m'écriai:

«Cette fois, Satan, tu as été trop loin! Je ne te laisserai pas t'en tirer. À partir de maintenant, je le jure, ma vie ne me servira qu'à te combattre! Toi et les tiens vous allez perdre, tu vas crever, Satan, tu m'entends, tu vas crever la gueule ouverte!

— En tout cas, moi je t'entends...»

Un frisson me parcourant la nuque, je me retournai vivement pour, dans le rai de lumière jaune d'une porte entrouverte, apercevoir le boulanger qui me regardait avec un sourire où l'ironie se le disputait à la bonhomie.

«Qu'est-ce que tu fiches à cette heure dans les rues?
— Rien de spécial, monsieur, je réfléchissais.
— Bah! je sais pas à quoi, mais Belzébuth avait l'air d'en prendre pour son grade... Tiens, entre un peu, je vais sortir les premiers petits pains du jour.»

J'acceptai surtout parce que je ne savais pas comment refuser. J'aurais voulu continuer à être seul pour mâcher cette colère qui maintenant prenait le pas sur le désarroi. Entrant dans ce qu'il nomma: son «labo», je me rendis compte que le magasin devait donner sur l'autre rue. La pièce était vaste, claire, et une bonne odeur de pain cuit saturait l'air. Il faisait chaud aussi, une douce chaleur. D'un âge indéterminable entre quarante et cinquante-cinq, l'homme était râblé, presque chauve, vêtu d'un pantalon pied-de-poule blanc et bleu propre à sa profession, d'un tricot sans manches très lâche et d'un tablier blanc dont l'un des coins était ramené dans le cordon de ceinture. Il était saupoudré de farine, comme certains gâteaux le sont de sucre à glacer, et cela n'en faisait que davantage ressortir une abondante pilosité noire.

«Alors, comme ça tu traînes tes guêtres au milieu de la nuit en déclarant la guerre au Diable?

— Il l'a mérité...

— Ça, je ne peux pas te contredire... mais dans ton cas, qu'est-ce qu'il a fait de particulier?

— C'est pas juste dans mon cas, ça touche tout le monde... Vous savez pour Kennedy?»

Une lueur de stupéfaction traversa son regard.

«Tu veux dire que c'est pour ça, parce que Kennedy s'est fait buter, que tu te mets martel en tête dans les rues au milieu de la nuit! Tu dois être pensionnaire au collège, non?

— Oui, pourquoi?

— Parce que vous êtes de drôles de loustics, vous autres... Non, mais franchement!... Va voir si à ton âge je courais les rues au mitan de la nuit en déclarant la guerre au Diable parce qu'un fils de riche s'était fait descendre à l'autre bout du monde...»

Je redoutais qu'à l'instar de trop nombreuses personnes, il ne me fasse le coup du: «Moi, à ton âge, j'étais au boulot; seize heures par jour, six jours la semaine et avec des coups de pied au cul! Ah! c'était pas comme aujourd'hui où vous, les jeunes...» Aussi j'orientai la conversation:

«Vous n'aimiez pas Kennedy?

— J'avais rien pour ni rien contre. Moi, toutes ces histoires...

— Pourtant, sans lui, les Russes auraient installé leurs bombes H à Cuba.

— Oh! tu sais, d'une manière ou d'une autre, ça ne m'aurait pas dispensé de me lever à trois plombes du mat pour cuire ma fournée.»

Doctement, je lui répétai ce que j'avais entendu dans la bouche de la comtesse durant l'été:

«Peut-être, mais les Russes auraient pu envahir l'Europe sans que les États-Unis soient en mesure de répliquer. Et votre boulangerie appartiendrait aujourd'hui au Parti.

«Eh! attention! c'est une boulangerie-pâtisserie, faut pas confondre... En tout cas c'est bien ce que je disais, vous faites de drôles de loustics chez le bonhomme Séoul – même si ce que tu viens de dire n'est pas bête; je n'y avais pas pensé.»

Sur ces mots, il ouvrit les deux portes coulissantes du four, hocha la tête et saisit une longue pelle plate en bois. Il me tendit le premier petit pain et je me brûlai en le saisissant. Comme je regardais ses mains nues sans comprendre, il rit.

«Le métier, mon gars! Un homme devient ce qu'il fait; mes mains se sont adaptées, comme le reste. Il n'y a que par son travail qu'un homme se mérite ou non une place sur cette terre. Tout le reste n'est que blabla. Enlève ce que l'on fait, nous ne sommes plus rien, nous ne servons à rien. Si ton Ricain a vraiment évité que les cocos débarquent chez nous, il a fait son boulot, peu importe ensuite si on nous apprend qu'il battait sa femme ou s'envoyait sa secrétaire.

— Pas lui!

— On ne sait rien sur les autres...»

Le pain était délicieux. C'était plus que du pain. J'appréciais ce qui m'entourait. De nouveau je trouvais toute la vertu du monde à la simplicité. Pourquoi ne deviendrais-je pas boulanger? Les nuits seraient à moi, dans l'odeur vénérable du pain j'écouterais *Blue Indigo Moonlight*, et au petit jour, je serais comblé du plaisir que les autres retireraient de mon travail. En Amérique bien sûr! Une boulangerie quelque part au Nouveau-Mexique, je serais le boulanger des Zuñis, et avec eux, après le travail, j'irais chevaucher dans les canyons de pierre rouge.

«Merci, dis-je avant de sortir.

— Pas de quoi. Si jamais tu repasses la nuit, hésite pas à entrer, et si jamais le Diable te donne du fil à retordre, rappelle-toi une chose: même ton Kennedy a bien dû perdre quelques batailles contre lui.

— Pas Kennedy!

— Qu'est-ce qui t'en rend si sûr?

— Je ne sais pas.»

Je repensais à la douille du Patrouilleur 109 et imaginais

le lieutenant Kennedy se débattant dans les flots du Pacifique pour sauver de la noyade un autre soldat inconnu. Alors, sans rime ni raison, je vis Norma Jean Baker traverser une grève bordée d'une jungle tropicale, entrer dans les vagues et se précipiter au-devant des rescapés du Patrouilleur qui luttaient contre l'océan. Le visage ravagé, elle criait: «Je vous aime! Et vous?» Mais ses paroles étaient couvertes par le bruit des vagues, et, en jurant, chacun continuait à se débattre dans l'écume.

Un bref instant, je me suis demandé dans quelle bande d'actualité j'avais pu voir tout ça puis, atterré, j'ai réalisé que cela n'avait jamais eu lieu. Quittant son «labo», j'ai salué le boulanger et suis retourné dans la rue froide, une balle de flipper coincée au fond du cœur.

Le dernier externe était descendu de l'autocar et il me fallait me rendre à l'évidence: jamais je n'avais eu besoin de voir Eva comme ce matin.

Mais elle n'était pas là.

J'avais beau essayer, impossible de me faire à l'idée que je ne la verrais pas au mieux avant la messe du dimanche. Son absence avait-elle à voir avec l'assassinat de la veille? Pareille supposition était ridicule. Aussi je m'inquiétais de sa santé. Cela rendit son absence encore plus intolérable.

Je pris ma décision juste avant la rentrée en classe. À peine franchies les limites du parc, j'entendis les sifflets. Allait-il me rechercher sitôt après l'appel? Je préférais laisser de côté ces questions, ce qui importait pour le moment était de me rendre à Entretot.

Il n'y a que huit kilomètres entre Houville et Entretot. J'escomptais couvrir le trajet en deux heures, ensuite je verrais sur place pour localiser la ferme de ses parents. Je me forçais à ne pas penser à ce qu'ils pourraient dire en me voyant surgir chez eux, encore moins à ce que serait la réaction d'Eva.

Passé la départementale, je coupai à travers un champ fraîchement labouré. Le ciel était bas. Lourde et brune, la terre s'accrochait à mes semelles. Jamais je n'avais vu ma région sous cet angle. Cette terre grasse évoquait toute l'austérité et la rudesse d'une existence que les artifices temporels de la ville servent à occulter. Pourtant la véritable nature des choses était là, s'accrochant à mes semelles.

Les cités et les modes passeraient, cette terre serait toujours là, imperturbable. Je comprenais soudain cette pudeur dans les émotions qui, en pays cauchois, désigne d'abord ceux qui chaque jour sont confrontés à la terre; par mimétisme, ils en adoptent les caractéristiques.

Des corbeaux croassaient au-dessus de ma tête, quelques nappes de brume planaient çà et là au niveau du sol. Au fond du champ, une lisière de peupliers défoliés baignaient dans une lumière oscillant entre le bleu et le brun. Plus mes semelles s'alourdissaient, plus je me sentais faire corps avec ce milieu, jusqu'à ce que brusquement je le reconnaisse: je n'en étais, moi, qu'une émanation indépendante. C'était donc cela la vie! Au cours de mes livres d'histoire et de géographie, j'avais toujours appris que les hommes façonnaient leur milieu, j'apprenais à présent combien il fallait être aveugle pour poser une pareille affirmation; le milieu façonne les hommes! c'était évident. Ce n'était pas les Américains qui m'appelaient, mais bien, à travers eux, le continent. L'Amérique ne serait-elle qu'un désert vide, elle continuerait à m'appeler, je le sais. Pourquoi?

Entretot. Quelques maisons grises groupées autour d'une petite église romane encore un peu plus grise que le reste. Devant l'église, une petite place plantée de marronniers. De l'autre côté, le minuscule café local qui, dans un ultime trait d'ironie, s'appelait: *Le Café de la paix*.

J'en ouvris la porte vitrée et un bruit de clochettes signala mon entrée. Odeur de cidre. Sur ma droite un petit comptoir en bois brun, par terre un carrelage à losanges rouge brique et vert chou, puis, chignon gris, tablier noir sur robe bleu nuit informe, s'essuyant les mains sur un torchon, une femme apparut dans le cadre de la porte séparant le café du logis.

«C'est pourquoi?» me demanda-t-elle sans trop d'aménité.

Tout à coup je n'osai plus rien demander, j'avais l'impression que ce serait révéler à cette inconnue mes sentiments pour Eva, et tout me disait qu'il ne le fallait pas.

«Heu... un café au lait, s'il vous plaît.»

Elle fronça les sourcils encore un peu plus. Je pouvais suivre son raisonnement: «Qui ça peut ben être? J'l'ai encore jamais vu dans le village. Il est en âge d'aller à l'école, qu'est-ce qu'il peut bien faire ici? C'est louche...» Mais, en bonne Cauchoise, elle ne posait pas de question, du moins pas directement.

«Un café comme par ici?»

Je ne voyais pas ce que le café de «par ici» pouvait avoir de particulier.

«Oui...
— Humide par chez nous...
— Oui.»

Cet échange commençait à me divertir. En quelques secondes je me forgeai une nouvelle identité et un nouveau passé, j'ai toujours aimé cet exercice. Je voyais bien qu'elle cherchait à inclure une nouvelle question plus efficace dans un propos anodin lorsque, tournant machinalement le regard vers la porte vitrée, j'aperçus Eva qui sortait de l'église. Le temps de revenir de ma surprise, je la vis regarder le ciel un bref instant puis retourner à l'intérieur.

C'était inespéré, mais que faisait-elle ici au lieu d'être au collège? Mon café n'était pas encore prêt, je regardai la liste des tarifs au-dessus du bar, annonçai: «Faut que j'y aille.» Puis, laissant le montant sur le comptoir, je sortis.

À peine sous les marronniers de la petite place, Eva apparut à nouveau et descendit les quelques marches du parvis. Elle regardait vers ses pieds et ne me vit qu'au moment où je prononçai:

«Eva!
— Hein! Éric?
— Bonjour...
— Salut, mais qu'est-ce que tu fiches ici?»

Le «fiches» impliquait de toute évidence qu'elle ne pouvait considérer ma présence ici comme agréable ni même opportune. Il me fit mal.

«Tu n'étais pas au car, je me suis inquiété...
— Je n'ai jamais demandé à personne de s'inquiéter pour moi.»

Je ne trouvais strictement rien à répondre, c'était le néant total. Pourtant, jamais encore je ne l'avais trouvée aussi belle. Tout en elle m'était comme arraché. J'avais mal. Je mourais.

Je la revois, sous les marronniers, dans son manteau bleu marine dont l'intensité le disputait à l'outremer de ses yeux. J'ai toujours rêvé voyages, mais les plus beaux étaient là: que d'histoires, que de légendes antiques! que de rivages sous d'étranges tropiques! Oui, toutes les caravelles étaient là, mouillées dans ce bleu.

Ce bleu du bleu qui, depuis Eva, est devenu ma couleur.

Mais il était dit que je devais souffrir.

«Ne reste pas ici, me dit-elle durement, on pourrait te voir...
— Je m'en fous qu'on nous voie!
— Ne sois pas idiot.»

Et sur ces mots, elle se tourna et reprit son chemin, comme si je n'avais jamais été là.

Se contrôler! Ne pas courir derrière elle! Ne pas lui demander l'aumône d'un mot ou d'un sourire! Jamais je ne m'étais imposé une épreuve aussi difficile.

Elle avait disparu au coin de la petite rue lorsque j'ai pu faire un mouvement. J'ai considéré l'église en me demandant ce qui avait pu amener Eva en cet endroit ce matin. Et comme si les lieux eux-mêmes pouvaient l'expliquer, j'ai gravi les marches du parvis et suis entré.

Pour moi, les petites églises romanes ont toujours évoqué le Moyen Âge féodal, celui que je préfère. Sitôt à l'intérieur, je retrouvai cette atmosphère particulière qui, à chaque fois, me transporte en cette époque où, me semble-t-il, noblesse rimait avec courage, piété avec compassion, et où amour allait de pair avec passion. Une époque où ce n'était pas la raison qui classait un homme, mais au contraire la témérité de braver celle-ci au nom de ses sentiments. Cette fois encore, dans cette église baignée par l'odeur des cierges, j'étais transporté. Et comme je souffrais, je cherchais un moyen «féodal» d'analgésier ma douleur par un acte digne d'un chevalier.

Personne en vue, j'avançai jusqu'à la porte de la sacristie entrouverte et y passai la tête. Toujours personne. Je m'apprêtais à repartir, lorsque mon regard accrocha deux grosses cordes de chanvre qui descendaient du clocher. Les cloches! Un instant, j'eus la vision d'Eva s'arrêtant au milieu du chemin en entendant carillonner à toute volée, Eva comprenant qui pouvait sonner les cloches et pourquoi.

Je n'essayai même pas de réfléchir aux conséquences possibles, je m'accrochai à une corde, donnai une lancée, puis à l'autre, et ainsi de suite, de plus en plus rapidement. Un vrai carillonnement de Pâques! J'imaginais Eva qui faisait demi-tour, cela ne faisait aucun doute.

«Mais enfin qu'est-ce que c'est! qu'est-ce que ça signifie!? Non mais veux-tu arrêter!»

Cheveux gris poivre en brosse, visage anguleux, portant la traditionnelle soutane noire, un prêtre s'avançait vers moi à toutes jambes, le regard brillant d'une colère glaciale. Je ne cessai que lorsqu'il fut rendu à proximité de moi.

«Veux-tu bien me dire ce qui te prend? Et d'abord qui es-tu?

D'emblée, je n'aimai pas cet homme. Il différait physiquement, mais la dureté de ses traits le faisait ressembler à Séoul, un Séoul plus vipérin, plus hypocrite.

«Je sonnais le tocsin, répondis-je en m'écartant de lui. Kennedy est mort, vous comprenez! Il est mort et le monde va devenir moche, complètement moche! Il est foutu, le monde! (M'élançant vers la sortie, je lui lançai un:) Salut, curé!»

Je courais en sortant, mais c'était surtout en tentant de fuir ma déception. Le prêtre me suivit jusque sur le parvis et me cria:

«Qu'est-ce que tu as contre les curés, hein! qu'est-ce que tu as?»

Je lui répliquai la seule réponse qui me vint à l'esprit:

«Tous une bande de couilles molles!»

Je courus jusqu'à ce que j'arrive au milieu des champs. Ce n'est que là que je me suis demandé si Joseph n'avait pas eu raison de soutenir que j'étais possédé. Après tout ce curé ne m'avait rien fait.

Il m'a fallu du temps pour comprendre qu'après cinq ans à JB, ce devait être une réaction normale de rejet à la vue d'une soutane noire.

27

Suivit une période où, bien que mes sentiments pour Eva ne fissent que s'aggraver, l'idée que j'avais de la dignité m'empêchait d'aller la retrouver sous le séquoia. Au lieu de cela, m'imaginant ainsi la punir et aussi lui apprendre que je pouvais mériter quelque considération puisqu'une autre tout aussi jolie pouvait s'intéresser à moi, je passais mes récréations en compagnie de Caroline Fimbart.

Nous avons fait connaissance d'une façon plutôt inusitée, et, pour replacer les événements dans leur contexte, grâce à l'inhumation de Kennedy.

J'étais rentré à Fécamp le samedi soir et avais trouvé mes parents informés de mon absence au collège le matin.

«Où étais-tu passé? me demanda Papa en tâchant de se montrer sévère alors que je devinais que ma fugue devait lui rappeler celles de sa jeunesse.

— Je suis allé à l'église...

— À l'église! Mais qu'est-ce que tu es allé faire à l'église alors que tu aurais dû te trouver en classe?

— Je voulais être au calme pour penser à ce qui s'est passé à Dallas.»

Papa connaissait les détails de ma rencontre avec Kennedy, cela lui permit de se contenter de cette portion de vérité. Lui aussi paraissait secoué par l'assassinat.

«Ce n'est pas parce qu'on est déprimé qu'il faut inquiéter les autres et manquer à ses obligations», conclut-il sans autre forme de pénitence.

Eva m'avait blessé, mais je dus néanmoins me faire violence pour ne pas enfourcher ma bicyclette le dimanche matin et pédaler jusqu'à Entretot.

Désemparé, vaguement nauséeux, je suis resté dans ma chambre à syntoniser les postes où des «spécialistes» se relayaient pour analyser les causes et les conséquences de la tragédie de Dallas. Presque un signe du destin, j'ai entamé ce même dimanche la lecture de *Citadelle*, que Grand-père m'avait prêté depuis un bon moment en affirmant que cela me changerait de mes romans noirs. Au bout de quelques pages, Saint-Exupéry m'envoya ce message: «Car le disparu, si l'on vénère sa mémoire, est plus présent et plus puissant que le vivant.» Je compris à ce moment qu'il en serait ainsi pour Kennedy, que ceux qui avaient voulu le faire taire à jamais, au contraire, avaient posé la pierre angulaire d'un mythe beaucoup plus fort que ce qu'il aurait pu accomplir, limité par le pouvoir même qu'il détenait.

Cela ne me consolait pas pour autant, et le soir lorsque j'entendis qu'Oswald venait d'être abattu par un certain Jack Ruby, durant un instant, j'ai presque souhaité avoir été à la place de ce Ruby.

C'est à la suite de cette nouvelle que j'ai demandé à Papa l'autorisation de ne pas aller au collège le lendemain.

«Pourquoi, tu es malade?

— Non, je voudrais écouter la retransmission des funérailles à la radio.

— Qu'est-ce que ça va te donner?

— Je ne sais pas exactement, je crois qu'il faut que ce soit comme ça. Même de Gaulle est parti à Washington, et tu sais comment il jalouse les Américains. Alors pourquoi moi je ne pourrais pas au moins écouter à la radio…

— Encore un peu et tu vas me dire qu'on aurait dû t'y envoyer à la place du grand Charles.

— Sûrement! Et si j'étais plus vieux et que j'aie des économies, je serais déjà là-bas.

— Bon… fais comme tu le sens…»

Je crois qu'il a dû penser au jour où il était allé fleurir la tombe du parachutiste anglais.

Le lundi en soirée, assis tous les quatre autour de la table «renaissance espagnole» de la salle à manger familiale où se répercutaient les claquements secs des fers du cheval du président et de ceux tirant le corbillard, nous suivions la cérémonie sans doute aussi bien que si nous y étions puisque l'imagination travaillait. Je crois que c'est Léon Zitrone qui narrait l'événement. Par l'intermédiaire de sa voix, nous visionnions Jackie, vêtue de noir, soutenue dans son chemin de deuil par son beau-frère Bobby. Un peu en retrait suivait la foule grave des dignitaires, chefs d'État et monarques de tous acabits, d'où émergeait le képi du Général. Le long des rues de Washington, la foule pleurait réellement son président et formait une haie de chagrin sincère. J'entends encore le son des roues cerclées de fer sur l'asphalte des rues.

Arlington. La voix raconte que Jackie tient Caroline et John-John par la main, elle se penche en avant, sans doute pour cacher des larmes...

Je vis Mélissande se mordre les lèvres. Ça y était! voilà que j'avais une boule dans la gorge. Encore le son lancinant des roues, celui des fers et la voix qui dit à présent que John-John se penche en avant de sa mère. Est-ce qu'il lui dit: «Je suis là, maman...» en petit homme réalisant que son père est parti et qu'il reste seul pour soutenir sa mère? À cet instant, je regrettais de ne pas avoir suivi cela seul dans ma chambre, cette maudite boule dans ma gorge ne pourrait se calmer que par des larmes; j'allais être ridicule.

Il fut question de la bannière étoilée qu'un marine, «un fils du pays», remettait à la veuve. Une salve, encore une autre... La voix parla du petit garçon en culotte courte jetant une poignée de terre sur le cercueil de son père. Elle parla aussi de la foule, immense, sur toutes les pentes du cimetière, de la ville, du pays tout entier; la foule qui, en silence, pleurait sa jeunesse à jamais révolue.

Je tenais encore bon lorsque je vis les lèvres de Papa se tordre dans une grimace qui ne pouvait tromper.

«C'est absurde!» dit-il en se passant les mains devant le visage comme s'il était las, mais en fait pour s'essuyer les yeux.

Je fis oui de la tête, et sans que je n'y puisse rien faire, sentis deux traînées chaudes sur mes joues. Me détournant, je croisai le regard de Mélissande qui m'adressa un sourire contrit. Je regardai ensuite Maman qui, elle, avait déporté ses lèvres sur un seul côté du visage et fixait délibérément le buffet «renaissance espagnole» comme s'il présentait un intérêt exceptionnel.

J'ignore qui fut réellement John Fitzgerald Kennedy, je ne sais pas s'il a été un grand président ou, plus prosaïquement, un homme dont l'énergie, l'optimisme et la jeunesse donnaient envie de le suivre. Ce que je sais, c'est que jamais la famille que nous formions tous les quatre n'avait été aussi unie, aussi parfaitement homogène dans un même esprit. À tel point que chaque fois par la suite où je suis entré dans cette salle à manger, les murs m'ont restitué la magie bizarre de cette soirée.

Le lendemain, en possession d'un mot de Maman signalant que j'avais souffert d'une «légère indisposition», je me rendis à la gare des cars prendre celui d'Houville. Le sort voulut qu'ayant un peu traîné devant la vitrine de chez Banse, le libraire, je manque le premier du matin. Cela ne me chagrinait pas le moins du monde et, en attendant le prochain, d'un pas alerte, je me rendis sur le port. Ce port où je retrouvais les chers bateaux qui me parlaient des pays lointains peut-être encore mieux que ne le faisaient les livres. La Grande Pêche vivait ses dernières heures de gloire, mais il restait les cargos, ces bons vieux cargos à moitié rouillés qui évoquaient si bien les Valparaiso, Brisbane ou Monrovia que mon imagination peuplait d'une faune merveilleusement trouble d'aventuriers et de forbans. Quand viendrait-il le jour où je saurais passer outre aux douleurs de la séparation, répondre amen à l'incertitude et me dissimuler dans la cale d'un de ces navires?

Une fois, j'allais encore à l'école à Fécamp, Papa m'avait amené sur ce port pour le départ des morutiers. Ce devait être aux environs de quatre ou cinq heures du matin, il y avait foule sur les quais: mères, sœurs, épouses, fiancées et petites amies; elles étaient toutes là pour dire un dernier au revoir à ceux qui partaient sur les grands bancs de Terre-Neuve ou du Groenland, pour des campagnes pouvant durer six mois. Je n'oublierai jamais ces femmes et ces filles, pendues au cou de leur homme ou de leur jules, dans le froid violet d'une aube éclairée par les lumières de pont des chalutiers.

«C'est ça la vie, m'avait dit Papa, les parasites font ce qu'ils veulent et détruisent, l'individu de bonne volonté, l'être humain fait ce qu'il doit faire et bâtit. De tous ceux qui partent aujourd'hui, certains ne reviendront pas. C'est toujours comme ça. Et de toutes ces personnes, sois sûr qu'il ne doit pas y en avoir une seule qui ne se dise à un moment donné que lui ou elle ne reverra peut-être jamais celui ou celle qu'elle va attendre. C'est ça partir.»

Je me suis dit que moi aussi, un jour, il me faudrait partir. Qu'un jour, sur un quai ou dans une gare, à mon tour je devrais dire un au revoir que le temps pourrait transformer en un adieu. Cela me procura à la fois une grande tristesse et une profonde exaltation.

Partir! Toutes les couleurs, les odeurs et les sensations, tous les attraits de la vie sont contenus dans ce mot.

Et c'est à cause de ce qu'il représentait que j'allais sur le port chaque fois que l'occasion se présentait. Ce matin-là, je me suis assis sur une bite d'amarrage pour observer le déchargement d'un navire. L'air saturé d'iode, une bonne odeur de poisson, le mouvement des grues arrachant aux flancs du navire son chargement de planches et de madriers, le cri des mouettes... Comment était-ce à l'autre bout du monde? Quels parfums? Quelles couleurs? Il suffisait d'appareiller depuis ce quai et d'aller voir!

Immense, le monde m'attendait! Je m'en faisais la promesse.

C'est fort de cette conviction, gonflé d'un optimisme touchant à l'euphorie que je remontai vers la gare routière. J'étais toujours dans cet état d'esprit en grimpant dans l'autocar où j'allais m'asseoir au fond.

Je rêvais encore à Vancouver ou Valparaiso lorsque je vis monter une fille que j'avais souvent vue, et remarquée, au collège. Élancée, bien roulée et pas mal développée pour son âge, sa longue chevelure brune auréolait un visage ouvert et plein de gaieté. Ne sachant pas encore son nom, je lui adressai un «Salut!» accompagné d'un signe de la main.

Elle me rendit mon geste, mais je fus surpris lorsque, avec un grand sourire ravi, elle vint jusqu'à moi, et même s'installa à mes côtés. Décidément, il était vrai que le monde allait m'appartenir!

«Qu'est-ce que tu fais à Fécamp? lui demandai-je aussitôt.

— J'étais chez ma grand-mère depuis dimanche; il fallait que j'aille voir le dentiste hier.
— Et tu retournes à Houville...
— Bah, il faut bien...
— Ça n'a pas l'air de t'emballer?
— J'aimerais mieux habiter à Fécamp, il n'y a rien à Houville... Mais toi, au fait, tu n'es pas en classe?
— J'y suis pas allé hier, j'étais mal foutu...
— C'est quoi ton nom, déjà?
— Éric. Toi?
— Caroline.
— C'est joli, c'est... frais, ça te va bien.
— Merci. Toi aussi, Éric, ça fait un peu... viking.»
J'appréciai l'association.
Elle portait une jupe plissée écossaise qui, depuis qu'elle s'était assise, lui remontait à mi-cuisse. Je ne pouvais m'empêcher de regarder cette chair. Sa peau m'apparaissait invraisemblablement soyeuse. Lorsqu'elle ouvrit son caban, j'entr'aperçus un centimètre carré de soutien-gorge par une échancrure de son corsage blanc.

«Il paraît que ce car passe par tous les petits bleds, me dit-elle, il y en a pour plus d'une heure...
— Ça, je m'en fous, je ne suis pas pressé d'arriver au bahut.
— Tu as raison, moi non plus finalement.»
Nous commençâmes à nous poser toutes ces questions destinées à savoir qui est l'autre. J'appris ainsi qu'elle était la fille d'un intendant à la raffinerie de sucre d'Houville. Elle était dans la même classe qu'Eva, que d'ailleurs elle taxa «d'un peu renfermée et indépendante», ce qui n'était pas faux, et aussi elle m'apprit qu'elle faisait partie du «comité de direction» de la Maison des jeunes.

«J'aimerais ça aller voir comment c'est un jour...
— Viens quand tu veux, je te ferai visiter. C'est chouette pour les jeunes, on peut y être nous-mêmes. Les parents sont gentils, mais ils oublient leur jeunesse et s'imaginent que, parce qu'on a treize ou quatorze ans, on ne peut pas ressentir les mêmes choses qu'eux. Il y a des fois où j'ai l'impression qu'ils nous prennent pour les petits anges purs qu'on suspend au-dessus de la crèche de Jésus...

— Tu as raison... Mais pour ton invitation, je ne suis pas d'Houville...
— Et puis?
— Et puis je n'ai pas le droit d'y aller.
— Bof... Si tu viens et que je ne suis pas là, tu n'auras qu'à dire que c'est moi qui t'ai invité. Je voudrais bien voir qu'il y en ait un qui dise un mot de travers...
— Merci, tu es sympa.»

Je ne sais pas ce qui m'a pris; avoir seulement envisagé le geste, je ne l'aurais jamais fait. Le car roulait sur une petite route étroite en lacets, nous étions seuls dans notre coin, j'ai posé le bout de mes doigts juste au-dessus de ses genoux.

«Que c'est doux!» ai-je pensé.

Presque aussitôt, me rendant compte de tout ce qu'il impliquait, j'allais reprendre mon geste et m'excuser, mais, croisant son regard, je m'aperçus que tout en continuant à me sourire, elle me détaillait d'une manière tout à fait troublante. Alors, avec l'impression que tout allait lâcher dans ma poitrine, j'ai prononcé l'unique évidence qui s'imposait à moi:

«Tu es très douce!»

Contre toute attente, elle sourit un peu plus et se rapprocha de moi jusqu'à ce que nous soyons de profil l'un contre l'autre. Là, elle posa sa joue sur mon épaule. Ma main était toujours sur sa cuisse, paralysée. Je ne comprenais plus rien.

«Tu es beau gars», me dit-elle.

En tout autre circonstance, j'aurais pris de tels mots pour une insulte; pour moi, un garçon pouvait être fort, brave, intelligent, mais la beauté, elle, était uniquement un adjectif attribuable au sexe féminin. Malgré tout je tentai de lui sourire avant de lui retourner:

«C'est plutôt toi qui es jolie!»

Ses cheveux frôlaient ma tempe, leur parfum me chavirait. Avec l'impression que tout mon moi se heurtait à un mur, je remontais très légèrement ma main vers sa jupe.

«Qu'est-ce que ça te fait? me chuchota-t-elle.
— Hein!?»

Cette fois j'étais littéralement paralysé. Elle répéta sa question un peu différemment:

«Qu'est-ce que je te fais?
— Mais... tu... tu...»

Comment lui dire que j'étais en feu. Peut-être pour le lui exprimer par des gestes, je posai mon autre main à l'intérieur de son caban, sur son sein droit. J'eus l'impression qu'il palpitait sous ma paume. Elle entrouvrit les lèvres et ses yeux se brouillèrent, comme un lac étrange. Mes lèvres partirent au-devant des siennes et nos dents s'entrechoquèrent.

«Je crois vraiment que je te fais quelque chose», dit-elle, malicieuse, après ce premier baiser qui me laissait sonné.

Elle posa sa main à plat, très haut sur ma cuisse.

Sans plus aucune retenue, je remontai la mienne beaucoup plus loin sous sa jupe, passai un doigt sous la lisière élastique de petite culotte et, une autre fois, glissai lentement à la recherche de ce fameux point révélé par la mère de Frédérique.

Nos dents se heurtèrent de nouveau. C'était merveilleux! Avec Anne Babant je n'avais pas ressenti ce bonheur d'approcher au plus près une intimité.

Au terme de ce second baiser, elle se redressa.

«Et si on descendait? me proposa-t-elle.
— Mais... on est pas arrivés...
— En reprenant la grand-route, il ne doit pas rester plus de cinq kilomètres pour Houville...
— D'accord!»

C'est pourquoi, après avoir répondu «On sait» au chauffeur qui nous avertissait que ce n'était pas encore Houville, nous descendîmes du car en pleine campagne.

La première grange aperçue fut la nôtre. Après nous être assurés que personne ne nous avait vus, nous courûmes dans la paille où, enfin, nous pûmes nous jeter l'un sur l'autre, ivres de joie et de désir.

«On est libres, me souffla-t-elle, le reste n'existe pas, d'accord?
— D'accord!»

C'est ainsi que je connus ma première véritable relation complétée.

Il reste à répondre à la question de savoir si nous nous aimions. Les sentiments sont parfois terriblement subjectifs, mais, et je le regrette, la plupart du temps je l'aimais en filigrane d'Eva. Pas tout le temps cependant! Lors de cette première rencontre, puis au cours de celles qui suivirent dans sa chambre, à chaque fois que je me penchais sur elle, à chaque fois que mon regard se posait dans les creux émouvants de son bassin ou sur la blancheur galbée de son sein, à chaque fois que, les yeux ouverts l'un sur l'autre, nous nous sommes absorbés mutuellement, durant ces instants en réalité plus denses que le reste du temps, elle m'aimait sans raison et moi je l'aimais infiniment plus qu'Eva.

Et qui sait? Si je lui avais fait mal en lui lançant une pomme, peut-être que... Mais alors, aurais-je eu l'audace de poser ma main sur son genou?

28

Caroline tint sa promesse et je fus admis à la Maison des jeunes. De plus, comme Carréras et moi avions fait la démonstration que nous pouvions nous passer de hasch sans avoir à endurer les «horribles souffrances de la dépendance» dont parlait *France-Soir*, même si je ne savais en refuser chaque fois que l'occasion se présentait, nous nous étions tous cotisés et Lebert avait apporté du Havre ce qu'il fallait pour soudoyer le «comité de direction».

Son plan fonctionna à peu près comme il l'avait prévu, sauf que, développement imprévu, Rachmaninov fit que je devins le plus «accro» d'entre tous.

Comment oublier la première soirée passée dans le living de la Maison? Tout d'abord, tandis que je confectionnais le premier joint, je ne pus m'empêcher de ressentir cette espèce de fierté imbécile en remarquant la forme de respect que me valait cet acte encore apparenté à l'époque à une criminalité d'envergure. Ensuite, parce qu'il n'y eut ce soir-là qu'un seul amateur prêt à vaincre ses inhibitions et que celui-ci ne prit que deux bouffées, c'est moi qui, prenant des attitudes à la Bogart, fumai tout le reste du joint et ainsi me retrouvai «stone» comme jamais je ne l'avais été.

C'était une grande pièce avec une profusion de coussins pour s'asseoir ou s'étendre. Toutes les mères de famille avaient dû être mises à contribution dans leur fabrication. Ce soir-là, tout à fait par hasard, je m'étais installé entre les deux enceintes acoustiques sans savoir que trois des plus vieux nourrissaient une passion pour une certaine musique classique, dont, entre autres, Rachmaninov.

La voix des autres me parvenait comme colorée, presque solide et j'éprouvais déjà l'impression de chuter sans fin à l'intérieur d'un vacuum, lorsque me parvinrent les premières mesures du *Concerto numéro 2*.

J'oubliai tout ce qui m'entourait, fermai les yeux et,

porté par les notes, me laissai aller à un véritable voyage intérieur. Quelque part dans un lieu que je ne saurais situer, sinon que la nuit était tombée, qu'il y avait un feu de bois sur une grève, que la lune qui se reflétait dans la mer et que les colonnes d'un temple ionique se profilaient sur l'horizon continental. Vêtus de costumes de toutes nations, une multitude de personnes dansaient; non pas pour le simple plaisir de voltiger, mais dans le but d'exprimer les mille facettes de la vie. Chaque fois que je m'attardais sur l'un ou l'autre, tout autour de lui, les images de son univers prenaient vie sur l'écran de la nuit.

Trop absorbé, je ne répondais même pas aux autres qui me demandaient des «Tu vois quelque chose?» ou des «Qu'est-ce que ça te fait?». Là, je suivais les circonvolutions d'un couple sur fond de gratte-ciel illuminés. Ils tournoyaient sur le pont de Brooklyn lorsqu'ils se sont soudain élancés vers le fleuve noir où se mirait la ville. Leur image s'estompa avant qu'ils n'atteignent l'onde et elle fut remplacée par celle d'une jeune fille solitaire aux cheveux noirs et au regard de mystère. Bras en croix, elle tournait sur elle-même au gré de la partition pour piano. J'ignorais qui elle était, cependant je savais la connaître depuis toujours. Le mouvement s'amplifia, elle évoluait à présent devant une chaîne de montagnes rouges, illuminées d'un soleil implacable. Et ses cheveux dansaient dans le bleu le plus soutenu qui se puisse imaginer. Je me dis qu'il devait s'agir d'une Zuñi. Lorsque vint l'*Allegro*, je m'étais comme extrait de mon enveloppe et, dans un autre corps identique quoique mûri, j'avançais à sa rencontre sans pourtant jamais parvenir à la rejoindre. J'étais assez près cependant pour découvrir qu'elle avait à la fois tous les visages que j'avais aimés ou que je voudrais aimer. Soudain, je me suis aperçu qu'elle avait cessé de tourner, mais aussi qu'elle ne reposait plus sur le sol. Il suffisait à présent qu'elle imprime un mouvement à l'un de ses bras pour aussitôt évoluer à sa fantaisie dans l'azur. Je voulais l'imiter, mais ne le pouvais; je restais au niveau de la rocaille et des cactus géants. Je savais toutefois qu'en y mettant la persévérance, un jour j'y parviendrais, et cela me remplissait d'une joie incoercible. Il me suffisait d'aller la retrouver, là-bas, en Amérique. Là-bas où elle m'attendait avec autant d'amour que je me sentais capable de donner.

Le lendemain et ultérieurement, j'avais oublié le but essentiel de ma mission, je ne voulais plus que retrouver cette vision. J'en ai eu d'autres, des belles ou des terrifiantes, mais même sur le *Concerto numéro 2*, jamais elle n'est réapparue.

Ce devait néanmoins être contagieux, car bientôt plusieurs adolescents Houvillais prirent l'habitude du haschisch. Aussi, comme prévu, nous pûmes fréquenter l'endroit, à condition bien entendu de ne pas arriver tous les dix-huit en même temps.

La plupart des internes prirent également l'habitude du hasch, et Lebert, seul et unique fournisseur, débuta ainsi dans les affaires. C'est ce qui lui permit un jour de négocier avec le propriétaire du cinéma local une séance supplémentaire pour nous, les internes, à vingt-trois heures, un mercredi.

La fumée de «marocain» devait encore nous sortir par les oreilles lorsque nous arrivâmes au cinéma pour notre projection des *Oiseaux* d'Hitchcock. Nous pensions ainsi amplifier l'effet d'épouvante créé par le maître du genre, nous nous trompions; jamais, jamais! je n'ai autant ri dans une salle de cinéma. Toute remarque anodine de l'un ou l'autre d'entre nous faisait ressortir les invraisemblances du film et déclenchait chez tous une hilarité proche de l'apoplexie.

Le propriétaire de la salle dut certainement se demander cette nuit-là quel genre d'individus nous étions pour que le spectacle d'oiseaux attaquant des enfants dans une cour de récréation provoque chez nous des hurlements de rire. Je le revois à la sortie, l'œil intrigué, vaguement inquiet, un sourire de circonstance au coin des lèvres, et affirmant même à Carréras:

«Encore plus drôle que Fernandel ou Bourvil, hein!
— Vachement plus drôle!»

Dehors, une surprise nous attendait: la neige. Déjà la chaussée et les toits s'immaculaient d'une fine pellicule poudreuse, et le silence était tellement profond que le ciel semblait bruire de la chute des millions de flocons.

Les nerfs anesthésiés par la débauche de rire que nous venions de nous offrir, j'eus le sentiment d'être tout à coup plongé dans une autre dimension.

Soudain silencieux, sans prononcer un mot, les mains dans les poches, le nez vers le ciel, nous rentrâmes au «château». Ce n'est qu'à la grille que pour ma part je décidai de profiter davantage de cette féerie qui, j'en ignore toujours la raison, évoquait pour moi l'Amérique.

Je suis donc reparti seul, le long de la petite route qui, en longeant des prés à la périphérie du village, menait jusqu'à la raffinerie de sucre. Quelque chose me disait qu'une telle nuit atteindrait une apogée de magnificence en la complétant d'un visage féminin. Je rêvais de celui d'Eva, mais souffrais encore de mon dernier passage à Entretot.

La neige modifie tout. En chemin, je me laissai aller à m'imaginer dans les rues hivernales d'un petit village de Nouvelle-Angleterre. C'était l'époque de Noël, j'habitais une grande maison coloniale blanche en bois et la nuit était de cette encre bleue qui illustre la nuit de la Nativité sur les cartes de vœux. La maison était à l'extrémité d'une rue qui s'égarait dans les bois. De grands sapins la cernaient, des sapins du Nouveau Monde! À l'étage il y avait une fenêtre, en particulier, dont les petits carreaux laissaient s'échapper dans la nuit bleue une chaude lumière orangée; c'était la fenêtre de notre chambre. Au rez-de-chaussée toutes les fenêtres s'embrasaient d'une éclatante lumière dorée.

Je voyais tout cela comme si j'y avais vécu, comme si par je ne sais quel caprice du destin, ç'avait été mon univers avant que... Avant que je naisse à Fécamp.

Mais avec qui est-ce que je partageais notre chambre?

Je crois que c'est durant cette nuit où, pour la première fois, je me suis formulé nettement que l'Amérique s'offrirait à moi incarnée dans une femme. Une femme qui serait à la fois l'Amérique et toutes les autres femmes.

En attendant, j'arrivais devant chez les Fimbart, à proximité de la raffinerie. Caroline m'avait expliqué où était la fenêtre de sa chambre, «au cas où tu voudrais me dire bonne nuit...»

Je ramassai une poignée de gravillons sur le bas-côté

d'un talus et, méthodiquement, laissant s'écouler quelques secondes entre chaque jet, envoyai mes projectiles tinter au carreau de celle à qui je voulais faire découvrir cette nuit. Je commençais à désespérer – et à craindre d'être surpris par le père – lorsque je vis enfin apparaître le visage de Caroline. Un instant elle me regarda étonnée, puis elle ouvrit la croisée.

«Éric! Mais qu'est-ce que tu fais là?
— Ce que je fais là! Pour toi je viens de recouvrir le monde d'un manteau d'hermine... Je voulais t'en faire le présent.»

Elle me sourit puis observa le paysage transformé par la neige.

«C'est super! dit-elle.
— N'est-ce pas...
— Comment ça se fait que tu es encore dehors à cette heure? Il est tard.
— Je profite de la neige, demain tout risque d'être fondu et Houville sera retournée à sa tristesse congénitale.
— T'as raison...
— Tu ne veux pas venir faire un tour?
— J'aimerais bien, mais je crois que je me ferais repérer en traversant la maison.
— Il n'y a pas d'échelle autour?
— Tu veux monter?
— Je voudrais surtout que tu descendes.
— Il y en a une dans le jardin, mais...
— Mais quoi?
— Non, c'est trop risqué. On risque de faire du raffut.»

Je la détaillais attentivement, presque surpris par la beauté qui émanait d'elle, me faisant la réflexion que la beauté ne vient pas seulement des formes, mais aussi de l'état d'esprit et que celui-ci à son tour est tributaire de l'atmosphère ambiante. Tout est en symbiose. Aussi, il m'apparaissait que cela renforçait notre intimité de la découvrir ainsi, cheveux défaits, vêtue d'une chemise de nuit trop légère pour demeurer à la fenêtre par une nuit d'hiver. Pour tout dire, il me semblait pénétrer encore davantage son intimité que la première fois où dans cette grange... Et cela m'émouvait. Je lui demandai ce qu'elle risquait à venir avec moi.

«Les foudres de mon père. Je ne pense pas qu'il apprécierait que je sorte la nuit par la fenêtre.
— Il n'en saura rien.
— J'aime mieux pas essayer.
— Alors tu l'auras voulu, c'est moi qui vais monter...»

Je venais de lancer cela sans y avoir réfléchi et me trouvais à présent devant l'alternative de le faire ou de me dégonfler. Et Caroline n'ajouta rien qui puisse m'offrir une voie d'évitement. Il est vrai aussi que l'aventure me tentait.

«Il ne faudra pas faire de bruit», dit-elle simplement.

Sa fenêtre était la dernière sur le coin gauche de la maison. Une imposante demeure de brique dont chaque angle extérieur présentait un motif en pierre offrant un relief en quinconce pouvant permettre de grimper du bout des doigts et des pieds. J'entamai mon ascension et, arrivé à la hauteur de la fenêtre, Caroline me tendit le bras pour m'aider à franchir l'espace critique.

Dans la chambre, regardant autour de moi, je réalisai tout à coup où je me trouvais. Je n'avais rien prémédité et pourtant j'étais là, au cœur même de l'univers de Caroline. Par la fenêtre, la réverbération ivoirine de la neige peuplait la chambre d'ombres bleues qui me permettaient de distinguer l'ameublement. Un secrétaire-coiffeuse où, pêle-mêle, traînaient cosmétiques, stylos, cahiers, photos et bijoux de pacotille, une table de nuit chargée de livres dans un désordre qui devait être étudié, et, face à une sombre armoire rustique, le grand lit doté d'une impressionnante tête en bois massif.

«Bienvenue dans mon antre, me chuchota-t-elle.
— Ça fait curieux d'être chez toi...
— Comme ça, je n'ai plus grand-chose à te cacher.»

C'est exactement l'impression que j'avais, et à cause de cela je me sentais redevable envers elle d'une énorme dette de tendresse.

Je posai mes mains autour de sa taille et l'attirai contre moi. Sous la chemise de nuit, sa peau avait une élasticité presque magnétique. Son corps embaumait le miel. Elle était toute chaude. Je l'embrassai. Je n'étais pas spécialement venu pour cela, mais à présent je la désirais.

«J'aimerais dormir avec toi, lui dis-je. Rien qu'une heure, il me semble que...

— Juste dormir?

— Peut-être pas juste dormir, mais aussi dormir...»

Sans doute m'étais-je exprimé un peu fort, elle posa son doigt sur ses lèvres puis, souriante, elle me tendit la main et m'entraîna vers son grand lit défait. Je n'avais jamais osé rêver y parvenir. Pour moi, partager le lit d'une fille, ne serait-ce qu'une heure ou deux, demeurait encore dans le domaine de ce qu'un jour, lorsque j'aurais les moyens d'être heureux, je pourrais faire.

Je désignai la porte.

«Elle est barrée, me dit-elle. Tout le monde dort, ne t'en fais pas.»

C'est ainsi que nous nous sommes retrouvés au milieu du grand lit, face à face.

— Je t'aime, murmurai-je parce que je le pensais, mais aussi parce que je croyais devoir la remercier.

— Alors c'est bien, nous nous aimons!»

Il n'y avait pas que la chambre qui était bleue, Caroline aussi. N'osant faire du bruit dans cette maison qu'en imagination je peuplais d'une multitude d'inconnus prêts à me sacrifier au dieu de la vertu, je me contentais de fermer les lèvres sur chacun de ses tétins et cessais chaque fois que je l'entendais respirer trop fort. J'étais dans sa chambre, mais ce n'était pas encore la totale liberté.

«Est-ce que tu nous imagines à New York, lui dis-je. On serait en haut d'un building, nous aurions toutes les lumières de la ville à nos pieds, nous écouterions la musique qu'on aime. Et personne, comme ici, pour décider comment l'on doit vivre.

— Tu n'es pas bien ici?

— Si, mais on est pas vraiment libres.

— Qu'est-ce que ça peut faire? Profitons de ce que nous avons, moi je ne demande rien de plus.»

Je ne voulais pas la contredire, mais je n'en pensais pas moins qu'en Amérique ce serait mieux. Cela dit, je ne me plaignais pas, au contraire! Jamais encore je n'avais repoussé aussi loin les assauts de la solitude.

«On est bien tous les deux, non? voulut-elle s'entendre confirmer.

— On pourrait pas être mieux.

— ... pourquoi est-ce que tu n'entres pas?

— Ça va faire du boucan, non?

— On a qu'à faire comme les Eskimos...»

J'ignorais comment faisaient les Eskimos, mais n'osais trop l'avouer.

«Comme les Eskimos...

— Oui, l'homme entre et ne bouge plus, la femme non plus. C'est juste à force de se sentir que...»

Juste à force de se sentir, l'idée me plaisait.

Outre qu'il fallait sans cesse surveiller ses reins, la façon esquimaude offrait des moments sublimes. D'abord nous nous contentâmes de nous observer dans la pénombre bleutée, ensuite nous commençâmes à exprimer tout bas ce que nous ressentions. C'était comme faire l'amour dans l'amour.

«C'est bon de se sentir comme ça, souffla-t-elle.

— Oui, c'est comme si on se disait un tas de choses sans avoir besoin de parler...

— Je voudrais qu'on reste comme ça tout le temps.

— Moi aussi. Plus de soucis, plus rien, que toi et moi, pour toujours...»

Nos lèvres s'unirent. Je commençais réellement à oublier les contraintes du milieu. Nous progressions vers un bonheur insoupçonné lorsque j'entendis marcher dans la maison.

«Qu'est-ce que c'est?

— Sûrement mon père; il a l'habitude d'aller se faire chauffer du lait la nuit.

— Et s'il vient ici?

— Il ne vient jamais dans ma chambre, rassure-toi.

— Je pense surtout à toi...»

Pour toute réponse, elle se lova davantage contre moi et ramena l'édredon complètement sur nous.

Les ténèbres, la chaleur ajoutée, j'eus tout à coup le sentiment d'être tout entier au cœur d'elle, et elle au cœur de moi. Cette idée m'enflamma et j'oubliai le père qui circulait au rez-de-chaussée.

«Faut que je me retire, chuchotai-je malgré moi; je vais exploser...
— Reste!
— Mais...»
Elle affermit ses membres autour de moi pour seule explication. J'en conclus que nous devions être dans une période sans risque et ne cherchai pas davantage.
«Je t'aime, répétai-je au bord du gouffre.
— Autant qu'Eva?»
Un coup de poing n'aurait pas été pire.
«Pourquoi tu me parles d'elle maintenant?
— Parce que je veux savoir, Éric.
— Quoi?
— Tu le sais bien...»
Ce qu'elle voulait savoir, ce que je refusais de me demander, c'est si là, à cet instant, je n'aurais pas préféré trouver Eva à sa place. Je connaissais la réponse, mais la refusais encore plus pour moi que pour elle. À tel point que je réussis à me persuader que non, que je ne pouvais en imaginer d'autres que Caroline avec moi à cet instant.
«Aucune autre que toi.»
Je la sentis frémir, comme dans un sanglot et pris conscience de mon aveuglement. C'était évident! Si je m'étais trouvé à ce moment avec Eva, tout aurait été différent. Avec Eva j'aurais abandonné tout ego, et SI elle avait eu pour moi les sentiments que j'avais pour elle, nous n'aurions plus été qu'un.
Me rendant compte de cette évidence, je compris qu'il fallait que je lui avoue, que je n'avais pas le droit de la laisser dans l'illusion que l'amour ne serait rien de plus que cela, même si cela était déjà très beau.
«Tu as raison, soupirai-je
— Pour Eva?
— Oui...
— Je le savais.
— Mais je t'aime quand même, Caroline. Je te le jure!
— Je le sais aussi.
— Je suis même certain qu'en tant que personne je t'aime beaucoup plus qu'elle, même si c'est dur à comprendre...

— Parce que moi je ne te fais pas souffrir, c'est pour ça.»

De nouveau des pas sur le palier. Nous nous tûmes un long moment.

J'étais toujours en elle, dans mon rôle d'Eskimo.

«Je ne voulais pas te faire de la peine, dis-je.
— Tu n'y peux rien. Tu sais...
— Oui?
— Moi aussi il y a quelqu'un...»

«Je le connais?» demandai-je en tentant de contrôler ma voix.

De nouveau je la sentis frémir contre moi.

«Non, dit-elle dans un souffle, non, je ne crois pas...
— Mais pourquoi est-ce que tu es venue avec moi puisque...
— Et toi?»

Tout à coup, je voulus arracher Caroline à cette pénombre bleue, très belle en soi, mais qui dès la fonte de la neige reprendrait la couleur des ardoises de la ville. L'emmener loin! Là où réside la lumière, la promesse parfumée de la brise dans l'aube violette du Nouveau Monde.

«Je voudrais t'emmener loin! affirmai-je.
— Il va falloir encore attendre...
— Tu viendras?
— Bien sûr!»

«Tu sais, sur un autre plan, je ne pourrais plus attendre très longtemps...
— Pourquoi attendre plus... Je veux.»

Nous nous sommes serrés très fort dans le noir, comme au plus profond du sommeil, et pendant un instant tout s'est illuminé pour nous deux. Uniquement pour nous deux.

Puis nous nous sommes endormis dans les bras l'un de l'autre, dans le plus doux des rêves.

Il ne neigeait plus lorsque je me suis suspendu à bout de bras sur le rebord de sa fenêtre avant de me laisser tomber sur le trottoir. Encore sous le choc de la révélation qu'elle venait de me faire: celui qui la «bouleversait» n'était autre que le nouveau curé qui, pendant les travaux de rénovation au presbytère, avait logé chez les Fimbart durant deux mois.

29

La neige ne fondit pas ce jour-là. C'était un jeudi, jour durant lequel nous n'avions pas cours l'après-midi. Jour d'angoisse pour les commerçants d'Houville qui, l'œil inquiet, suivaient nos allées et venues dans les rues de la commune. Pour un peu et l'on se serait cru dans un de mes bons vieux westerns: nous étions les hors-la-loi débarquant en ville et, sur notre passage, les volets se fermaient, les rues se vidaient, l'angoisse régnait... Il faut dire que nous avions la réputation pas tout à fait imméritée de dévaliser les magasins où nous entrions. Le scénario était toujours le même: nous nous engouffrions tous en même temps dans une boutique et, pendant qu'un ou deux d'entre nous s'employaient à occuper le commerçant, les autres mettaient tout ce qu'ils pouvaient dans leurs poches. La seule parade était de fermer boutique, et c'est généralement ce qui se passait le jeudi après-midi. Dès que nous montrions le nez sur la rue principale, des pancartes «DE RETOUR DANS UNE HEURE» ou «FERMÉ TEMPORAIREMENT» apparaissaient sur les portes. Mais ce jeudi-là, nous prîmes la petite route d'Allouville avec pour objectif un petit bois dans lequel il nous arrivait de fumer en toute tranquillité tout en ingurgitant quelques bouteilles de «cidre bouché» que nous nous procurions à la ferme où travaillait Ben-Hur.

Une surprise nous y attendait, il avait fait tellement froid durant la nuit que toute une nuée de grives avait été clouée au sol. Lorsque nous arrivâmes, encore transis de froid, les oiseaux restaient prostrés dans la neige. Cela n'était pas sans nous rappeler le film que nous avions vu la veille, et nous regardions les innocents volatiles d'un œil plutôt noir.

«On va se faire une putain de bouffe!» déclara Sigaud.

Il y eut quelques tentatives, dont la mienne, de récriminations, mais, séance tenante, nous fûmes traités de fillettes et de sans-couilles; ce qui ne devait pas être tout à fait faux puisque cette éventualité nous fit promptement réévaluer notre décision de ne pas participer à la «bouffe».

Des feux furent préparés avec du bois mort, des branches en Y plantées dans le sol de part et d'autre et chacun dut assommer son oiseau, le plumer, le vider en se servant du couteau de poche qui, dans la société que nous formions, était l'attribut indispensable de toute virilité.

Je me souviens encore très bien du dégoût de moi-même qui m'a envahi comme une bouillie infecte lorsque, serrant les dents et grimaçant, j'ai donné un coup de baguette sur la nuque de l'oiseau. J'ai cru voir la vie se retirer lentement de ses yeux noirs. Je me faisais horreur. Je ne comprenais pas pourquoi je l'avais fait. Que m'importait l'opinion des autres? Pourquoi n'avais-je pas suivi la mienne? J'avais mal au cœur en arrachant les plumes brun-noir. Regardant autour de moi, je vis que la neige était jonchée de ces plumes, partout des oiseaux gelés ou leurs plumes qui virevoltaient. Il y avait quelque chose d'effroyable dans cette vision en noir et blanc. Mais cela ne semblait pas être l'opinion de tous; des rires fusaient, pleins de gouaille, et le comble fut atteint lorsque Chevalier, désignant le croupion de son oiseau, déclara en rigolant:

«Hé! les mecs, si un jour on manque de gonzesse, on aura toujours bien ça pour se soulager...

— Parle pour les zobs de ton calibre... répliqua Lebert.

— On devrait en ramener un à Goret, fit Larochas, ça ferait sûrement son affaire.

— Ça reposerait le mecton de l'Assistance, ajouta un autre.»

Mais personne n'alla plus loin sur ce sujet; Lebert n'avait pu fournir l'appareil photographique dont il avait parlé et, parce que nous ne savions comment y mettre fin, nous nous sentions presque complices des agissements de Séoul.

Il fallait éviscérer l'oiseau. D'abord je m'y refusai, puis me dis que c'était là un excellent test pour savoir si, perdu dans le Grand Nord, je serais capable de m'en sortir. Je voulais en être capable. Aussi, réprimant toute idée qui aurait pu me donner la nausée, j'ouvris l'oiseau et, surpris par mon propre calme, le nettoyai méthodiquement. J'occupais mes pensées à me demander pourquoi les oiseaux, comme les bœufs ou les cochons, avaient un cœur, un foie ou des intestins comme nous. Avions-nous un ancêtre commun? Le bois aux arbres noirs, les plumes, la neige salie, les viscères, l'odeur âcre, tout semblait me confirmer nos origines.

Une fois l'oiseau embroché, je me lavai plusieurs fois les mains dans la neige avant de l'installer au-dessus des premiers tisons et de l'y faire tourner tranquillement.

«Tu es certain que ça peut se manger? me demanda Vion à voix basse. On risque pas de s'empoisonner?
— J'en sais rien.
— Tu vas en manger?
— Si les autres en mangent...
— Merde! c'est des conneries! On déconne complètement!
— C'est pas nouveau, depuis que le monde est monde qu'on déconne.
— On pourrait peut-être arrêter aujourd'hui...
— Avoue tout simplement que t'as pas envie de bouffer ton zozio... Moi, en tout cas, je crois que je vais le bouffer, parce que finalement si je l'ai zigouillé, que je l'ai plumé et vidé et que ça serve à rien, alors là c'est vrai que je déconne royalement.
— Ça me plaît pas tout ça...
— Moi non plus, mais c'est comme ça...
— T'es bien fataliste tout à coup.
— Merde, Patrick! Je viens de buter c'te p'tite bête-là, je vais pas continuer à me faire des idées sur mes idées généreuses et tout le tremblement. On est rien que de la viande qui se bat pour de la viande, c'est tout, ça finit là...
— Y a autre chose, Éric! Y a autre chose, bordel!»

Je le souhaitais de tout cœur, mais l'atmosphère des lieux faisait que j'étais loin d'en être persuadé.

Comme c'était une idée de Sigaud, c'est lui qui dut goûter le premier. Nous le vîmes avancer les lèvres, prendre timidement un morceau de chair brune entre ses dents, mâcher sans trop de conviction puis soudain hocher affirmativement la tête.

«Extra, les mecs!»

J'aurais préféré qu'il recrache le tout, cela nous aurait épargné ce repas, mais tel n'était pas le cas. Impossible de dire objectivement si c'était bon ou pas. J'éprouvais une telle répulsion en portant la viande à ma bouche que même s'il s'était agi de la chair la plus délicate, j'aurais trouvé cela épouvantable. Ce fut abominable. Je mâchai la première bouchée durant un temps infini avant de me décider à déglutir. J'imaginais sans cesse l'oiseau dans ma bouche, je le voyais entre mes dents, sur ma langue et ça ne voulait pas passer. J'avais beau me dire que c'était une viande comme toutes les autres, rien n'y faisait, j'avais le sentiment de mâcher de la vie. Comment faisaient les autres pour ne pas broncher? Je devinai qu'ils devaient faire comme moi, mâcher sans un mot, comme si de rien n'était afin de ne pas passer pour un sans-couilles ou pire un «pauv' petit à sa môman».

Pour les bouchées suivantes, je changeai de tactique: m'efforçant de m'imaginer perdu dans le Grand Nord canadien et chanceux d'avoir pu mettre la main sur ce gibier, j'avalai les morceaux sans mastiquer. Plus vite ce serait fini, plus vite je serais tranquille.

La «bouffe» enfin terminée, Larochas prétendit qu'on pouvait apprendre à parler aux grives exactement comme aux perroquets. Bien que sceptiques, il n'en fallut néanmoins pas plus pour que nous jugions opportun, à tout hasard, de ramasser des oiseaux et de les installer dans chacune de nos poches. De retour au «château», déjà revigorés par la chaleur, les volatiles commençaient à sortir de leur torpeur figée. N'ayant évidemment pas de cage, nous eûmes l'idée de les placer dans nos casiers à chaussures devant lesquels coulissait un panneau de contreplaqué; ainsi ils ne pourraient s'échapper. Nous avions ramené chacun six ou sept oiseaux, comme nous étions dix-huit, cela en faisait donc une bonne centaine. Lorsque soudain, au milieu de l'étude du soir ils se mirent tous à pépier, le vacarme fut infernal. Assis à son bureau, Séoul leva la tête, fronça les sourcils puis se leva et se dirigea vers la fenêtre en s'imaginant sans doute avoir affaire à une volée de moineaux. Il lui fallut se rendre à l'évidence que le bruit ne venait pas de l'extérieur. «Qu'est-ce que c'est encore que ça?» maugréa-t-il avant de quitter la salle d'études en direction du vacarme. Il localisa rapidement la source. Nous regardant en nous mordant les lèvres pour ne pas rire, nous entendîmes coulisser le panneau des casiers à chaussures sur le palier. Aussitôt il y eut comme un grand brassage d'air accompagné d'un véritable cri de terreur précédant de peu un bruit mat que nous identifiâmes sur-le-champ comme étant celui d'un corps qui s'affale.

Aucun de nous ne bougeait. Le pépiement était à présent assourdissant et nous nous regardions toujours, nous demandant ce qu'il convenait de faire. C'est Carréras qui le premier osa dire tout haut ce que tous nous commencions à supposer, non sans une certaine jubilation:

«Merde, les gars, on dirait qu'il a eu une attaque...»

Au regard que me lança Vion, je me rappelle avoir levé les yeux comme si cette éventualité eût été trop faramineuse pour être seulement envisageable. Pourtant Séoul ne réapparaissait pas et surtout nous ne l'entendions pas hurler sa fureur. Ce n'était absolument pas normal.

Plusieurs oiseaux pénétrèrent dans la salle par la porte ouverte et certains allèrent s'assommer contre les vitres des fenêtres qui ne renvoyaient que les ténèbres de la nuit. Alors, comme s'il y avait eu mot d'ordre, nous nous levâmes tous dans un même mouvement et, après avoir marqué une certaine hésitation, passâmes dans le couloir.

Il y avait des oiseaux partout. Les uns perchés sur la rampe d'escalier, les autres sur les marches et certains, comme fous, tournoyant dans l'espace restreint. Brusquement, j'eus l'impression désagréable de m'être incarné dans le film de la veille. Mais cette fois ce n'était plus drôle du tout; d'autant plus que, beaucoup plus dramatique à voir que ce que notre imagination nous en avait dit, Séoul était étendu de tout son long, une main légèrement en l'air, retenue dans les éléments d'un radiateur de fonte.

«Bo... bo... bordel! il a dû... dû... dû... fai... faire une... une... crise cardiaque! bégaya Hébrard qui ne s'exprimait jamais que sous le coup d'une émotion et toujours en bégayant.

— T'as raison, mec, opina Lebert.
— Qu'est-ce qu'on va faire? demanda Chevalier.
— Faudrait bien prévenir sa femme... dis-je.
— Attendez! fit Larochas, on dirait qu'il respire...»

Nous nous sommes approchés davantage pour constater qu'effectivement Séoul respirait. Cela peut paraître extrêmement cynique, mais j'ai ressenti à ce moment-là la déception qui s'échappait de chacun de nous pour aller former un nuage gris sur nos têtes. L'instant précédant nous le croyions mort et de ce fait commencions à oublier ses travers et même à verser dans le tragique, mais de savoir qu'il vivait réassombrissait un avenir que nous trouvions déjà plus lumineux.

«Merde! oui, il respire... constata Sigaud.
— Alors qu'est-ce qu'on fait? redemanda Chevalier.
— On pourrait retourner s'asseoir comme si de rien n'était...» proposa Vion.

Tout le monde comprit ce que cela sous-entendait. Peut-être qu'en laissant Séoul ainsi, le temps parachèverait l'œuvre des grives.

«On ne peut pas, fit Carréras avec une note de regret dans le ton.
— Non, on peut pas...» ajoutai-je en me faisant la réflexion que même pour Séoul, j'aurais des remords de conscience si jamais il lui arrivait quelque chose à la suite de notre non-assistance délibérée.

Et c'est moi qui grimpai à l'étage et traversai dans l'aile où se trouvaient les appartements du directeur. En sonnant à la porte, je me disais encore que ce serait bien si elle n'était pas là, qu'il n'y ait personne et que le téléphone soit en panne. C'est Didier, l'interne de l'Assistance publique, qui ouvrit.

«C'est quoi ce boucan-là en bas? demanda-t-il d'emblée en entendant les oiseaux.
— Des oiseaux... Est-ce que la femme du directeur est là?
— Elle écoute la TV, comme d'habitude... Pourquoi?
— Faudrait que tu ailles la prévenir qu'il est arrivé quelque chose à son mari...»

Ce serait sous-représenter que de dépeindre ce qui passa

dans son regard comme étant une lueur d'espoir; ce fut un véritable feu d'artifice.

«C'est grave?»

Je pensai à ce que nous avait raconté Carréras et j'aurais voulu pouvoir lui répondre que oui.

«Il est sans connaissance, en bas...
— Juste sans connaissance?
— On ne sait pas trop ce qu'il a eu...
— Bon... je vais le dire à sa femme.»

Celle-ci apparut bientôt, vêtue d'une épaisse robe de chambre grenat, toujours pareille à elle-même, les commissures des lèvres fortement étirées vers le bas, les cheveux décolorés et en bataille, le port de tête hautain, presque dédaigneux.

«Que se passe-t-il? C'est quoi tout ce tintamarre?
— Je viens pour votre mari, madame... il est près des casiers à chaussures, on dirait qu'il a perdu connaissance.
— Perdu connaissance... Je viens.»

Pas un seul instant son regard ne marqua l'angoisse ou même l'inquiétude. Au niveau de ses pupilles, seule la dureté prévalait, comme toujours.

Séoul revenait à lui lorsque nous arrivâmes sur place. Pour la seconde fois elle me demanda ce que signifiait la présence des oiseaux.

«On les a ramenés du petit bois sur la route d'Allouville...
— Eh bien! j'ai l'impression qu'il va y avoir des comptes à rendre, et de sérieux... prophétisa-t-elle juste avant de s'adresser à son mari qui se redressait lentement. Ça va, Robert?
— Heu... ça va... ça va... Mais qu'est-ce que c'est que ce foutoir?»

Il regardait autour de lui sans paraître comprendre. Cette fois je crus discerner un souci dans le regard de sa femme. Elle lui tint le bras pendant qu'il se relevait. Lorsqu'il fut debout, elle me regarda et me dit:

— Toi, là, c'est toi qui vas surveiller l'étude. Tu marqueras au tableau le nom de tous ceux qui chahutent, compris?

— Compris, madame.»

D'un bref regard, je m'empressai de faire signe aux autres qu'ils n'avaient rien à craindre. Séoul devait être sonné car il ne réagit même pas. En temps normal il aurait immédiatement nommé un autre à ma place, n'importe qui mais pas moi.

«Et puis ouvrez les fenêtres! Faites-moi sortir ces oiseaux de malheur!» lança sa femme depuis l'escalier, un bras en travers des reins de son mari.

De retour dans la salle d'études, nous éteignîmes les lumières puis ouvrîmes les fenêtres. Par petits groupes, attirées par le reflet bleuté de la nuit, les grives prenaient le large. Nous les regardions en silence battre des ailes, noires sur fond bleu nuit, messagères d'un monde dont nous sommes évincés pour inaptitude; un monde dont nous ne percevions avec nostalgie que l'écho rempli du hurlement des loups, du craquement des grands arbres, du barrissement des éléphants et du ressac des océans sur la grève des îles parfumées.

«Ouais, bah, tout compte fait, pensa tout haut Lebert, j'aime mieux les voir voler que de les bouffer. On doit être un peu barges...»

30

L'envol des grives depuis les casiers à chaussures avait dû être ahurissant; il avait eu presque raison du cœur de Séoul. Il nous fut annoncé que notre directeur avait subi un «petit infarctus» et pendant deux mois nous ne le revîmes pas ou presque. Durant ce temps, un nommé Koch fut engagé pour nous surveiller. Si personnellement je n'eus pas à subir sa haine particulière de façon continuelle, il n'en reste pas moins qu'au bout du compte nous convînmes tous qu'à choisir nous préférions encore la tyrannie diurne et le relâchement nocturne de Séoul, que la discipline constante de celui que je ne tardai pas à surnommer «Boche».

Durant tout son règne, nos expéditions nocturnes furent condamnées et nous dûmes apprendre à nous passer des parties de flipper et des soirées à la Maison des jeunes. Cela ne m'empêcha pas par trois fois de quitter la chambrée vers les deux heures du matin pour aller retrouver Caroline.

Un lundi, Séoul venait justement de reprendre du service, bien que me promenant avec Caroline dans le parc, je remarquai tout de suite qu'Eva était absente. Le soir même, juste avant le départ du car, j'allais en demander la raison à Marie-Chantale.

«Tiens! tu te réveilles... me lança-t-elle sur un ton de reproche.

— Comment ça je me réveille?
— Bah... tu nous as un peu laissées tomber, non?
— Qu'est-ce que tu racontes! Je parle un peu avec Caroline, c'est tout.
— C'est pas ce qu'on a entendu dire...
— Et qu'est-ce que tu as entendu dire?
— Tout simplement que vous deux... Enfin tu sais de quoi je parle...
— Non?»

Je m'en doutais, mais voulais savoir exactement ce qu'elle

savait et comment elle l'avait appris. J'avais toujours eu l'impression d'être discret avec Caroline et, parce que j'avais dans l'idée que cela pourrait détruire ce que nous vivions, je ne m'étais jamais vanté de nos rapports à personne, même si parfois une pointe d'orgueil mâle aurait voulu en faire étalage.

«Vous couchez ensemble, non?
— Qui t'a raconté ça?
— Caroline a fait des confidences à Eva...
— Caroline!»

J'étais surpris, peiné et en même temps, parce que je m'imaginais que cela pouvait me hausser aux yeux d'Eva, j'éprouvais une certaine satisfaction à ce qu'elle ait tout appris. À cause de cela, et aussi parce que je comprenais que Caroline avait ainsi vainement cherché à forcer ce qui ne pouvait l'être, j'eus besoin de me trouver à ses côtés, solidaire et ami. Mais ce mouvement qui m'aurait peut-être porté définitivement vers elle fut interrompu par la suite des paroles de M.-C.:

«Alors tu ne sais pas pour Eva?
— Mais non, qu'est-ce qu'il y a à savoir?
— Bien... hier elle était dans la voiture de son père quand ils ont eu un accident à Yvetot...»

Un bref instant, j'eus conscience du regard inquisiteur de M.-C., mais je l'oubliai aussitôt. Eva, un accident! Je n'osais demander plus de détails, je redoutais que cela ne fasse trop mal dans ma poitrine, là où sans doute ça se déchirait.

«Un accident... bredouillai-je en imaginant Eva disloquée entre des tôles tordues.
— Oui et il paraît que son père est assez salement amoché.
— Et elle?
— Elle est aussi à l'hôpital, à Rouen.
— Mais pourquoi j'ai rien su?
— Éric... pourquoi je te l'aurais dit?
— Mais parce que... parce que! Qu'est-ce qu'elle a? Est-ce que c'est grave?
— Une côte fracturée, un poumon atteint, mais rien de fatal. En tout cas, c'est ce que m'a dit sa mère au téléphone...

— Alors c'est peut-être plus grave?
— Non, je ne crois pas.
— J'y vais! décidai-je.
— Tu vas où?
— À Rouen, pardi!
— Mais...
— Il n'y a pas de mais, je vais faire du stop et aller la voir. Je ne vais sûrement pas la laisser comme ça...»

Je ne me rendis compte qu'après coup de ce qu'impliquaient ces dernières paroles. J'étais dans une camionnette en direction de Rouen et repensais au regard stupéfait de Marie-Chantale. Mes paroles, ma réaction qui me plaçaient en situation de rupture d'avec mon milieu, tout le confirmait: j'aimais Caroline, j'étais bien en sa compagnie, mais c'est à Eva que chaque cellule de moi était liée par je ne sais quelle alchimie.

À la radio, le *Somewhere* de Bernstein me plongea pour un instant dans une certaine rêverie. Je fis le lien entre la musique et l'amour qui nous attache à une personne; certains agencements de sons nous touchent sans que l'on soit capable d'en expliquer la raison, de la même façon nos cellules ne réagissent qu'à une personne en particulier, souvent au détriment d'autres que le cœur et la raison voudraient nous conseiller.

Le conducteur, un peintre en bâtiment, essaya bien de lier conversation, mais je n'étais pas d'humeur loquace. Mes pensées me devançaient à l'hôpital. J'essayais de m'imaginer dans quel état j'allais trouver Eva, comment elle me recevrait; serait-elle aussi acerbe qu'à Entretot? Malgré les oppositions que j'y mettais, il me plaisait presque de l'imaginer dans un état suffisamment mauvais qui me permettrait de la dominer et, en poussant le fantasme plus loin, de me rendre indispensable.

Maromme. Le crachin, les phares qui luisent tristement sur la chaussée trempée, quelque chose d'infiniment triste, d'infiniment européen. Plongée dans le «pot de chambre de la Normandie». Les événements m'avaient occulté que c'était à Rouen que je me rendais. Que me réservait encore cette ville?

Pas d'erreur, l'hôpital ressemblait bien à un hôpital. Il n'y a que le genre humain pour imaginer que l'on puisse recouvrer la santé dans d'aussi tristes bâtiments. De longs couloirs qui sentent l'éther et le bouillon aux poireaux, des murs vert administration, le carrelage jaune pisseux et brun caca maculé par les semelles boueuses, des pansements souillés qui émergent d'une poubelle en plastique, dans chaque chambre des regards inquiets, noirs comme ceux des oiseaux.

J'avais demandé la chambre d'Eva aux Informations. Je m'y dirigeais en longeant les couloirs comme si je savais parfaitement où j'allais, de crainte qu'une attitude incertaine n'incite une infirmière à m'éjecter pour des motifs que je ne cessais d'inventer.

Pourquoi toujours cette constante impression de n'être jamais dans mon droit, que quelqu'un va se dresser face à moi pour m'interdire un accès ou une sortie?

La lumière était grise, les murs verts, ça puait JB et la gangrène, mais instantanément j'oubliai l'environnement. Une joue bleuie, Eva était assise dans son lit, le dos appuyé sur la partie remontée de son matelas. Sur sa gauche, des gouttes d'une pluie grasse roulaient sur les carreaux de la fenêtre où s'accrochait la nuit. Elle ne m'avait pas vu arriver. Je me tenais immobile dans le chambranle de la porte et elle n'avait pas conscience d'être observée. Elle fixait un point invisible droit devant. Avec une intensité presque palpable, son regard exprimait la crainte de la mort et l'étonnement de vivre.

Jamais elle n'avait été aussi belle.

J'hésitais à me faire remarquer; j'avais le sentiment qu'elle serait contrariée d'être surprise durant ce moment d'abandon.

Au-delà d'un terrible besoin de la prendre dans mes bras, de la serrer très fort, de crier avec elle aux forces de la nuit de se retirer, j'éprouvais la sensation de violer une stricte intimité, presque de m'approprier une plus-que-nudité qui ne m'était pas offerte.

Je reculai d'un pas dans le couloir, éternuai, me composai un sourire plein d'assurance et, avançant de nouveau dans le chambranle, me fis précéder d'un:

«Bonsoir, Eva...»

Surprise, elle hésita un bref instant puis me sourit.

«Éric! Ça alors! Mais qu'est-ce que tu fais ici?

— Que veux-tu que je fasse, quand j'ai su, je suis venu...

— Exprès! pour me voir?

— Tu en doutes?»

Elle m'a observé droit dans les yeux puis a secoué la tête.

«Non... (Elle a baissé les yeux puis, les relevant sans vraiment me fixer, a ajouté:) Je parie que tu as quitté le bahut comme si de rien n'était?

— Je ne pouvais pas faire autrement... Comment vas-tu?

— Physiquement, ça va...

— Ton père?

— Ils ne peuvent pas encore se prononcer définitivement... Mais il va vivre!»

Par crainte de faire preuve d'une affectation artificielle, je redoutais de m'étendre plus loin sur ce sujet. Je ne pouvais réellement compatir que pour elle; lui, je ne le connaissais pas. Je me suis contenté d'un sourire qui se voulait un soutien.

Un instant, j'avais cru avoir franchi l'obstacle qui me laissait l'impression constante d'être en quelque sorte son cadet. Je m'étais leurré.

«Il y a longtemps qu'on ne s'était pas parlé tous les deux, dit-elle comme si seule la distance nous en avait empêchés.

— Oui, trop longtemps...»

Elle laissa glisser mes paroles lancées comme un grappin destiné à retenir une intimité verbale qui n'appartiendrait qu'à nous.

«C'est la vie...»

Dans un mouvement circulaire, je regardais la chambre, à la recherche d'un sujet de conversation.

«Pas très gai, dis-je.

— C'est un hôpital...

— C'est pas une raison.»

Elle secoua la tête comme avec indulgence.

«Heureusement que tu es poète, dit-elle, autrement tu serais vraiment malheureux...

— Qu'est-ce que tu veux dire?

— Tu es de ceux qui voudraient que tous les jours soient dimanche, comme dans la chanson. Mais pour ceux-là, Éric, toujours comme dans la chanson, il y a les galères.
— Donc, selon toi, j'en demande trop à la vie?
— C'est un peu ça.
— Pourquoi lui en demander moins? Surtout quand elle nous donne ce qu'elle nous donne...
— Peut-être parce que si on attend rien d'elle, ce qu'elle nous offrira apparaîtra comme un surcroît.
— Dur à accepter...
— Évidemment! tu n'acceptes rien. Tu as fait de l'indiscipline une religion.»

Ces mots furent presque une révélation. L'indiscipline... Elle avait raison! Cette tare demeure toujours ma bannière en ce qu'elle symbolise l'individualisme. Soudain, dans cette triste chambre d'hôpital rouennais, je crus comprendre une des raisons expliquant mon attirance pour le Nouveau Monde: ce continent si grand qui a donné des hommes comme Davy Crockett, Sitting Bull ou Thomas Jefferson, ce grand désert sous la courbe du firmament, ce pays infini doit autoriser chacun à y être ce qu'il veut sans qu'il n'ait à se préoccuper si cela entre ou non dans les normes de sa caste.

Être ce que je crois devoir être! Je n'ai jamais rien demandé d'autre. Est-ce cela vouloir que tous les jours soient dimanche?

«D'accord si l'indiscipline est pour toi synonyme de liberté d'être, ai-je voulu préciser à Eva.
— D'accord si liberté d'être est pour toi synonyme d'égoïsme...
— Comment ça d'égoïsme?
— Ta philosophie consiste d'abord à s'occuper de toi.
— Comme tout le monde, non?
— Plus ou moins...
— Est-ce que là, par exemple, je ne suis pas venu pour toi?»

Elle m'a regardé avec un sourire trop teinté d'indulgence pour mon goût.

«Je crois que tu es d'abord venu pour toi, Éric. Tu ne t'en rends pas compte?

— Je me rends surtout compte que c'est toi qui es à l'hosto et que c'est moi qui te rends visite...

— Mais entre nous, franchement, à qui cette visite fait le plus plaisir, et cela sans vouloir dire que ta visite ne me fait pas plaisir?»

J'ai compris qu'elle disait vrai; cette visite me faisait d'abord plaisir à moi, mais sur le coup je n'ai pas voulu l'admettre. Pire, je me suis laissé aller à jouer les outragés:

«Bon... si c'est comme ça que tu le prends, je n'ai plus rien à faire ici.»

Une lueur noire de déception est passée dans ses prunelles, c'est ce qui m'a fait le plus mal. J'aurais voulu reprendre mes paroles, mais il était trop tard.

«Excuse-moi, m'a-t-elle retourné, je croyais que nous pouvions nous parler sincèrement. Si ce n'est pas le cas, tu as raison, ça ne sert à rien.»

Il aurait fallu que je dise: tu as raison, pardonne-moi, je me suis laissé emporter par une réaction primaire. Mais au lieu de ça, sans rien dire, craignant que des sanglots ne brisent ma voix, je suis parti en serrant les lèvres.

Je longeais au hasard les couloirs olivâtres sans même me demander si j'allais vers la sortie. «Elle a raison, mille fois raison! me répétais-je, je suis venu la voir pour me faire plaisir. Autrement je ne me serais pas formalisé de ses paroles. Est-ce que c'est ça l'amour? le plaisir que l'on arrache pour soi d'une personne en particulier? J'ai pourtant l'impression que je pourrais donner ma vie pour elle...

«Alors pourquoi tu n'as même pas voulu reconnaître qu'elle avait raison? Innocent! Retourne à sa chambre et demande-lui pardon, autrement tout cela ne voudra rien dire. Tu ne t'es même pas informé de ce qu'elle avait!»

Je suis retourné vers sa chambre. Cette fois, elle avait le visage tourné vers la fenêtre et je ne pouvais le voir. Tout au plus je devinai une tristesse qui trempait ses racines dans la déception.

«Pardonne-moi, Eva!»

Elle a lentement tourné la tête. Comme si elle avait toujours su que j'allais revenir et prononcer ces mots.

«Je ne t'en veux pas, Éric, c'est moi qui n'y suis pas allée mollo.

— Non, non! c'est moi, je suis un couillon; j'ai pas osé laisser tomber le masque, c'est que j'y tiens à mon rôle de preux...»

Elle a hoché la tête.

«Nous en sommes tous là. C'est dur d'accepter de se voir...

— À ta place, je ne me ferais pas de souci de ce côté-là, tu es la personne la plus sincère que je connaisse.

— Tu te trompes...»

Je n'osai lui demander pourquoi. Je la regardais et me disais que jamais, jamais je ne pourrais en aimer une autre. J'étais la proie du violent désir de poser mes lèvres sur les siennes, de la goûter. Deviner sa poitrine juste là, sous le drap, me plongeait dans des convoitises brûlantes; je ne pouvais me défaire du trouble provoqué par cette chair, cette peau dont la pâleur à peine rosée était accentuée par son état et l'éclairage cru.

Parce que dans un fantasme parmi tant d'autres j'ai placé Eva dans une chambre quelque part à Brooklyn, c'est exactement à cet instant que j'ai réalisé qu'elle ne serait pas en Amérique. Bêtement, cela ne m'était jamais venu à l'idée. Ce fut tellement brutal que je lui ai demandé à brûle-pourpoint si plus tard elle ne comptait pas y aller.

«J'aimerais bien voir de quoi ça a l'air en réalité.

— Je ne parlais pas juste de voir...

— De vivre là-bas?

— Oui?

— Pourquoi j'irais y vivre?

— Je ne sais pas... C'est une question, comme ça... Il m'avait semblé que...

— Que parce que c'est ton rêve à toi, moi aussi je...

— Non, pas pour ça. Enfin... Oui, pour ça. Et puis aussi parce que je sais que tu aimes le vrai jazz, les auteurs américains...

— Et Caroline, qu'est-ce qu'elle en pense de l'Amérique?

— Rien de spécial.

— Tu t'en fous?

— Non pas du tout! Je l'aime bien, mais...
— Oh! ne dis rien, Éric! Ne dis rien. Ce qu'il y a de bien entre vous, c'est que vous avez su faire la part des choses et prendre ce que vous pouviez prendre. Remarque que ça ne veut pas dire qu'elle ne souffre pas, ni toi, je suppose...
— Elle te l'a dit?
— Pas besoin.
— En tout cas, moi je te le dis...»

À cet aveu non prémédité, elle m'a donné un sourire fabuleux. Un très bref instant, une parcelle d'éternité que je vais conserver comme le joyau de cette existence. J'ai eu le sentiment dans la lumière de ce sourire que tous deux nous nous comprenions tellement que nous n'étions plus qu'un. Mieux, je crois qu'à cet instant elle a ressenti la même chose.

Puis la réalité – ou ce que nous en faisons – a repris ses droits et je me suis retrouvé avec la même évidence: Eva ne serait pas en Amérique. Et avec douleur, j'ai commencé à douter de cette idée que l'Amérique s'incarnerait femme pour moi.

Ai-je cherché à influencer Eva et lui donner le goût de l'Amérique? J'ai voulu lui faire le tableau d'un des rêves qui me poursuivaient. J'ai commencé par lui demander si elle aussi avait un rêve éveillé qui revenait souvent.

«Oui, dit-elle aussitôt, mais je ne sais pas si c'est racontable...
— C'est... osé?»

Elle a ri. Pour la première fois de ma vie, mon esprit a flirté avec le viol.

«Oui, si on peut dire... a-t-elle admis en reprenant son sérieux.
— Raconte quand même, ça restera entre nous.
— C'est justement le problème, Éric; si on met trop d'entre nous, on risque ensuite de se sentir liés par ces complicités.»

Je savais qu'il ne servait à rien de crier qu'au contraire je désirais plus que tout que nous soyons liés le plus possible.

«On en fera pas une habitude, assurai-je. Raconte-moi, juste pour ce soir.
— Puisque tu y tiens... J'ignore pourquoi, ça se passe

dans un train. Un train dans la nuit qui traverse des étendues sans fin...

— L'Amérique?

— Non, non pas du tout. C'est plutôt à l'est. En Sibérie. Oui, ça ressemble au Transsibérien... Je suis dans un compartiment équipé de couchettes. Ça sent le cuir mouillé et la fumée de tabac refroidie. Au-delà de la fenêtre, la nuit parle d'horizons toujours renouvelés, d'attente et de désolation. Ce n'est pas vraiment gai. Nous ne sommes que deux dans le compartiment. L'autre est un garçon, un militaire. Ses bottes noires avachies sont posées sur le plancher. Avant de s'étendre, il a mangé un sandwich de pain noir. Il m'en a offert un morceau. Il est gentil. Il m'a dit qu'après l'armée il retournera sur sa ferme. Avec de la lumière dans ses yeux bleus, il m'a longtemps parlé de sa terre: une terre lourde et noire à la lisière d'un bois de bouleaux. C'est un garçon simple et sans histoires. Je m'imagine sur sa ferme, j'imagine des brouillards humides, des feux de fagots et des fenaisons pleines d'odeurs...

— C'est fini?

— Non... Le reste... avec la solitude de la nuit, c'est une soif mutuelle, un besoin de s'accrocher, de mordre, de pleurer et de crier. Puis ensuite ça devient quelque chose d'immensément tendre dans la nuit sibérienne. Quelque chose qui va nulle part, comme le train. Quelque chose tout à la fois tendre, triste et beau, un peu comme la mélopée des bateliers de la Volga. Tu connais?

— Non, mais j'imagine...»

J'imaginais, mais surtout je comprenais sa vision. Pour moi elle illustrait douloureusement son panorama intérieur. Infiniment mystérieux. Immense, froid et morne. Au point de faire de la mélancolie, de la monotonie, un poème brûlant de beauté.

«C'est beau! dis-je. Triste, mais beau. Ça te ressemble...

— Tu me trouves si triste?

— Non, c'est pas vraiment le mot. Comment dire? Tu sais, c'est comme le feu rouge sous la cendre grise. Comme justement ce chant «Nous aimons vivre sur nos chevaux dans les plaines du Caucase...» où l'on s'exalte de chevaucher une bête de feu à travers des océans de solitude.

— C'est sans doute pourquoi je suis attirée par Jean-Pierre; il représente les tropiques, les mers chaudes, le soleil et la joie...

— Sans doute... C'est pourquoi aussi je suis attiré vers toi, Eva; tu es le calme et la mélancolie, je suis l'orage et la passion.»

La chambre était tout imprégnée des étendues sibériennes. Le Transsibérien était passé par là.

Eva dissimula mal une grimace. Je lui demandai si elle souffrait.

«Seulement quand je respire trop fort...

— Ton poumon est touché?

— Juste l'enveloppe, la plèvre. Un peu déchirée par une côte.»

D'imaginer qu'elle puisse souffrir me nouait les testicules. Je lui demandai si elle préférait se reposer.

«Non! c'est à ton tour de me raconter ton rêve, ta vision...

— Ce ne sera sûrement pas aussi... romantique que toi.

— En tout cas, ça doit se passer en Amérique, non?

— Tu as raison, on dirait que je n'ai plus rien à te cacher... Bon, mon rêve... Tout comme pour toi, c'est la nuit – on dirait que c'est toujours la nuit – et ça roule, mais rassure-toi, il ne s'agit pas d'un train, seulement d'une voiture. Disons une grosse Cadillac. Toi, c'est sur une terre immense, moi, ce serait plus juste de dire que c'est sous un ciel immense... Et aussi nous sommes deux!

— Deux! Comment est-elle?

— Comment elle est... Bien, pour dire vrai, je n'en sais trop rien. Elle est brune, je crois. Pour le reste, c'est comme les pièces d'un puzzle, je ne la vois qu'en morceaux détachés... Attends... Elle a de grands yeux. Ils sont bleus, presque violets. Un peu comme toi. Elle est très douce, aucune dureté, ni dans son attitude ni dans ses paroles. Comme toi encore, elle est un peu... mystérieuse. Comme l'onde immobile d'un lac au fond d'un bois oublié.

— Heureusement que tu m'avais dit que ce ne serait pas romantique... Tu verses même dans le lyrisme.

— C'est juste pour décrire...

— En tout cas, ça fait curieux d'apprendre que je suis

mystérieuse comme l'onde immobile d'un lac au fond d'un bois.

— Eva! te fous pas de moi...

— Tu sais bien que c'est pas le cas (elle eut un sourire un peu espiègle qui me mit du baume au cœur), je voulais juste éviter que tu ne tombes dans le drame. Je voyais déjà un cadavre remonter à la surface de ton lac – pour ajouter au mystère. Continue, ça me plaît...

— Je ne sais plus quoi dire...

— Tu décrivais la fille.

— Oui, je disais qu'elle était mystérieuse, mais il y a autre chose que je voudrais préciser sans savoir quoi exactement. Ce que je sais, c'est qu'elle m'est indispensable; comme si elle faisait partie de moi et que jamais je serais complet tant que je ne l'aurais pas trouvée.»

En prononçant ces mots, j'avais conscience de ne pouvoir imaginer plus proche de moi que celle à qui je décrivais l'alter ego de mon fantasme. Pourtant, je n'inventais rien et l'inconnue de la voiture était bien comme je la décrivais. Comment se faisait-il que mon fantasme m'en fournissait une différente si je croyais ne pouvoir en imaginer d'autres qu'Eva? L'Amérique me réservait-elle réellement ce cadeau ultime? Peut-être que lorsque j'y serais, tout ce qui a existé ici sombrerait dans l'oubli et que les cicatrices s'effaceraient pour une toute nouvelle vie?

«En tout cas, nous sommes dans la voiture et nous roulons à travers de grands espaces sauvages que la nuit approfondit encore davantage. Les parfums du désert s'engouffrent par la vitre baissée. On dirait que les pierres respirent dans la fraîcheur nocturne. Oui! moi aussi il y a un train: tout à l'heure, déchirant la grande nuit américaine, nous avons roulé de concert avec une rame de wagons illuminés d'un trait d'or. Ils emportent mille inconnus vers mille destins anonymes qui se suivent un instant, s'éparpillent et se recroiseront peut-être. C'est l'essence du continent. À la radio, quelque chose de beau et lancinant, comme la *Rhapsodie sur un thème de Paganini*. C'est terriblement sensuel. La musique s'allie à l'air nocturne et forme un bain qui lave de toutes les grisailles. La route s'ouvre dans la lumière des phares, se dissout dans les ténèbres et ce défilement n'aura pas de fin. Nous serons toujours dans cette voiture, avec cette musique, devenus un à force de complicités, glissant sur cette route de nuit peuplée des fantômes de millions d'instants arrachés au Grand Désert. Ce continent composé des rêves de ceux qui, pour oublier et recommencer, sont venus de tous les ailleurs.»

J'avais parlé sans regarder Eva, les yeux fixés vers la fenêtre triste. Dans le silence qui a suivi, j'ai réalisé que je venais d'exprimer tout ce que j'attendais de l'avenir.

Je revins à Eva. Eva désormais dépositaire de mon fantasme.

«Je comprends... me dit-elle. Je te comprends mieux...
— Qu'est-ce que j'avais d'incompréhensible?
— Rien, j'avais seulement cru que tu convoitais l'Amérique comme un Eldorado: pour son or et sa richesse. Je viens de comprendre que c'est autre chose.
— Oui! tout à fait autre chose, mais pour être tout à fait franc, j'espère quand même devenir riche, très riche. Je n'arrive pas à imaginer d'autres libertés possibles.
— Toujours cette liberté...
— Tu comprendrais mieux si tu avais été à JB...
— Tu m'as déjà parlé de ton pensionnat, mais tu n'y étais pas tout seul. Est-ce que tous ceux qui y étaient avec toi rêvent de chemins sans fin et sans barrière?
— Ouais... peut-être pas... Je ne sais pas d'où ça vient.
— Tu sais, Éric, il y a quelque chose d'étrange et de commun dans nos deux rêves: nous nous sommes inventé des compagnons qui ne sont pas ceux que l'on croit...»

Je l'ai regardée dans les yeux. Nous sommes restés ainsi quelques secondes très intimes. Elle savait que si elle n'était celle de mes rêves elle était néanmoins celle de ma réalité. J'étais troublé. Et ce trouble se traduisait par une terrible envie d'elle. Je crois qu'elle le sentait. Et l'acceptait.

«J'ai remarqué, répondis-je. Sais-tu pourquoi?
— Peut-être parce que notre subconscient connaît celui ou celle que nous recherchons mais, sur la route de cette recherche, nous pouvons aussi croiser des personnes qui y ressemblent, ce qui peut nous égarer...

— C'est compliqué... Comment pourrait-on connaître la personne que nous recherchons?

— S'il y en a une, et il le faut bien, sinon le Grand Amour n'existe pas; s'il y en a une donc, sans doute la connaît-on parce qu'elle vient de nous et que nous venons d'elle?

— C'est ce que je voulais dire tout à l'heure en parlant d'alter ego et de deux devenus un à force de complicités.»

De nouveau nous nous sommes regardés. Ma propre voix hurlait dans ma tête: «Je l'aime!

«Oui, tu l'aimes, mais ce n'est pas elle que tu attends.

«Pourtant je l'aime!

«Plus que ça, Eva, je t'aime plus que toi!»

Et j'ai failli le lui crier en apercevant l'amorce d'une larme au coin de son œil. Seul le fait de me souvenir que je n'en étais pas la cause primordiale m'en a dissuadé. Ô la prendre tout contre moi! Rencontrer sa chaleur! Son parfum! Sa chair, temple de son mystère! Oublier qu'ailleurs une promesse nous attend! Croire à ce que l'on veut croire!

«De la visite, Eva. Votre frère?»

Je me suis retourné sur une infirmière qui s'approchait en portant le plateau-repas d'où s'échappait une vapeur qui aussitôt atteignit mes narines. Ça sentait le poireau et le gras. Comme à JB.

«Mon cousin, me présenta Eva. Il est venu d'Yvetot.»

La femme, une forte personne aux cheveux blonds coupés trop courts pour mon goût, m'adressa un sourire figé.

«Je vais vous demander de sortir un instant, me dit-elle. Il faut que je vérifie les pansements de votre cousine.

— De toute façon il faut que j'y aille, répondis-je en me rendant compte trop tard que je me mettais moi-même dehors sans raison. Salut, Eva. Je reviendrai...

— Salut, Éric, me renvoya-t-elle, un peu surprise.

— Vous pouvez vous faire la bise, vous savez!» dit l'infirmière d'un ton un peu trivial impliquant sur deux niveaux que sa seule présence ne devait nous interdire de nous dire au revoir comme des cousins sont supposés le faire.

Sans répondre, je me suis approché du lit et, pour la première fois, j'ai posé mes lèvres sur la joue d'Eva. Un simple frôlement. Jamais je n'avais seulement imaginé qu'il puisse exister autant de douceur et autant de feu dans la douceur. Pourquoi! Pourquoi ne pouvais-je rester à ses côtés? Vivre pour elle et tant pis pour le reste? Mourir pour elle s'il le fallait!

J'avais les yeux brouillés dans le couloir. Tout était embrouillé. La douceur d'Eva m'avait tellement troublé que sans presque en prendre conscience, j'avais émis du sperme. Je ne comprenais plus rien.

J'ai traversé l'hôpital sans m'en apercevoir et n'ai repris contact avec la réalité qu'une fois sur le trottoir luisant, dans la nuit froide et bruineuse, me demandant soudain ce que j'allais faire.

Jusqu'à ce que par hasard j'atteigne le parvis de la cathédrale, j'ai dû lutter pour ne pas faire demi-tour et retourner auprès d'Eva. Rendu là, trop loin pour que ce soit raisonnable de continuer à y penser, j'ai seulement commencé à m'inquiéter de la nuit qui m'attendait. Frissonnant, mes vêtements déjà humides, surtout à cause de sa lumière et de sa chaleur, je suis entré dans une brasserie où, pour le simple droit de m'y attabler, j'ai demandé un sandwich au jambon et un café.

Que c'était triste! Trois ou quatre individus accoudés contre le zinc, perdus dans leurs renoncements, fixant qui son ballon d'Alsace, qui son Amer-Picon. Le garçon en train de passer un linge sur les tables et changeant les cendriers jaunes. La sciure souillée sur le carrelage. La bruine ruisselant sur les vitrines noires. Rouen dans toute sa splendeur!

Et évidemment, le sandwich ne comportait que des traces de beurre.

«Mais quelle espèce sommes-nous? me suis-je demandé. Pourquoi est-ce qu'on s'acharne à tout rendre moche? Tout pourrait être si beau! Qu'est-ce qui empêche cette brasserie d'être accueillante, chaleureuse, que le patron étale généreusement du beurre sur le pain, que les types au comptoir ne soient pas là parce qu'ils s'enquiquinent chez eux, que je ne sois pas auprès d'Eva, veillant sur son sommeil, sans pour autant risquer de coucher sous la pluie et de m'attirer des engueulades à n'en plus finir! Quel monde à la con! Qu'est-ce que Tu fais, Dieu? Pourquoi Tu n'interviens pas? C'est vrai qu'à Ta place, y a pas de doute, je laisserais se démerder ceux qui n'ont pas trouvé mieux que de crucifier le fils que j'aurais envoyé pour les sauver... Pourtant la création est fantastique! Le paradis est là, partout, et il faut qu'on se dépêche d'y construire des Rouen à tour de bras, pourquoi? Qu'est-ce qu'on veut? Qu'est-ce que je veux le plus au fond de moi? Ce n'est pas de l'argent, ni une maison ou même un château, quoi? Qu'est-ce qui revient toujours dans mes rêves?

La fille! La brune aux yeux presque violets. Celle avec qui tu ne seras plus seul. Celle qui t'aimera sans que tu aies à lui cacher quoi que ce soit. Celle que tu aimes déjà plus que toi-même. Ouais... au-delà des histoires de cul, dont il est facile de dire qu'elles font tourner le monde, ça doit être ce que chacun veut. Rien d'autre. Ça doit aussi être ce qui explique cette brasserie: le patron veut du pognon pour séduire l'inconnue de son rêve et il ne met pas de beurre dans ses sandwichs. C'est ça, Rouen! C'est ça, le monde des hommes! Comme toi, qui essaies de te construire une image style l'Aventurier-des-grands-horizons. Sans seulement oser réfléchir à ce que l'on est réellement, on se figure qu'il faut être ceci ou cela pour séduire et on fait toutes les saloperies qui entrent dans le cadre de l'image qu'on veut donner. Et vogue la galère! Et quand tu dis que tu aimes, quand tu le sens au point que ça te fait mal, est-ce que tu aimes vraiment au sens du mot? Est-ce que finalement on ne s'accroche pas comme des perdus au foutu radeau nommé *Je t'aime* sur l'océan démonté de l'exil?»

Plus tard dans la rue, grelottant, j'avais déjà tout oublié. Pour endurer la pluie et le froid, je me répétais comme un leitmotiv: «C'est ça, l'aventure!»

Il devait être passé minuit sur le boulevard des Belges lorsqu'un camion bâché s'est arrêté alors que je tendais mon pouce.

«Où te sauves-tu? m'a demandé le routier en bleus avec une casquette à carreaux et une cigarette aux lèvres.
— Je vais vers Yvetot...
— Embarque, je vais jusqu'au Havre.»

C'est ainsi que, dans la fumée de ses Gitanes et après une

longue diatribe contre une «putain d'époque, ça tu peux me croire!» où plus rien n'était comme «avant», je me suis retrouvé au passage à niveau d'Allouville.

Une heure de marche plus tard, j'étais devant la maison de Caroline. Un instant, j'ai songé à grimper à sa fenêtre puis me suis ravisé lorsque je me suis demandé à quoi ça servirait.

Me sentant coupable, j'étais triste pour elle en réintégrant le dortoir où mon voisin de lit m'informa que l'on m'avait recherché toute la soirée.

«Ça va barder pour ton matricule, crut-il bon d'ajouter.
— Je m'en fous!»

C'était vrai. Pire, j'eus même l'idée que si Séoul me cherchait des histoires, je lui retournerais assez les sangs qu'il lui faudrait se reposer un autre deux mois.

31

Sans doute Séoul devina-t-il mon état d'esprit et se savait encore trop fragile pour s'emporter; il se contenta de me faire savoir que, pour absence injustifiée, je resterais en retenue le samedi après-midi.

Bien futile en comparaison de ce que je lus dans les yeux de Caroline en lui racontant mon voyage à Rouen. Comme s'il fallait une preuve à ce que l'on sait déjà pour s'autoriser à souffrir.

Je souffrais aussi que tout ne fût pas plus simple. J'étais bien avec Caroline, quel besoin avais-je d'en aimer une autre qui elle-même n'était pas encore la véritable?

«C'est bête la voiture, monologua Caroline d'un ton neutre, on y pense pas, on croit qu'on va se promener et tout à coup paf... on se retrouve à l'hôpital ou au cimetière. Pauvre Eva...»

Je ne savais qu'ajouter. Elle était bouleversée et ça me faisait mal.

«Il fallait bien que j'aille la voir... tentai-je lâchement de tout minimiser.

— Bien sûr... (Elle fit encore quelques pas et se tourna vers moi, les yeux embués.) Crois-tu qu'on doive continuer...»

Il y avait son sentiment pour le prêtre, moi celui pour Eva, et malgré cela, oui je croyais qu'il fallait continuer à s'aimer bien, à se consoler. Pour l'instant, nous étions l'un pour l'autre la réalité, le reste n'était que du rêve.

«Je le crois, Caroline. Si tu n'es plus là, je deviens fou.

— Alors on est juste ça l'un pour l'autre: un pis-aller?

— Non! ne dis pas ça! C'est faux! On a une espèce de maladie qui nous empêche de... enfin tu sais ce que je veux dire, mais pour le reste la seule vérité tangible c'est qu'on est bien ensemble. On a même pas besoin de se mentir. Peut-être même que cette maladie passera un jour et alors...

— Et le feu que nous éprouvons en présence de qui l'on sait, nous l'éprouverons entre nous?
— Je le voudrais, Caroline! Je te jure que je le voudrais!
— Ça reste du conditionnel lié à une probabilité nulle...»
Nous étions au fond du parc, à l'abri d'une haie de cyprès. Je serrai ses doigts dans les miens. Il aurait fallu s'embrasser, mais je ne pouvais pas; j'étais encore sous le choc de mes lèvres sur la joue d'Eva.

Ces événements me mirent le diable au corps. Puisque tout était par trop compliqué, je cherchais des solutions dans les auto-hallucinations engendrées par le haschisch de Lebert, les euphories provoquées par les spiritueux de Séoul et une affligeante séance de «touche-pipi» dans la grange à Carpentier.

Le samedi même de ma retenue, je partageais ce sort avec Vion. Je me souviens pourquoi ce dernier avait été collé. Le jeudi soir durant l'étude, Séoul notait sur un cahier par quel moyen chacun retournerait chez lui le samedi. J'entends encore le dialogue à la suite duquel Richard Vion s'était vu signifier sa retenue, ça avait commencé par la question à Larochas:

«Larochas?
— Louise Talbot viendra me chercher dans sa dodoche, Monsieur.
— Qui est Louise Talbot?
— La maîtresse de mon père, Monsieur.
— Bon, ça va, ça va...»

Suivirent quelques noms puis vint le tour de Richard:
«Vion?
— Dans la dodoche de la maîtresse du père à Larochas, Monsieur.
— Pardon?
— Dans la Citroën de la maîtresse du père à Larochas, Monsieur.
— Collé samedi, Vion! Tu prendras le car du soir.
— Bien, Monsieur.»

Typique.

Le samedi en question, nous étions seuls dans la salle

d'études. Séoul nous avait donné une dissertation de 1000 mots sur l'opportunité de la discipline à la suite de quoi nous l'avons vu partir en voiture avec sa femme. Nous restions seuls au château.

Il faisait beau, le soleil éclairait la salle d'étude sans ménagement et je regardais voltiger la poussière dans les rayons blancs. Sans raison particulière, j'étais bien.

«As-tu déjà été dans la cave? me demanda Richard.
— Non, pourquoi?
— Sigaud dit que c'est le paradis...»
Il ne m'en fallait pas davantage.
«On y va? demandai-je.
— Et si Goret revient?
— T'as vu; il a mis son beau costard, sa femme est sur son trente et un et la *DS* brillait comme un bijou; ils doivent au moins aller à Rouen. On s'habille pas comme ça pour rester dans la cambrousse.
— T'as sûrement raison...
— Alors?
— Allons-y.»

C'est ainsi que, tout excités, nous allâmes à la cuisine où était la descente de cave. Sous le prétexte de «se donner des forces», nous ingurgitâmes chacun deux crèmes-caramel directement dans la chambre froide, puis nous nous engageâmes dans l'escalier de pierre en colimaçon.

En bas, nous dûmes immédiatement convenir que Sigaud n'avait pas exagéré. Que ce soit dans le cellier chez Mamie ou celui à la maison, jamais je n'avais vu pareille accumulation de vins, cidres, cognacs et calvados.

«On pourrait en piquer quelques-unes, dis-je. Il n'y verrait que du feu. Il ne doit pas s'amuser à recompter ça tous les jours... Bordel! Qu'est-ce qu'il fout avec tout ça!
— Ça doit être une collection; il y en a qui placent leur pèze là-dedans... T'as l'idée de prendre une cuite?
— Pas toi?
— Je dis pas non...»

Nous remontâmes une dizaine de bouteilles, principalement du calvados, mais aussi une bouteille de *Pétrus* dont Papi vantait parfois les mérites avec dans le regard la même lueur dorée que lorsqu'il évoquait les Folies Bergères de ses vingt ans. Une lueur pouvant signifier: l'enfer a ses charmes, mais n'ébruitons pas l'affaire.

Ne gardant sous la main qu'une bouteille de vieux calvados *Maurice*, dont nous avalâmes immédiatement quelques gorgées en surveillant lequel prendrait les plus viriles, nous décidâmes d'enterrer le reste au pied d'un des peupliers qui cernaient la mare à purin de la ferme Carpentier.

Traversant le parc, je n'avais pas vu les deux filles qui, venant en sens inverse, longeaient la route étroite bordant la ferme.

«Eh! les mecs, où est-ce que vous allez avec ça?»

Déconcerté, je reconnus deux filles de quatrième qui devaient habiter un des villages environnants. Pas moches, mais pas très jolies non plus, elles n'avaient pour elles que la fraîcheur de leur âge. Pas besoin d'être devin pour savoir que ça ne durerait pas. Leur vulgarité était garante du pronostic.

«On va boire un coup, répondit Richard avant de leur proposer – dans le but, me dis-je, de s'assurer de leur silence. Ça vous tente?»

Elles se regardèrent en pouffant puis dodelinèrent du chef dans un mouvement qui, sans dire oui ou non, ne demandait qu'une assurance pour être positif.

«Dans la grange à Carpentier, proposa Richard, on sera tranquilles...»

Elles pouffèrent de nouveau et sans rien ajouter firent demi-tour en direction de la grange.

«Qu'est-ce qui t'a pris? demandai-je à Richard. On va se retrouver avec ces nanas-là dans la grange...

— T'es inquiet pour ta vertu?

— Non mais...

— Moi, ça va peut-être faire mon affaire...»

Il m'avait avoué être encore puceau et je me fis la réflexion qu'il ne serait pas regardant sur la première fille qui lui offrirait la chance de passer à l'étape suivante. Dans la chambrée, la juxtaposition des lits ne permettait pas grande intimité, une nuit, malgré toute la discrétion qu'il y mettait, je l'avais entendu se masturber.

«À laquelle tu penses quand tu fais ça? lui avais-je demandé en riant.

— N'importe laquelle, bordel! N'importe quelle gonzesse ferait mieux l'affaire que la Veuve-poignet.»

Puis, d'un mouvement rageur, il s'était réinstallé dans son lit en marmonnant: «Même pas moyen de se branler tranquille! Ce serait pas compliqué pour une souris de dire oui, bordel!»

Et voilà que deux filles acceptaient de nous rejoindre dans la grange.

Toutes deux avaient les cheveux châtains. L'une tirant sur le roux, l'autre sur le blond. Nous les vîmes franchir la porte de la grange en avant.

«Laquelle tu veux? me demanda-t-il

— Je m'en fous! J'ai pas trop envie de baiser avec ça...

— Merde! Tu me fais chier! Si tu ne veux pas et qu'une des deux reste à ne rien faire, l'autre voudra jamais...

— Bon... d'accord, si jamais elles veulent, je commencerai par faire semblant.

— Je suis certain qu'elles veulent! Je sens que c'est notre jour de chance... Ça ne te fait rien de prendre celle qui a des taches de rousseur?

— Rien du tout, de toute façon...»

Je me demandais surtout comment j'allais me sortir de cette histoire. D'une part je ne voulais pas priver Richard d'une occasion si réellement c'en était une. Je ne désirais pas non plus passer pour un enfant de chœur. Et d'autre part, pour des raisons que je ne parvenais à analyser, je sentais que ce serait mal vis-à-vis de Caroline et d'Eva.

Le soleil entrait à flots par la grande porte de la grange. Les deux filles pouffaient encore en se jetant des regards chargés de sous-entendus. Richard désigna le fenil:

«On pourrait monter là-haut, leur proposa-t-il; on serait plus tranquilles...»

Nous nous retrouvâmes dans la paille avec nos bouteilles.

«Où est-ce que vous avez trouvé toute cette gnôle? demanda celle qui tirait sur le roux – la mienne.

— Ça c'est un secret... répondit Richard. Mais le principal c'est d'en avoir, pas vrai?»

Elles acquiescèrent avec des gloussements, et une bouteille fit le tour. Chacun prit une gorgée au goulot. C'était chaud, bon. Je pris conscience de l'odeur de la paille. Cela me rappela malencontreusement ma première rencontre avec Caroline. Malencontreusement, car au lieu de me décourager, cette pensée éveilla ma chair. Cette pensée ajoutée au calvados et au soleil, rare en cette saison.

Tout en parlant les uns et les autres de futilités, je regardais la mienne. J'observais l'épiderme rougeaud de ses jambes, la forte poitrine sous le corsage trop petit, le léger arrondi de son ventre. Je ne pouvais m'empêcher de penser à son sexe. Je l'imaginais chaud et moite, odorant, s'ouvrant et se refermant comme la gueule d'un poisson rouge dans son bocal. J'avais faim de plaisir. Je repris une gorgée de calvados. Cela ne fit qu'attiser le brasier qui me dévorait.

«Pense à Caroline! me fustigeai-je. Imagine si elle apprenait, elle serait malheureuse. Elle sait que j'aime Eva, elle le comprend, mais ça...»

Plus je trouvais de raisons de fuir, ou tout au moins de me calmer, plus le feu me gagnait. Finalement, et c'est triste pour elle, la fille en elle-même n'avait quasiment rien à y voir.

Richard en était aux préliminaires. Il s'était rapproché de la sienne et ses mains se hasardaient parfois sur l'épaule, parfois sur le flanc. Comme si de rien n'était, les deux filles parlaient et riaient de plus bel. Et dès qu'elles se regardaient pour le faire, fronçant les sourcils, Richard m'adjurait par des mimiques de commencer à mon tour les manœuvres d'approche.

Ce qui me semblait fort risqué, étant donné l'état de ma libido.

La bouteille fit encore le tour. Cette fois les filles refusèrent. Jusque-là j'avais préféré me leurrer, mais après ce refus il m'apparut évident qu'elles n'étaient pas venues pour la bouteille. Richard dut se faire le même raisonnement, car, d'une voix un peu cassée, il dit à la sienne:

«Viens de l'autre côté, là-bas...»

Il désignait un vague mur fait de balles de paille qui traversait le fenil et se dressait là comme fort à propos pour isoler chacun des deux couples que nous formions. Elle l'a suivi sans commentaire et je me suis retrouvé avec la mienne.

Mi-souriante, elle me regardait avec je ne sais quelle inquiétude mêlée de malice au fond des yeux. J'aurais bien voulu pouvoir me sauver, mais je me voyais déjà avec une réputation difficile à vivre parmi mes congénères. Et puis la paille, le calvados, le soleil dehors et l'épiderme de cette fille s'acharnaient sur mes sens.

Je me suis approché et, lui déposant un baiser dans le cou, j'ai aventuré mes doigts sur son sein.

Exactement comme si j'avais trouvé le bouton déclenchant l'ouverture d'un passage secret, sur-le-champ et sans transition elle s'allongea sur le dos. Inerte.

Je déboutonnai son corsage et glissai mes doigts sur son ventre, entre ses seins. Elle avait une grosse poitrine et cela m'impressionnait. Elle haletait, mais ne bougeait toujours pas lorsque je pris un mamelon entre les doigts.

«Est-ce que tu l'as déjà fait?» lui demandai-je.

Elle fit oui de la tête puis, unique mouvement, posa sa main sur mon entre-jambes et pressa mon sexe. Je glissai ma main sous la ceinture de sa jupe. J'avais terriblement envie et je me dégoûtais. Plus je trouvais la situation malsaine, plus mon désir enflait. Je ne comprenais plus rien. Du reste, je ne cherchais pas vraiment, tout ce qui importait était de me libérer au plus vite de ce besoin douloureux.

Mais pas n'importe comment! Non, j'imaginais des situations qui, toutes, avaient en commun de ne faire appel à aucune tendresse, à rien de ce qui peut s'appeler l'amour. Je lui demandai si elle avait déjà fait le «69».

— C'est quoi?

— Je te suce et tu me suces, en même temps...»

Je pensais me montrer méchant et peut-être la décourager. À ma surprise elle sourit et acquiesça.

«Promets-moi juste un truc, fit-elle, il ne faut pas que tu entres...

— Pourquoi?

— Tu le promets?»

Je ne savais pas. Ça ne ressemblait plus à rien. Elle venait d'entrouvrir quelque chose dans ma tête, la possibilité de fuir. S'en est-elle rendu compte? Elle s'est redressée, a ouvert mon pantalon, descendu ma braguette, tiré sur mon slip et a souri devant mon sexe qui, malgré moi, palpitait violemment. J'étais furieux qu'elle puisse penser que ce soit pour elle, furieux de penser qu'à ce niveau il n'y aurait rien eu de plus pour Eva. Puis elle s'est penchée jusqu'à me prendre dans sa bouche. L'œil en coin, à demi fermé, dur, rusé, satisfait. Elle me regardait sans ciller.

La seconde précédente j'avais cru pouvoir trouver la force de partir, au lieu de cela, la tête résonnant de reproches, je me suis redressé sur le côté pour me vautrer à mon tour entre ses jambes.

Là, dans la pénombre humide, au-delà de celle de son sexe, je reconnus une autre odeur. Je l'avais déjà sentie à Saint-Aubin dans la chambre des serveuses et aussi sur les bords de la Seine avec la mère de Frédérique. «Ainsi, me suis-je dit, l'amour a une odeur et le sexe une autre... Mais alors... ça veut dire que j'aime Caroline!»

Cette révélation aurait dû être suffisante pour que je me redresse et parte, mais, plus encore que le fichu plaisir que je ne pouvais me résoudre à repousser, mon orgueil se délectait de la sentir se cambrer sous ma langue. Je lui en voulais et, à cause de cela, tentais de la réduire à rien. Je voulais l'humilier d'un plaisir qui justement ne devait rien aux sentiments.

Sans doute parce que je n'avais pas promis, elle ne me lâcha pas avant la conclusion finale. Et même après. Elle aussi devait m'en vouloir. Oubliant les autres derrière le mur de paille, je n'ai pu faire autrement que de crier.

Puis elles sont reparties, toujours en pouffant. Richard et moi sommes restés sur le fenil, nous tendant la bouteille de calvados, tels deux vieux ivrognes se rabâchant leurs amours déçues.

«Je m'attendais à autre chose... dit-il au bout d'un moment.

— C'est toi qui as insisté. Tu disais l'autre jour que tout valait mieux qu'une branlette. Elle n'a pas voulu que tu entres non plus?

— Hein? oh, ouais, elle a bien voulu, mais c'est pas comme je croyais...

— Je crois que c'est juste parce qu'on en avait rien à foutre de ces souris-là. Quand on aime, c'est complètement différent.

— Merde! Tu me parles comme mon oncle qui, à l'entendre, a tout vu et tout vécu.

— Qu'est-ce que tu veux que je te dise? C'est pas de ma faute si je sais que c'est différent.

— Putain! Qu'est-ce que tu crois, que t'es tout seul à aimer?

— Ah bon... Qui?

— Qui? qui? qui? Mais Sophie, celle qui vient de partir, merde! Tu crois que c'est un hasard si elles sont passées par là et que notre charme immédiat les a fait venir dans la paille...

— Tu veux dire que... Mais?... Pour moi et l'autre?

— Elles se sont arrangées toutes les deux. Je crois que ça faisait un bail qu'Annie t'avait dans son collimateur. J'ai arrangé le rencard hier avec Sophie, après que j'ai entendu Séoul crier à sa femme qu'il devait aller à Rouen cet après-midi pour une histoire avec sa fille. Il n'y a que les bouteilles qui sont une inspiration de dernière minute.

— Pourquoi tu ne m'as rien dit?

— Test sur la nature humaine... Tu me rabats tellement les oreilles avec ton Eva puis avec ta Caroline, puis encore ton Eva, je voulais savoir si c'était vraiment sérieux.

— Et qu'est-ce que tu as appris?

— Rien... Rien, et toi?

— Ça va sans doute te paraître complètement con, mais je crois que j'ai découvert qu'on peut aimer sans le savoir... J'espère seulement que cette Annie je-ne-sais-pas-qui n'ira pas beugler ça sur les toits.

— Ça ne t'a pas plu à toi?

— C'est ça qui est drôle, j'ai joui comme un tordu et pourtant, non, ça m'a pas plu.

— Reprenons un peu de calva, ça fera passer...»

Ma dissertation sur l'opportunité de la discipline était loin d'être terminée et j'étais loin d'être clair en montant dans le car de Fécamp. Il était heureux que Séoul ne soit pas rentré avant notre départ!

«Ça ne va pas comme tu veux? me demanda le chauffeur alors que je montais en branlant.

— Si, si, ça va... au poil!

— Quelle jeunesse!» fit-il en secouant la tête.

Arrivé à Fécamp je fis un grand tour par le port puis par la plage afin que l'air salin m'éclaircisse un peu les idées – et l'apparence! – avant que je ne rentre à la maison. Et comme ça, face au large, j'ai aussi repensé à Frédérique. J'avais lu l'entrefilet quelques mois plus tôt dans le *Courrier Cauchois*:

> «C'est à la veille même du jour où sa mère devait se remarier que Frédérique L., de Duclair, de passage à Étretat, où il était vraisemblablement arrivé en faisant du stop, s'est noyé lors d'une baignade nocturne. Hydrocution, crampe? Difficile à établir selon le légiste. La maman affirme que son fils, qui venait d'avoir quinze ans, était un garçon sans problème et qui aimait la vie. L'hypothèse du suicide est donc à écarter, mais il reste que...»

Non! Il fallait que j'oublie. Toujours face à la mer, imaginant l'Amérique de l'autre bord, je me suis assis sur les galets. Triste dans la fraîcheur sèche, dure et iodée.

Des points d'or glissant sur l'horizon enténébré révélaient quelques cargos en route. Ciel et mer s'étaient unis dans la nuit, seules la crête immaculée des vagues frappant la grève et la lente respiration des eaux signalaient la fin d'un monde. Ce sont certainement les dernières vapeurs de calvados qui m'ont arraché des larmes.

Cette plage était belle et pure, mais moi je me sentais sale et coupable. Et j'éprouvais l'absence de Caroline. Caroline qui, sans doute, ne serait désormais plus là. On aurait pourtant été bien tous les deux, face à la mer, rêvant à l'unisson un avenir qui aurait été un voyage.

32

On peut se mentir, mentir aux autres, à ceux que l'on aime, mais impossible de cacher quoi que ce soit à l'ordre des choses.

Durant les trois semaines qui ont suivi, j'ai bien essayé de me comporter avec Caroline comme s'il ne s'était rien passé, mais rien n'était plus comme avant; ce que je dissimulais dressait un mur à toute communication véritable et nous renvoyait à notre solitude initiale. Elle devait le ressentir également, il arrivait que plusieurs jours d'affilée aucun ne fasse un geste pour aller vers l'autre.

Et puis un jour, l'édifice baroque de mes sentiments s'est écroulé. Je n'oublierai jamais ce matin rose tendre et bleu-violet au cours duquel j'ai aperçu Eva descendre du car scolaire.

Peu de temps auparavant, arrachant la permission à mes parents, prenant le train un dimanche, j'étais allé la revoir à Rouen. Mais sa mère était là, du moins je croyais que ce devait être elle. Et à plusieurs reprises, fébrile, je n'ai fait que passer dans le couloir. Sans succès. Quelques jours plus tard j'ai appris de M.-C. qu'Eva était de retour chez elle, autrement dit que je ne pourrais la revoir avant qu'elle revienne au collège.

Et voici qu'elle était de retour! Les veines comme vides, je suis allé à sa rencontre. Elle m'a souri. Jamais personne ne m'avait encore paru aussi intensément réel dans les couleurs du matin. Je lui ai banalement demandé comment elle allait.

«Ça va... Je voulais justement te parler, Éric. J'ai réfléchi ces derniers temps...»

Cette dernière phrase me mit sur le qui-vive. Ils étaient du genre qui précède une annonce désagréable. À tout hasard, sur la défensive, je répondis:

«Moi aussi...»

Sans autre consultation que l'habitude, nous nous dirigions lentement vers le séquoia. Je me fis la réflexion que j'avais rarement vu le ciel aussi beau. J'aurais voulu en parler, mais il était implicite que ce serait hors sujet. De nouveau j'étais totalement sous son emprise; plus rien n'existait. Ou plutôt tout par elle prenait davantage de relief. Une nouvelle fois il me paraissait incroyable de me retrouver auprès d'une personne aussi «vivante». Elle seule pouvait franchir les barrières de ma réalité.

Marie-Chantale s'avançait vers nous, Eva leva la main dans sa direction comme on fait pour arrêter quelqu'un.

«Attends-moi une minute, M.C., lui demanda-t-elle, il faut que je parle à Éric.

— Mouais... Ça ne présume rien de bon, dis-je après que M.C. lui eut retourné un hochement de tête entendu.

— Il faut que tu cesses de m'aimer», me dit alors Eva sans détour.

Je voulais lui répondre: Comment? ou: Impossible! ou encore et surtout: Je veux rester avec toi! Mais, pour ne pas lui déplaire, ou pour jouer mon rôle, celui susceptible de séduire, je répondis gravement:

«Je sais...

— Tu sais, je me suis dit – et note bien que ça n'a rien à voir avec toi, je t'aime beaucoup – je me suis dit qu'il serait préférable qu'on cesse de se rencontrer; que ce serait plus facile.

— C'est aussi ce que je pense.

— Je suis contente. Ça vaut beaucoup mieux pour nous deux et pour d'autres...»

Je craquais et mes paroles suivantes durent révéler qu'en fait je n'étais pas du tout d'accord.

«Oh! les autres, tu sais...

— Ne dis pas ça, ne dis pas ça!

— Ça n'empêche pas de le penser...

— Alors pense plutôt à celle dont tu m'as parlé l'autre jour, celle dans la Cadillac. Tu vas la rencontrer un jour, ne gaspille pas tes énergies ailleurs...

— Tu as raison, mais ça n'empêche que... Oh! je peux bien te le dire maintenant, il faut que tu le saches, je ne fais pas juste t'aimer, Eva – même si en passant je te fais remarquer que je ne te l'ai jamais dit –, non, il y a aussi que tu fais partie de moi. Toute ma vie tu feras partie de moi. Et pas seulement au niveau des souvenirs, tu es là, dans ma peau, dans ma chair et jusque dans mon âme. Voilà, je te l'ai dit...»

Tel un dernier cadeau, avec beaucoup de mélancolie, de mystère et aussi avec cette compréhension qui ne dégénère pas en sensiblerie, elle gardait ses yeux dans les miens.

Avec le sentiment panique d'une terrible imminence, pressentant la déchirure écarlate, éprouvant déjà la progression d'un néant gris en moi, j'ai plongé dans l'outremer de ses yeux; je voulais m'y noyer et y rester à jamais.

«Toi, me dit-elle, tu as au moins l'Amérique et ce que tu en attends...»

Puis elle détourna les yeux et regarda dans la direction de M.C., signifiant ainsi que c'était terminé.

Je l'ai pensé, mais heureusement, je n'ai pas osé lui dire qu'elle avait le Transsibérien. En fait j'ai réalisé qu'elle n'avait rien. J'ai voulu lui dire: «Au revoir, Eva», mais je n'ai pas pu; c'est tout juste si je parvenais à respirer.

Quelques minutes plus tard, tout le monde se rassemblait pour entrer en classe. Moi j'étais dans la grange à Carpentier, étendu à plat ventre dans la paille, et je pleurais.

Lorsqu'il n'y a plus eu de larmes, j'ai compris que ce n'était que le début, que le lendemain, les mois et les ans à venir seraient oblitérés de cette absence. Quelque chose venait de se briser. Je savais désormais que la souffrance faisait partie de la vie, qu'elle n'était pas un artifice romanesque pour rendre les histoires plus belles» et qu'il allait falloir s'en accommoder.

De retour en classe, j'ai invoqué un dérangement intestinal pour justifier ma disparition. Ma mine devait être garante de mon malaise. Invoquer une peine de cœur m'eût certainement valu une colle ou tout au moins des ricanements, mais des troubles d'intestins, personne ne trouve à y redire.

Durant le battement d'après-midi, j'étais assis sur une souche, me demandant ce que j'allais devenir, comment j'allais passer ce cap. Je ne vis pas Caroline s'approcher.

«On dirait *Le Penseur* de Rodin», entendis-je.

Je levai la tête et tentai de lui sourire.

«Ça ne va pas? me demanda-t-elle.

— J'en ai marre! lançai-je. Marre de cette putain de vie à la con!

— Moi aussi!» déclara-t-elle.

Je l'ai regardée, surpris. J'avais oublié que je n'étais pas seul au monde, que d'autres pouvaient souffrir.

«Qu'est-ce qu'il y a? demandai-je.

— On ne se parle plus et même on s'évite! (Je vis ses traits se contracter comme lorsqu'on retient un sanglot.) C'est de ma faute... C'est de ma faute, Éric!»

Je ne comprenais plus rien. À qui revenait la faute sinon à moi? Qu'est-ce que Caroline pouvait avoir à se reprocher? Par contre, et ça, je ne m'en suis rendu compte qu'ultérieurement, sa peine venait analgésier la mienne.

«Comment ça, c'est de ta faute? demandai-je, certain de pouvoir la disculper, même si moins que jamais j'étais moi-même prêt à faire des aveux.

— Je t'ai trompé, Éric. Je t'ai trompé et tu l'as senti. Je le sais, tu m'évites, tu ne me parles plus, on ne se dit plus les choses comme avant... Excuse-moi, je ne sais pas ce qui m'a pris. Je ne comprends pas du tout, c'est comme si j'avais été une autre...»

Je tombais du ciel et devais avoir l'air d'un parfait imbécile.

«Qu'est-ce que tu racontes? balbutiai-je en éprouvant une douleur aiguë qui vint s'ajouter à ma déchirure.

— Ça s'est passé il y a un peu plus de deux semaines, le dimanche. Je m'ennuyais, je suis allée faire un tour à la raffinerie où je pensais trouver mon père. Il y avait là un nouveau gardien, un type qui garde le dimanche pour payer ses études. On a parlé, il me faisait rire et puis... enfin tu vois... Il ne me plaisait même pas! Avant même de le faire, je savais que j'allais casser quelque chose et pourtant je l'ai fait...»

Il n'aurait dû y avoir qu'une solution, soit de lui révéler que moi aussi j'étais tombé comme elle. Cela aurait sans doute équilibré nos torts et peut-être même renforcé notre complicité. Mais je n'ai pas pu. Non, je ne pouvais rien imaginer d'autre que cet inconnu la pénétrant et elle l'encourageant. Il n'y avait que ça et j'en avais la nausée. Au point d'en devenir épouvantable.

«Fous le camp!» hurlai-je en grimaçant.

Je devais être horrible à voir. Elle recula, le visage empreint d'une surprise désillusionnée.

«Fous le camp! répétai-je. J'ai rien à foutre d'une pute, moi! Casse-toi, sale pute!»

Je ne voulais pas prononcer ces mots et pourtant ils jaillissaient de mes lèvres sans que je puisse les arrêter. Mon cœur et ma raison me hurlaient de lui demander pardon, de lui prendre la main, de la serrer contre moi, de l'aimer définitivement, mais rien à faire, ma bouche vomissait les mots. Tant et tant que, visage décomposé, Caroline s'est enfuie.

Je suis parti. Le crâne vibrant d'une implosion, je suis monté aux chambres prendre ma valise puis, sans me retourner, j'ai quitté le château et Houville.

Je ne suis pas allé à Fécamp; ma décision était d'aller au Havre et de me faufiler sur le premier cargo en partance pour l'Amérique. Dans cette décision, seul le fait de laisser ma famille me tourmentait. Dans la voiture qui me prit au passage à niveau d'Allouville, je composai mentalement le mot que je comptais poster juste avant d'embarquer: «Il faut que vous compreniez que je dois partir. Ma vie ne peut pas se poursuivre en Europe. Je dois aller en Amérique. Surtout ne craignez rien pour moi, j'ai l'œil. Je vous écrirai lorsque je serai installé là-bas. J'espère que vous viendrez me voir. Je vous remercie pour tout, je vous remercie pour cette vie et vous embrasse comme je vous aime.»

Le Havre. Ses immeubles un peu trop gris, ses mouettes, ses grues, cette atmosphère particulière qui parle d'ailleurs, du large. Comme quelques années plus tôt, je me suis retrouvé sur le port, obnubilé par les cargos.

Puis je l'ai aperçu. Balançant les épaules, il s'en venait dans ma direction, les mains au fond des poches. Il n'avait pas changé et était toujours aussi costaud. Je levai la main dans sa direction puis me rendis compte qu'il ne me reconnaissait pas.

Il vérifia par-dessus son épaule si j'avais pu m'adresser à quelqu'un d'autre et constata qu'il n'y avait personne.

«On se connaît? demanda-t-il.

— Moi je vous connais, il y a quelques années, je m'étais endormi dans le train et...»

Ses traits s'illuminèrent tout à coup.

«Ouais! ouais! je me souviens... Le petit gars de Fécamp... c'est ça?

— C'est ça...

— Tu voulais être commandant, si j'ai bonne mémoire?

— Oui...

— Alors... tu viens voir les bateaux?

— Oui...

— Qu'est-ce que ça veut dire ce oui? Encore des ennuis?

— Non, mais je fais plus que venir voir les bateaux, je veux embarquer...»

Il comprit immédiatement de quelle façon et fronça les sourcils. Mais c'était sans suspicion ou remontrance. Au contraire, je vis je ne sais quelle lueur de compréhension traverser ses prunelles.

«L'appel du Grand Large, hein?

— Oui. De l'Amérique.

— Et tu crois qu'il n'y a qu'à se glisser dans une cale, attendre une semaine ou deux et tu débarques au paradis...

— Bah...»

Il secoua la tête d'un air sincèrement navré.

«C'est pas le bon système, mon gars. D'abord parce que tu risques de crever de soif isolé dans un coin condamné; si ce n'est pas ça, tu risques de te retrouver engagé d'office par un de ces trop nombreux capitaines sans scrupules, et là tu deviens ni plus ni moins que son esclave; enfin, en admettant que par miracle tout se passe bien jusqu'à destination, en débarquant tu te fais alpaguer par la douane, on te ramène en France, ta famille doit payer les frais et toi tu te retrouves en maison de correction jusqu'à ta majorité. Comme tu vois, c'est pas vraiment la bonne solution.

— C'est quoi d'abord?»

Il m'a regardé quelques instants avec un demi-sourire. Je sentais qu'il évaluait le pour et le contre d'une suggestion.

«Tu veux vraiment monter sur un bateau?
— Oui!
— Engage-toi comme mousse sur un bateau français. Tu seras en règle, en sécurité, y a personne qui abusera de toi plus qu'il ne faut, tu auras un livret maritime et un passeport. Tu pourras débarquer dans presque tous les pays d'escale et là, si jamais tu décidais de manquer le départ... tu serais déjà loin quand on s'apercevrait de ton absence...
— Et comment est-ce qu'on fait pour s'engager comme mousse?
— Si tu peux avoir une autorisation de tes parents, moi je t'arrange une place de mousse. Maintenant, je suis le responsable syndical des dockers, ici au Havre. Si je propose quelqu'un au bureau d'embauche de la Transat, ils ne refuseront pas sans une bonne raison.
— Vous feriez ça!
— Tu as abandonné l'idée d'être commandant?» demanda-t-il sans répondre à ma question.

Comment lui expliquer qu'ensuite j'avais voulu devenir aventurier puis astronaute? Qu'est-ce que je voulais au fait? Pourquoi faut-il toujours songer à l'avenir en terme de ce que l'on va faire? Est-ce que finalement la destinée de chacun n'est que de produire un bien ou un service? Et pourquoi pas! J'ai l'impression que j'atteindrai mon point de bonheur maximal le jour où en compagnie de l'inconnue aux yeux bleu-violet nous ferons partie du Grand Désert américain, mais avant cela, il aura bien fallu que quelqu'un fixe les lampes vertes du tableau de bord de ma Cadillac, qu'un autre presse le disque de Rachmaninov, que Sinatra, Ray Charles et Armstrong chantent, qu'un type de Gallup mette de l'essence dans mon réservoir et qu'une serveuse de Flagstaff nous serve deux cafés et deux hot-dogs.

Alors qu'est-ce que j'allais bien pouvoir y faire en Amérique?

«J'écrirai des histoires! L'histoire d'un pianiste de bastringue qui se fera posséder par une petite vertu, l'histoire d'un gars malheureux en amour qui fera une fugue et vagabondera à travers le continent, l'histoire d'une fille de la campagne simple et sans problème, et puis les biographies imaginaires de Satchmo, de Dillinger, de Faulkner, de l'Amérique, de moi... Des tas d'histoires fantastiques!»

«Je serai commandant! dis-je. Oui, commandant, astronaute, vagabond, trompettiste, danseuse de music-hall, éboueur, gangster, rancher et mère de famille. Je serai tout ça car je vais écrire leurs histoires.

— Tu veux écrire des livres?

— Des histoires en tout cas; j'imagine qu'elles ne deviendront des livres que si ça intéresse un éditeur.

— Si tu veux manger, ça s'impose...

— Pour manger, c'est pas grave, je trouverai toujours le moyen de faire la plonge quelque part ou de participer à des récoltes.

— T'es vraiment un petit gars bizarre... C'est toi, je me souviens, qui m'avais dit qu'il resterait toujours Chicago ou ailleurs, eh bien! je t'ai cru et j'y suis allé à New York... T'avais raison, j'ai vu New York et il reste toujours quelque chose!

— Ouais! C'était comment?

— Assez bien pour que je te recommande au bureau d'embauche et que tu voies par toi-même...»

À cet instant, j'ai cru sans plus douter que j'allais bientôt partir. Presque au point d'en masquer les événements de la journée, j'ai ressenti une énorme vague chaude et lumineuse déferler en moi. Soudainement, j'aurais voulu bouger, danser pour exprimer ce brusque accès d'exaltation. Un phénomène mystérieux venait de survoler la lumière ambiante.

Cette fois encore il m'accompagna à la gare. Il m'avait convaincu de retourner chez moi et d'obtenir de mes parents une autorisation pour travailler.

«Tu sais, me dit-il, les décisions simples demandent parfois plus de courage – tu vas devoir affronter les arguments de ton père –, mais elles valent toujours mieux, crois-moi.»

Mes parents étaient au courant de ma nouvelle fugue lorsque j'arrivai à Fécamp. Ils ne s'en faisaient pas trop; ils commençaient à être habitués. Comme je tombais en plein service, Papa m'intima de monter à ma chambre et d'y attendre que nous ayons une «discussion tous les deux». De toute évidence, il avait décidé de mettre les choses au point une fois pour toutes. Je me demandais si j'avais eu raison d'écouter le docker.

Pour la première fois, je vis ma chambre comme elle était réellement. Je ne sais pourquoi, peut-être à cause du cinéma, je trouvais à l'endroit «quelque chose d'italien». Outre le grand lit démodé, dont le matelas formait un véritable nid en son centre, la grande armoire vitrée du même style contenait tous les vêtements que j'avais pu porter depuis le berceau. Les murs étaient tapissés d'un papier peint vieil or qui devait avoir au moins trente ans. Par endroits, le plâtre du plafond en était tombé, laissant apparaître le lattis de bois noir. Là où il avait tenu, avec les vieux bâtons de rouge à lèvres de Maman, j'avais dessiné une carte sommaire de l'Amérique du Nord et inscrit les noms qui me faisaient rêver: Mobile, Winnipeg, Biloxi, Cleveland, Tampico, Cheyenne, Boise, Pecos, Santa Fe, Whitehorse... Le plafond était couvert. Le papier peint aussi avait subi mes préjudices; toujours avec du rouge à lèvres, j'avais inscrit au-dessus de la tête de lit la devise de la Liberté dans le port de New York, et au-dessus de la cheminée de marbre noir où par les nuits d'orage ou d'équinoxe le vent gémissait, les mots: VIVRE LIBRE OU MOURIR! Et puis partout des livres! Le long des murs, autour du lit, des piles de bouquins où la *Série Noire* tranchait par sa prédominance. Je ne voulais pas d'étagères ou de meubles pour mes livres, je les voulais tels qu'ils étaient: en piles éparses. Je voulais circuler à travers. D'eux émanaient les milliers de visages de mon Amérique. Grâce à eux, j'avais déjà vécu de nombreuses heures là-bas. Mais...! Et si...? Et si en réalité le monde que j'imaginais outre-Atlantique n'était que celui des livres? Un monde qui ne m'aurait séduit que parce qu'il m'éloignait de JB ou d'Houville?

Je refusais cette hypothèse sournoise.

On frappa à ma porte et Mélissande me demanda si j'étais là.

«Oui, entre.»

Elle est entrée, a regardé autour d'elle et est venue s'asseoir près de moi au bord du lit.

«Paraît que tu t'es encore sauvé de ton bahut?

— Oui et cette fois c'est la bonne, je ne veux plus y retourner...

— Ça sera peut-être pas dans l'idée de Papa...

— Il a toujours dit que si on ne voulait pas bosser à l'école, on avait qu'à se trouver du boulot, eh bien! c'est fait, j'ai trouvé un embarquement au Havre et je suis venu chercher son autorisation.

— Un embarquement! Sur les bateaux?

— Oui, sans doute à la Transat.

— Comme quoi?

— Mousse ou quelque chose du genre.

— T'es fou! Tu sais comment ça se passe sur les bateaux pour les mousses... T'as jamais entendu parler de ce qui se passe sur les morutiers? Je connais des filles dont le frère travaille sur les chalutiers à Leborgne. Il paraît que c'est l'enfer. Ils reçoivent des coups de pied au derrière tous les jours. C'est quasiment les esclaves du commandant. Une copine m'a raconté comment son frère devait apporter le café-rhum au capitaine tous les matins et que celui-ci le remerciait à chaque fois d'un coup de tatane mal placé, soi-disant parce que le café était trop fort ou trop froid ou n'avait pas assez de rhum. Tu vois l'ambiance...

— À la Transat, c'est pas pareil, c'est pas la pêche.

— J'en sais rien... Et puis ça va te donner quoi?»

Je ne pouvais pas lui révéler que mon projet était de débarquer dès le premier accostage en n'importe quel point d'Amérique. Elle aurait tenté de m'en dissuader et en dernier recours en aurait averti nos parents. Je ne pouvais prendre ce risque.

«J'aime la mer... répondis-je en guise d'explication.

— Bah, si tu veux mon idée, moi à ta place, je préférerais travailler à l'école, devenir quelque chose et me payer un yacht plus tard pour apprécier la mer.

— Moi je veux voir du pays, il le faut, je veux écrire des histoires.»

Elle me regarda longuement sans expression apparente, ce que je traduisis comme un découragement.

«Et celle que tu aimes à Houville?» me demanda-t-elle d'un ton tout à fait détaché.

Il n'en fallut pas plus pour rouvrir la blessure que seuls les mots du docker avaient réussi à analgésier.

«L'amour est une connerie! affirmai-je un peu brusquement. Ça n'existe pas!
— Bref, vous vous êtes engueulés, je commence à comprendre...
— Non, ce n'est pas ce que tu penses, ni comme tu le penses...
— Tu ne veux pas raconter?
— Non..., pas tout de suite.
— Comme tu veux, de toute façon j'ai de la géo à réviser, j'ai un exam demain.»

En temps normal ça aurait suffit pour que je cède et raconte, mais cette fois, même si j'eusse bien aimé tout lui dire, je ne pouvais pas. À je ne sais quoi dans son attitude, je compris qu'elle était surprise de franchir ma porte sans que je l'arrête.

Ma sœur partie, je tournai en rond dans la chambre. Je me demandais soudain comment j'allais exposer mes désirs à Papa. Ouvrant machinalement la porte de la table de nuit, là où dans les temps anciens on mettait un pot de chambre, je trouvai une liasse de feuilles volantes, celles où, plusieurs mois auparavant, j'écrivais encore mes histoires. J'en pris quelques-unes afin de me rendre compte. Ça s'intitulait *Instinct d'extermination*, tout un programme...

> Chez Max ce soir-là, *Tiger Rag* faisait fureur. Les quatre ou cinq matafs ivres qui étaient là swingaient comme des dingues. Mes doigts tambourinaient sur les touches complètement désaccordées du «piano punaise» 1925. De temps en temps, je m'arrêtais, histoire d'avaler une lampée de whisky bien méritée et aussi pour jeter un œil à Gina, une entraîneuse assez marrante ma foi. Ça faisait bientôt six mois que je bossais comme pianiste dans ce coupe-gorge, je me faisais juste de quoi bouffer et dormir ailleurs qu'à la belle étoile.
> La porte battante s'est soudain ouverte à la volée. J'ai vu entrer un grand type à la figure en lame de couteau avec une petite barbiche au menton et des fringues qui n'allaient pas du tout dans le décor:

haut-de-forme, queue de pie et tout le tremblement, jusqu'à une canne munie d'un pommeau d'argent. Je me suis dit: ce mec-là, faudrait pas qu'il traîne dans les parages s'il ne veut pas se faire rétamer la gueule par les matelots. Et comme je le pensais, Max, le patron, est descendu du tabouret où il posait ses grosses fesses et d'un pas traînard s'est avancé à la rencontre du drôle de loustic.
— Veux pas d'histoires ici, a grogné mon boss.
Je m'attendais à voir celui que je surnommais déjà Mandrake faire demi-tour, mais au lieu de ça, il a levé sa canne et, avant qu'on puisse seulement comprendre ce qui allait se passer, l'a abattue violemment sur la tronche de Max. J'en ai arrêté de jouer. Secoué, j'ai vu le gars se diriger vers Gina. La pauvre devait connaître le gus, car ses traits indiquaient nettement qu'elle était en train de fabriquer bile et adrénaline. Ici, son rôle consistait surtout à rincer l'œil des marins et à mettre un peu de présence féminine dans le décor qui autrement ne semblait pas particulièrement attirer le beau sexe, si ce n'est une ou deux pochardes du port. Rouquine, pas mal roulée, elle savait se laisser faire si on savait les allonger. Je me demandais encore ce que Mandrake pouvait bien lui vouloir lorsqu'il a bondi sur elle puis a reculé tout aussi vite. Mais pour Gina c'était pas brillant. Debout, bouche ouverte, yeux hagards, elle ne réalisait pas encore tout à fait que le drôle venait de lui trancher la gorge avec un rasoir. Enfin, tandis que son sang giclait comme la fontaine à Rome sur le calendrier au-dessus du bar, elle a poussé un hurlement qui s'est vite transformé en glougloutement, puis elle s'est écroulée, sans doute déjà morte.

Je ne savais que penser de ce texte. Pas de doute, il y avait l'influence de la *Série Noire*, mais était-ce normal d'écrire de telles scènes et surtout de s'y complaire? Je me souvenais avoir écrit ce passage ainsi que la suite qui était dans le même genre, je me rappelais mon état d'esprit: je me plaisais dans cette atmosphère. À présent, je me demandais pourquoi. Qu'y avait-il d'attirant dans un tel milieu? Je ne voyais pas. Était-ce vraiment si moche en pension que des meurtres dans des bouges puissent paraître préférables? Ça ne devait pas être ça, il y avait autre chose, mais quoi? L'attrait du mal?

Je n'osai pas poursuivre le raisonnement plus loin, je remis les feuilles à leur place dans la table de nuit puis, comme la soirée touchait à sa fin et que le service devait être terminé, je descendis rejoindre mes parents à la salle à manger où je les trouvai s'apprêtant à dîner. Je m'installai entre eux.

«Alors, me demanda Papa, encore en déroute, quelle est la raison cette fois?

— Je veux quitter l'école et travailler», lançai-je dans le même souffle.

Mon père suspendit le mouvement de sa fourchette et regarda Maman qui, elle, m'observait en fronçant les sourcils d'une façon qui indiquait très nettement le souci.

«Quitter l'école... répéta Papa. Pour travailler dans quoi?
— Dans la marine marchande...
— Dans la marine!»

J'opinai et, sans attendre, m'expliquai comme le docker me l'avait conseillé.

«Mais enfin, protesta Maman, c'est complètement fou toute cette histoire! Tu ne vas pas aller gâcher ta vie sur je ne sais quel vieux rafiot pour des lubies de jeunesse!
— C'est pas des lubies, Maman!
— Comment t'appelles ça, toi? Mousse sur un bateau... Tu as trop lu de romans, on aurait pas dû te laisser faire... C'est fini, Joseph Conrad! C'est pas la vraie vie!»

Papa but une gorgée de vin, jeta un coup d'œil en direction de la table où s'attardaient les derniers clients, prit la serviette sur ses genoux pour s'en essuyer les lèvres, la posa à la droite de son assiette, regarda Maman d'un air entendu et se tourna enfin vers moi.

«J'ai bien mieux pour toi... déclara-t-il. À présent, terminées les folies. Bon, tu étais jeune, tu en as profité, mais maintenant il est temps de regarder l'avenir et de s'en occuper sérieusement. (De nouveau il regarda Maman comme pour lui laisser le temps d'émettre une objection, puis il reprit:) Quand ton directeur m'a appelé cet après-midi, j'ai pris une décision pour toi. Il est clair que tu n'es pas fait pour les études; du reste dans la famille, on est pas des intellectuels, on a toujours travaillé avec nos mains. Donc, j'ai pris une décision irrévocable: tu vas aller en apprentissage; tu vas apprendre la cuisine...

— Mais!...

— Il n'y a pas de mais qui tienne. À ton âge, j'étais déjà au boulot, c'est à ton tour. Si plus tard tu veux toujours aller travailler sur les bateaux, pas de problème, tu iras en tant que cuisinier. Si tu as un bon métier et si tu l'exerces comme un chef, tu pourras aller n'importe où dans le monde. Mais avant il faut faire ce qu'il faut. Tu m'as compris?

— Oui, oui j'ai compris, mais Papa, je peux avoir une place sur les bateaux, c'est pas comme si je n'avais rien...

— Il n'en est pas question! Tu m'entends bien? Je ne veux plus entendre parler de cette histoire. À partir de maintenant tu fais tout ce que je te dis jusqu'à ce que tu obtiennes ton C.A.P., compris?

— Mais si je n'aime pas la cuisine...

— Tu veux être clodo! Tu veux vraiment être clochard? Parce que si c'est ce que tu veux, pas de problème, tu fais ta valise maintenant, tu t'en vas et tu ne reviens plus jamais nous demander quoi que ce soit! Pas question que j'endure un bon à rien sous mon toit!»

Je baissai la tête, vaincu. Je pouvais tout endurer, sauf l'idée d'être rejeté par mes parents. Je pouvais partir en ayant dans l'idée qu'ils me soutenaient dans mon entreprise, mais je ne pouvais me résoudre à aller contre leur volonté. Leur amour m'était encore plus nécessaire que l'Amérique. Et ce soir-là, j'ai cru que je devais choisir entre les deux.

«Justement, reprit Papa, j'ai rencontré un vieux copain au Salon des métiers à Paris la semaine dernière. Il m'a dit qu'il recherchait un apprenti. Je l'ai appelé après le coup de fil de ton directeur cet après-midi. Il est prêt à te prendre mardi prochain...

— Mardi...

— Oui, mardi.»

Une porte se refermait. J'ai repensé à ce qu'Eva m'avait dit à l'hôpital à propos de ce que je voulais que tous les jours soient dimanche. Eh bien! cette fois ça y était! comme dans la chanson, j'irais aux galères. Fini le survoltage ressenti sur le quai du Havre, à présent, au contraire, tout semblait éclairé par une veilleuse beaucoup trop faible. Je regardai Maman, espérant encore qu'elle puisse intervenir; ne m'avait-elle pas toujours prévenu de ne jamais faire ce métier qui, affirmait-elle parfois, lui avait défendu les joies de la vie de famille. Elle m'a souri avec je ne sais quel fond de tristesse. J'ai compris qu'elle aurait préféré que je sois docteur ou avocat ou architecte, enfin une de ces professions qui alimentent les restaurants, les hôtels et les beaux quartiers; mais à défaut, il valait certes mieux à ses yeux que je sois restaurateur qu'écrivain-vagabond sur les chemins d'Amérique.

J'ai baissé les yeux vers son assiette vide. Je ne sais pourquoi, j'ai eu la vision de ces Porto-Ricains de *West Side Story* dansant sur les toits de New York en chantant: «Me I want to live in America...» Toute cette joie débridée, toute cette vie qui est vraiment la vie, pour moi ça semblait terminé. J'étais infiniment malheureux. Trop pour rouspéter.

«Moi aussi, dit Papa devinant sans doute mes pensées, moi aussi à ton âge je voulais parcourir le monde et faire des tas de trucs impossibles, mais à un moment donné il faut se raisonner, la vie n'est pas toujours comme on voudrait.»

J'ai pensé: «Parce qu'on a pas les couilles pour qu'il en soit ainsi», mais je me suis contenté de demander où était le restaurant où je devais commencer mon apprentissage le mardi.

«À Pontoise, répondit mon père. Ce n'est pas un très grand restaurant, mais il est bien coté et je crois que Maurice saura t'enseigner le métier. C'est un bon patron!»

Pontoise! Je n'aurais pas pu imaginer pire. Je ne connaissais pas l'endroit, mais le nom suffisait à évoquer pour moi toute la tristesse d'une petite vie aussi ratée que mesquine. Je voyais des toits d'ardoises grises, des rues luisantes d'humidité, des restaurants qui sentent le poireau, le vin cuit et la sciure salie, des hordes de nez vinassés et des abrutis qui barbouillent des US GO HOME sur les murs de ciment. Où étaient les lumières, où était le ciel immense, où étaient les Zuñis, où était la fille aux yeux bleu-violet? Où était la vie?

Et maintenant...

«Les passagers du vol Air France à destination de New York sont priés de se présenter à la porte d'embarquement numéro...»

Nos bagages sont enfin enregistrés, nous nous dépêchons vers la porte indiquée par la voix suave. Un peu plus, avec tous ces embouteillages, on manquait l'avion.

Je prends la main de Caroline de peur qu'elle ne perde l'équilibre en courant sur ses hauts talons.

«Dépêchons-nous, chérie, on va le rater...»

Elle me sourit. Elle sait bien que je mets tout au pire. Je ne devrais pas, tout semble s'arranger dans le meilleur des mondes. C'est vrai, elle est magnifique sur fond d'Orly trépidant!

Nous nous sommes mariés hier à l'église d'Houville (qui a un nouveau curé). Nos deux familles étaient là. Un très beau mariage, je crois. Mon seul regret, est que Mélissande ait été retenue là-bas, en Argentine, où elle suit son stage à l'ambassade. Le repas a été donné *Aux Ducs Richards* puis, Caro et moi, nous nous sommes esquivés pour attraper le dernier train de Paris où la «suite nuptiale» nous était réservée au *Printemps*.

Une drôle de chambre... Est-ce le champagne qui m'a fait revoir ma jeunesse ou est-ce normal lors d'une nuit de noces? Drôle de jeunesse aussi, j'aurais pu mal tourner.

Aujourd'hui nous nous envolons pour l'Amérique. C'est Mamie qui a tenu à payer notre voyage de noces. Autrement il aurait fallu se contenter de la Côte d'Azur. Nous allons faire le grand circuit: New York, Chicago et Los Angeles où l'on doit visiter des studios de cinéma. C'est un voyage organisé par le Club Prosper Montagné pour des restaurateurs, des pâtissiers et des charcutiers; nous serons donc entre gens de métier. Quoique je ne veuille pas trop penser boulot en ce moment, la tâche sera assez grande au retour. Papa nous offre un fonds près de Saumur. Une vieille auberge abandonnée par la clientèle, mais qu'avec du courage nous allons remettre sur pieds et, pourquoi pas, nous arranger pour lui faire gagner des étoiles au *Michelin*. Je dis bien des étoiles!

Vêtue du célèbre tailleur bleu marine, l'hôtesse nous annonce que nous nous trouvons à bord d'un Boeing 707. Souriante, elle nous explique que si jamais l'avion devait amerrir, il faudrait... Je ne peux pas croire qu'un avion de cette taille puisse se poser sur l'océan. Je renonce aux instructions pour contempler le profil de Caroline. Je l'aime! Quand je pense que j'ai failli...

Il m'a fallu huit mois à Pontoise pour enfin me décider à lui écrire une lettre dans laquelle je lui demandais de me pardonner. Il s'est écoulé un autre mois avant qu'elle ne me réponde. Sur ma seconde lettre, je lui ai proposé que nous nous rencontrions, un lundi, puisque je n'avais que ce jour de congé. Elle a accepté et c'est ainsi que je l'ai retrouvée un midi à la sortie du lycée d'Yvetot où elle poursuivait ses études.

À partir de cette date, durant plus de deux ans, j'ai employé tous mes jours de congé à faire l'aller-retour Pontoise-Yvetot. À son tour, elle était à la sortie de l'École hôtelière de Paris le jour où j'y ai passé mon brevet hôtelier. Je savais déjà que c'était dans la poche. Heureux, nous sommes allés manger des moules marinières à *La Coupole*.

Mon apprentissage était terminé. Qu'y avait-il à en dire sinon la litanie habituelle de tous les apprentissages: les quatre-vingts heures la semaine payées avec un lance-pierre, les colères du patron et ses coups de pied au derrière, les humiliations perpétuelles, la chambre miteuse que l'on partage à trois – dont un qui trouve toujours le moyen de laisser mijoter ses chaussettes dans le lavabo où ne coule que de l'eau froide –, les dimanches, Noëls et autres fêtes qui nous trouvent au travail jour et nuit. Mais pourquoi se plaindre; tous les ouvriers doivent passer par la dure école de l'apprentissage chez un patron. Et, il faut le reconnaître, ça forme autrement mieux que tous les établissements scolaires qu'ils pourraient inventer! Ensuite il y a eu une saison à faire des omelettes au Mont Saint-Michel et puis l'armée où j'ai pu enfin connaître la mer puisque je me suis retrouvé cuisinier sur le *Clémenceau*. Durant mon séjour à bord, nous avons fait l'Afrique de l'Ouest, mais je dois dire que ça ne m'a pas emballé.

Durant mon service, Caroline n'a pas perdu son temps; histoire d'apprendre les ficelles du métier, elle a trouvé un emploi de réceptionniste dans un hôtel de Rouen. Nous nous sommes fiancés à ma démobilisation et, en attendant de trouver un fonds qui ne soit pas hors de prix, j'ai occupé une place par intérim à Colmar. Voilà.

Caroline est belle dans la lumière blanche qui jaillit par le hublot. J'ai du mal à me mettre dans la tête que nous allons en Amérique. Je ne sais pas pourquoi, j'ai un peu peur. Nous aurions peut-être dû choisir une autre destination?

L'Amérique... J'ai fait monter la douille du Patrouilleur 109 sur une chaîne et je la porte au cou comme d'autres ont une petite croix. Quant à la pièce d'Ernie, elle aussi je l'ai fait monter et c'est Caro qui la porte.

L'Amérique... Nous sommes allés au cinéma l'autre jour, une reprise de *Le train sifflera trois fois*, avec Gary Cooper. On a beaucoup aimé et j'ai trouvé que Grace Kelly était presque aussi belle que Caro. Je crois qu'ensuite, dans la Peugeot, nous avons conçu un enfant. Rien ne me permet de l'affirmer, mais j'en ai le pressentiment. De toute façon, si c'est le cas, ce que j'espère, personne ne pourra affirmer que ça s'est fait avant le mariage. Personnellement je me fous de ce que pourraient dire les gens, mais c'est pour l'enfant...

Notre hôtesse nous a apporté le plateau-repas. Rien de bien extraordinaire en vérité, sauf qu'à cette altitude tout semble appartenir au rêve. Après le café, nous avons occupé le reste du temps à discuter de la décoration que nous voulons donner à la future salle à manger, puis des recettes que je compte mettre à la carte.

Un steward passe et informe un passager que nous survolons actuellement la vallée du Saint-Laurent. Donc nous sommes à présent au-dessus du continent américain. J'éprouve un pincement, presque une brûlure, là, au milieu de la poitrine. Je serre la main de Caro dans la mienne. L'impression étrange que je vais retrouver une grande amie dont il a fallu éviter la dangereuse fréquentation. Encore une fois cette idée qu'il aurait peut-être été plus raisonnable d'aller ailleurs. Il y avait un voyage intéressant aux pyramides d'Égypte...

«Mais non! me dis-je. Rien ne vaut l'Amérique!»

Je me tourne vers ma femme. Elle est penchée vers le hublot, l'éclair d'un rêve indéfinissable au bord des paupières et le sourire de Mona Lisa au coin des lèvres.

Je l'aime!

«Caro, nous restons bien trois jours à Los Angeles?
— Oui, je crois que c'est le programme, pourquoi?
— Qu'est-ce que tu dirais si on louait une voiture pour aller jusqu'à Las Vegas; ce n'est pas tellement loin?
— Ça, Éric, ça me plairait! Oui, ça me plairait terriblement! Je ne te l'ai jamais dit, mais j'ai souvent imaginé que je roulais sans but dans le Grand Désert américain. Oui, ça ne coûterait pas grand-chose de réaliser ce rêve-là... Rouler, comme ça, pour rien, sous les étoiles, à travers le désert, dans une grosse américaine en écoutant des chansons comme *Yesterday*..., de la musique... Ouah! la belle vie!»

Mon rêve...

DISTRIBUTEURS EXCLUSIFS

Distributeur pour le Canada et les États-Unis
LES MESSAGERIES ADP
MONTRÉAL (Canada)
Téléphone: (514) 523-1182 ou 1 800 361-4806
Télécopieur: (514) 521-4434

Distributeur pour la France et les autres pays
HISTOIRE ET DOCUMENTS
CHENNEVIÈRES-SUR-MARNE (France)
Téléphone: (1) 45 76 77 41
Télécopieur: (1) 45 93 34 70

Distributeur pour la Suisse
TRANSAT S.A.
GENÈVE
Téléphone: 022/342 77 40
Télécopieur: 022/343 46 46

Dépôts légaux
3ᵉ trimestre 1997
Bibliothèque nationale du Québec
Bibliothèque nationale du Canada